우리가 몰랐던 창세기

우리가 몰랐던 창세기

· 초판 1쇄 발행 2014년 6월 10일

· 지은이 김선희
· 펴낸이 민상기 · 편집장 이숙희 · 펴낸곳 도서출판 드림북
· 등록번호 제 65 호 · 등록일자 2002. 11. 25.
· 경기도 의정부시 가능1동 639-2(1층) · Tel (031)829-7722, Fax(031)829-7723

· 책번호 67
· 독자의 의견을 기다립니다.
· www.dreambook21.co.kr

창세기 이해를 돕는 말씀 길라잡이

우리가 몰랐던
창세기

김선희 지음

드림북

보석과 같은 첫 열매

김명혁 목사

(강변교회 원로/선교목사, 한국복음주의협의회 회장)

"김선희 목사님은 나의 목회 사역에서 얻은 보석과 같은 첫 열매 중의 하나였다."

『내가 1974년 귀국 후 후암교회에서 5년간 교육목회 사역을 마친 후 1978년부터 1979년까지 8개월 동안 영안교회에서 개척목회 사역을 했는데 그 때 얻어진 보석과 같은 전도와 목회의 열매였다. 주일날 두어 번 영안교회에 나와서 예배에 참석한 어느 젊은 여자가 그 다음 주일 예배에 참석하지 않았다. 그래서 교회 근처에 사는 그 여자의 집을 방문했는데, 대문에 나온 그 여자에게 교회에 나오지 않아서 찾아왔다고 말하며 집에 들어가도 되냐고 물었다. 예상외로 그 여자는 도도하고 퉁명스럽게 대답했다. "여기 저기 다녀 보고 마음에 들면 나갈 텐데, 그렇게 교회에 나오라고 강요하면 아예 나가지 않겠어요." 라고 말하는 것이 아닌가! 집에 들어오라고 하지 않고 대문을 가로막고 서 있었던 것이다. 후에 안 일이지만 그 여자는 경기여고 출신이었는데, 경기여고 출신이 그렇게 도도할 줄은 예전엔 미처 몰랐었다.

그래서 나는 그 경기여고 출신, 이대 졸업생 여자에게 교회에서 하는 '성경공부'에 나오면 어떻겠느냐고 제안했다. 그랬더니 "목사 선생님이 공부도 가르치나요?"라고 물었다. 그 여자는 '목사님'이란 말을 아직 할 줄 몰랐다. "물론 목사 선생이 공부도 가르치지요"라고 대답했다. 그 주간부터 그 여자는 성경공부에 참석했는데 그 후 거의 한번도 빠지지 않았다. 성경공부 시간에는 너무나 솔직한 질문들을 쏟아 놓았다. 때로는 유치해 보이는 듯한 질문들도 거침없이 내 놓았다. 그 여자 때문에 성경공부 시간은 재미와 활기로 넘쳤다. 그 여자는 너무나 순수했다. 말씀을 그대로 빨아먹듯이 받아들이기 시작했다. 그 여자는 어느덧 성경공부 반에서 나의 '수제자'가 되었다. 그리고 곧이어 학습과 세례를 받고 뜨거운 믿음을 소유한 아름다운 하나님의 딸이 되었다. 시 아버지와 남편을 주님께로 인도했고 친구들과 이웃들에게도 복음을 전했다. 그 여자는 하나님께서 목회의 일터에서 나에게 주신 아름다운 전도의 열매들 중 귀중한 첫 열매의 하나가 되었는데, 나중에는 어떤 교회의 전임 사역자가 되어 교회를 충성스럽게 섬기게 되었다. 하나님의 인도하심은 놀랍고도 놀랍다.』 (이상은 나의 책 「영 몰라 통 몰라」에 기록되어 있는 내용이다.)

하나님께서는 우리 죄인들에게 망극하신 은혜와 사랑을 베푸셔서 지난날 우리들의 부족하고 부끄러운 성품과 기질들까지 풍부하고 아름다운 은사들로 바꾸어주시고 귀하게 사용하시는 것 같다. 하나님께서는 지난날 저자의 도도하고, 퉁명스럽고, 대담한 그리고 직설적인 성품과 기질들을, 십자가의 복음을 파고 헤치면서부터 다시 수 많은 사람들에게 대담하게 직설적으로 전할 수 있는 은사들로 사용하시는 것 같다.

시아버지와 남편을 주님께로 인도한 후, 저들을 일찍 이별하는 슬픔을 겪고, 그 아픔의 경험까지도 하나님께서는 귀중한 은사들로 사용하시는 것 같다. 무엇을 배우고자 할 때 파고드는 저자의 강한 지적인 성향까지도 성경의 신비와 비밀을 드러내고자 할 때, 귀중한 은사들로 사용하시는 것 같다. 철저한 성품을 지닌 저자는 적당하게 믿고 적당하게 사는데 만족할 수가 없었다. 장로회 신학대학교 신대원을 졸업하고, 이어서 신학석사와 목회학 박사 학위까지 받았고, 목사안수를 받은 후 전도사 및 부목사, 전도목사, 교육목사로 사역을 했고 서울장로회신학교에서 강의까지 하게 되었으니 하나님께서 우리들을 다양하게 사용하시는 방식에 너무 놀라울 뿐이다. 그래서 다윗은 이렇게 고백했다. "하나님이여 주의 생각이 내게 어찌 그리 보배로우신지요 그 수가 어찌 그리 많은지요 내가 세려고 할 찌라도 그 수가 모래보다 많도소이다"(시139:17,18).

저자인 김선희 목사님은 성경 66권중 제일 처음 책인 『창세기 강해』를 시작하면서 이렇게 자기의 지난날을 솔직하게 고백했다. "저자 역시 예수를 믿기 전에는 한 사람의 영적 중풍병자였습니다. 그러나 그때까지 제 자신이 영적 중풍병자인줄 몰랐습니다… 그동안 매여있던 것들, 제가 스스로 끊을 수 없었던 것들로부터 자유함을 얻게 되고 주님 안에서 자유인이 되었습니다. 그리고는 어느새 30년의 세월이 지났습니다. 그리하여 늦은 감이 있지만 이제라도 용기를 내어 이 생명의 복음을 글로 전하고 싶어 한 권의 책을 펴내게 되었습니다."(서문). 참으로 귀중하고 아름다운 일이다. 인간 쓰레기 막달라 마리아도, 핍박자 사울도, 배신자 베드로도, 주님의 긍휼과 용서와 사랑에 녹아져서 자기들이 지닌 모든 기질들을 다 동원하여 십자가의 사랑과 복음을 전하면서 살다가 죽지 않았는가! 창세기의 말씀들을 해석하는 저자의 상상력은 풍부하고 귀중하고 아름답다. 이 책 가운데 "이제 방주 안은 노아 일행과 짐승들로 한 공동체를 이루었다. 방주는 표범이 쉴 곳이 되기도 하고 사자의 굴도 되어야 했다. 고후5:17에서 구원받은 피조물은 다 변화되었다고 나온다. "방주 안에 있는 피조물의 존재는 하나님께서 노아와 맺은 새 언약과 함께 구속함을 받게 되었기 때문이다."(창7장). "결국 아브라함은 눈에 보이는 아들과 말씀 중에서 어떤 것을 택할 것인지 고민을 하다가 하나를 택해야 했다. 그는 말씀을 택하고 아들을 포기하고 말았다. 하나님이 우리에게 질문하시는 것 가운데 가장 중요한 것은 우리의 모든 미래와 꿈과 가능성을 말씀 안에 제한할 수 있느냐는 질문이다. 현실적으로 우리가 누리는 축복 가운데 결혼, 자녀, 미래의 비전 등이 있을 때, 그 모든 것을 말씀 가운데 어느 것을 택할 것인가를 물으실 때가 있다. 나아가 나의 죽음 앞에서, 혹은 내 자식의 죽음 앞에서 무엇을 택하겠느냐고 물으실 때가 있다. 본문 말씀이 궁극적으로 우리들에게 들려주시는 메시지는 자신의 모든 비전과 가능성 앞에서 그것들을 제쳐놓고, 먼저 말씀을 붙잡을 때 하나님께서는 그를 반드시 붙들어주시고 멸망시키지 않으신다는 것을 보여주고 있다."(창22장)라는 내용들이 있다. 너무너무 올바르고 귀중하고 아름다운 생각이고 상상력이고 해석이다. 그렇다. "김선희 목사님은 나의 목회 사역에서 얻은 보석과 같은 첫 열매 중의 하나였다."

저자는 『창세기 강해』를 마무리하면서 요셉의, 하나님 및 말씀 중심적인 믿음과 용서의 신앙을 귀중한 신앙이라고 보면서 그 신앙은 지금도 계속되고 있다고 지적했다. "요셉은 형들의 죄를 잊은 지 오래다. 요셉은 이 문제를 인간적인 입장에서 풀지 않고 하나님 앞에서 해결하려고 했다. '형님들은 나를 해치려고 하였지만 하나님은 오히려 그것을 선하게 바꾸셔서 오늘과 같이 수많은 사람의 생명을 구하셨습니다'라고 말한다.… 과연 믿음으로 산다는 것이 무슨 뜻인가? 믿음이란 결국 하나님 말씀 하나를 붙들고 매일매일을 살아가는 삶, 그 자체라고 본다. 믿음과 삶은 분리될 수 없다. 『우리가 몰랐던 창세기』라는 이 책 끝 부분에 야곱과 요셉의 죽음이 나온다. 저자는 여기서 "하지만 이들은 죽은 것이 아니라 사라졌을 뿐이다. 그렇다면 나의 믿음 생활이 끝나는 날은 언제인가? 바로 내가 이 땅에서 죽음을 맞이하는 순간일 것이다. 그 때 내 속에 역사했던 믿음은 나의 후손을 통해서 이어질 것이다."라고 고백하고 있다. 여러 가지 삶의 여정을 거치면서 깨닫고, 배우고, 지니게 된 김선희 목사님의 순수한 믿음, 그 믿음의 눈으로 보고, 풍부한 상상력으로 해석하고, 고백하며 진술한 『창세기 강해』를 기쁨으로 추천하는 바이다.

「창세기」로 들어가면서

마가복음 2장에 보면 예수님은 어느 날 가버나움의 어느 동네에 들어가 하나님 말씀을 전하고 계셨습니다. 그때 한 중풍병자가 들것에 들려 지붕을 뚫고 내려오는 장면을 대하시게 됩니다. 이때 예수님은 그를 향해 "네 죄 사함을 받았느니라." 선포하시고 이어서 "일어나 네 침상을 가지고 집으로 가라." 말씀하시매 그가 곧 나아 침상을 가지고 집으로 갔습니다. 이 중풍병자는 마침내 마음대로 걸을 수 있는 새 사람이 되었습니다. 바로 그에게 재창조의 역사가 일어난 것입니다.

오늘도 이와 같은 일은 우리 삶에 계속 일어나고 있습니다. 저자 역시도 예수를 믿기 전에는 한 사람의 영적 중풍병자였습니다. 그러나 그때까지 제 자신이 영적 중풍병자인줄 몰랐었습니다. 그러나 어느 날 주님의 은혜 가운데 저의 내부에서 지붕이 뚫려지고 침상이 내려오는 극적변화를 겪고 나서, 비로소 중풍병에서 놓임을 받게 되었습니다.

저는 그 이후 제가 누구인지, 어떤 존재인지를 알게 되었습니다.

그동안 매여있던 것들, 제가 스스로 끊을 수 없었던 것들로부터 자유함을 얻게 되고, 드디어 주님 안에서 자유인이 되었습니다. 그리곤 어느새 30년의 세월이 지났습니다. 그리하여 늦은 감이 있지만 이제라도 용기를 내어 이 생명의 복음을 글로 전하고 싶어 한 권의 책을 펴내게 되었습니다.

돌이켜 볼 때, 저는 청량리 중앙교회와 일산 승리교회에서 목회사역을 12년 가까이 했습니다. 그 후 다시 신학수업의 길에 올라 6년 동안의 학위과정을 마치고 2010년 목회신학 박사 학위를 받았습니다. 학위를 받을 당시 제 나이는 해가 뉘엿뉘엿 지고 있는 나이였기에 어떻게 주님 앞에 이 준비한 것들이 쓰여질 것인가 때로 회의(懷疑)도 들었습니다. 그러나 그런 순간에도 제 마음 한 편에서는 주님을 향한 작은 불꽃은 계속 타오르고 있었습니다.

그런 중에 하나님은 말씀 속에서 자주 저를 부르셨습니다. 그 때마다 말씀을 대하다 보니 참으로 놀라운 사실을 발견하곤 했습니다. 마치 양파껍질을 벗기면 속껍질이 나오고, 또 벗기면 점점 윤기나는 새하얀 껍질이 나오듯이, 말씀 묵상을 하다 보면 말씀 속에 말씀이 있고, 그 말씀 속에 또 다른 말씀이 들어있는 것을 발견하게 되었습니다.

흡사(恰似) 소 여물씹기처럼 말씀 묵상을 반복하다 보니 말씀의 속 맛을 알 수 있었습니다. 아마도 다윗이 시편에서 "말씀이 꿀송이처럼 달다."(시 119:103)라고 고백한 것이 이런 것이 아닌가 생각하게 되었습니다. 마치 끝없는 수평선이 바다 저멀리 한없이 펼쳐져 그 끝이 보이지 않을 때 문득 영원을 느낄 수 있듯이 하나님의 말씀 속에도 그와 같이 무궁한 진리가 담겨져 있는 것 같다는 생각이 들었습니다. 경건한 생활을 가르치고 지도하는 책으로 세계적 명작이며 역사적 걸작인「그리스도를 본받아」(The Imitation of Christ)의 저자 토마스 아 켐피스(Thomas a Kempis)는 이런 말을 했습니다.

"인간이 하나님을 안다는 것은 마치 오만 에이커가 넘는 땅에서 한 마리의 닭이 그 땅의 한 모퉁이를 후벼파고 있는 격이다."라고 …

하지만 저에게는 그 범위가 비록 미미할지라도 그 곳을 통해서 제가 만날 수 있는 하나님은 '감동(感動)' 그 자체였습니다. 그래서 신학수업 도중 2006년 말씀센터로 시작했던 '주님의 정원'의 경험을 되살려 2011년 '로고스 교육선교회'를 만들게 되었습니다. 본 선교회가 지향하고 있는 바는 소그룹 성경공부를 통한 영성함양과 중보기도를 통한 기도훈련으로서 각 개인이 제자화되는 것을 목표로 하고 있습니다.

저자는 지난 3년 동안 말씀교육을 해오면서 회원 한 사람, 한 사람이 주님의 제자로서 영적으로 성숙되어져 가는 모습을 분명히 볼 수 있었습니다. 이 기간에 두 명의 교회 전임사역자도 배출되었습니다. 그 동안에 회원들과 더불어 말씀을 나누면서 몇 권의 구약성경을 끝냈습니다. 그 가운데『창세기』를 정리해 책으로 엮었습니다. 말하자면 가르침과 배움의 열매로서 이 책이 세상에 나오게 된 셈이지요.

이 책은 『창세기』 각 장을 해석하고 묵상하여 한데 묶은 책입니다. 바라옵기는 누군가 『창세기』를 한 장씩 읽어내려 가면서 각 장에 대해 그 의미와 뜻을 다음 장과 연결하여 연계성을 알아보고자할 때 도움이 되었으면 합니다. 제가 관심을 가지고 써 본 부분이 바로 그 부분이기 때문입니다. 즉, 각 장마다 연관성을 지어 장과 장의 고리연결을 시도해 보았습니다.

또한 『창세기』 각 장에 대해 상징적, 구원론적, 사건적 의미가 무엇인가를 알아보고자 할 때 그 답을 줄 수 있는 길잡이가 되었으면합니다. 그런 의미에서 이 책은 일종의 『창세기』 참고서, 혹은 『창세기』 말씀 길라잡이라 해두면 좋을 것 같습니다.

다른 한편 제가 이 책을 내게 된 근본적 의도를 신학적 측면에서밝혀보고자 합니다. 우선적으로 성경을 읽는 독자라면 성경이 말하고 있는 중요한 핵심은 구원론적 이해라는 것을 알 필요가 있습니다. 왜냐하면 성경이 쓰여진 목적 자체가 구원과 직결되기 때문입니다. (요 20:31)

따라서 성경읽기와 성경해석은 병행되어야 한다는 것이지요. 『창세기』를 예로 들어보면 아브라함의 일생에 관한 이야기나 또는 홍수와 관련하여 방주를 만든 노아 이야기는 성경 이야기는 되어도 그이야기 자체로 끝난다면 그것은 복음이 될 수 없다는 것입니다. 즉단순히 성경을 읽는 단계로 끝날 경우 이는 이순신 장군 이야기나링컨 대통령에 관한 위인전을 읽는 것과 다름이 없다고 봅니다.

때문에, 적어도 성경을 좀 더 깊이 상고하며 묵상하는 수준이라면 아브라함이라는 인물일 경우 아브라함에 관한 이야기 자체를 넘어, 아브라함이 믿고 신뢰했던 하나님, 그 하나님을 알고 만나는 단계로 나아가야 합니다. 무엇보다 복을 주시는 실체이신 그 하나님을 독자가 만나야 한다는 것입니다. 다시 말해 성경 속에서 하나님의 어떠하심, 즉 그의 성품, 속성, 계획, 섭리를 모든 성경인물과 사건을 통해 오늘에, 그리고 나 자신에게 적용하여 이해할 수 있어야 한다는 것입니다. 그러할 때 우리 각 개인은 하나님이 어떤 분인지 알게 되고 그 분과 만남이 이루어질 수 있습니다. 나아가 그 분과 동행하며 살아갈 수 있게 됩니다. 강조하건대, 성경에서 복음을 빼버리면 그것은 신앙위인들의 전기요 착하게, 진실되게 살라는 교훈일 뿐입니다.

따라서 성경읽기가 복음이 되기 위해서는 다음과 같은 성경이해가 있어야 한다고 봅니다.

첫째, 하나님께서는 인간을 구원하시기 위해 어떻게 하셨나?

둘째, 구원받은 사람들이 하나님의 백성으로 살아갈 수 있도록 하나님은 각각의 인생에 어떻게 간섭하시며 저들을 이끌어 가고 계신가?

위와 같은 관점을 갖고 저자는 『창세기』 말씀 교육을 진행해 왔습니다. 그리하여 창세기 각(各) 장(章)을 구원론적인 측면에 입각해서 관찰, 해석하고 적용을 도입했습니다. 따라서 이 책은 그와 같은 부분을 각 장마다 종합해서 수록하고 끝부분에는 '묵상'을 넣어 마무리했습니다.

이 책의 제목처럼 지난날 『창세기』를 읽은 독자 가운데 혹시라도 이 책을 읽으면서 그동안 미처 몰랐던 부분이 이해가 되고 뜻을 깨달아 알게 된다면 더할 나위 없는 기쁨이 될 것 같습니다.

끝으로 이 책이 나오기까지 뒤에서 보이지 않게 수고해주신 여러분과 특별히 원고정리에 수고해 준 조도란 집사, 김수진 집사, 김정한 집사 그리고 김동소 장로님의 노고에 대해 사의(謝意)를 표합니다. 이 책의 출판을 위해 수고해 주신 드림북 사장님과 여러분들께도 감사드립니다.

생애 처음으로 '책' 이란 것을 만들어 세상에 선을 보이려 하니 마치 요게벳이 갈대상자에 아기 모세를 넣어 강물에 띄워 보내듯, 그에 비할 바는 아니지만 조금은 떨리는 심정입니다. 하여, 조심스럽게 세상 강물에 이 책을 띄워 보내고자 합니다. 독자들 한분한분에게 작은 말씀의 벗이 되었으면 합니다.

2014년 4월
봄꽃들의 향연이 한창인 어느 봄날
선교회 사무실에서

김선희 목사

|차례|

Part1 원역사(原歷史)

Part2 족장역사(族長歷史)

PART 1

원역사

(原歷史)

No. 01-18

태초에 하나님은
무엇을 시작하셨나?

창세기 1장 (창 1:1~5)

창세기 1장 1절

"태초에 하나님이 천지를 창조하시니라"

'태초에' 라는 말은 역사의 시작을 알림과 동시에 끝이 있음을 암시한다. 역사의 시말(始末)이 있다는 사실은 "나는 알파와 오메가요 처음과 나중이요 시작과 끝이라"(계 22:13)는 하나님의 말씀에서도 확인된다.

'창조했다' 는 말은 아무것도 없는 무(無)에서 유(有)를 창조했다는 말로써, 공기도 먼지도 없는 그야말로 재료라고는 완전히 전무한 상태에서 하나님은 하늘과 땅을 지으시고 땅 위, 땅 아래 모든 것들을 지으셨다는 얘기다. 하나님은 이 모두를 오직 '말씀' 으로 지으셨다. 그러므로 이 모든 것은 전적으로 하나님의 것이며 따라서 그분은 어느 때고 이 모두를 당신 뜻대로 처분(處分)하실 수 있다.

그런데 여기서 우리가 알아야 할 부분이 있다. 하나님은 위와 같은 모든 사역을 엿새 동안에 다 끝내시고 이레째는 안식하셨다. 하지만 지금도 여전히 계속되는 하나님의 창조사역이 있다. 그것은 바로 사람의 '영혼'(靈魂)창조이다. 하나님께서는 지금도 새로 태어나는 수많은 인간들의 영혼을 창조하고 계신다. 그것은 다름아닌, 새 생명 속에 영혼을 불어 넣는 일이다. 이 일은 오늘도 그 분 만이 하시는 창조사역(創造事役)이다.

창세기 1장 2절

"땅이 혼돈(混沌)하고 공허하며 흑암이 깊음 위에 있고…"

'땅이 혼돈하다' 는 말은 땅에 아무런 형체도 없다는 뜻이며 아직 뚜렷한 구분없이 모든 것이 뒤섞여 있는 상태를 말한다. 처음에 하나님이 창조사역을 시작하실 때 지구의 상태가 바로 그러하였다는 말이다. '공허(空虛)하다' 란 원어적 의미는 텅 비어있는 상태로 주인이 없다는 뜻이다. 다시 말해, 살아서 움직이는 존재가 하나도 없다는 말이다. 그처럼 처음 지구의 상태는 아주 썰렁하고 을씨년스러웠다는 것이다.

'깊음' 이란 깊이를 알 수 없는 끝없는 수면(水面)을 연상케 한다. 이것은 지구가 아주 깊은 어둠에 빠져있고 미지의 세계이며 미스터리에 싸인 세계라는 것을 말해준다. 아직 깨어나지 않은 채, 깊은 동면(冬眠)의 상태에 빠져있는 덩어리였을 뿐이라는 것이다. 이런 상태가 얼마나 오래 지속되다가 창조역사가 시작되었는지는 명확히 알 수 없다. 그래서 '태초(太初)' 라는 말을 쓴다.

그러면 무엇 때문에 성경은 우리가 살고 있는 이 땅에 대해 처음부터 이런 식으로 설명하면서 창조 이야기를 시작하고 있을까?

그것은 우리가 이 세상이 좋고 살기 편하기 때문에 영구적이기를 바라기 때문일 수도 있다. 그러나 이 세상은 언젠가는 다시 황량한 원래의 상태로 돌아갈 것이다. 이스라엘 백성에게 애굽 땅은 어떤 의미에서는 참으로 아름답고 또한 문화가 발달된 살기 편한 곳이었다. 그래서 그곳을 떠나고 싶지 않을 수도 있었다. 그러나 그것 또한 하나님이 생각하실 때에는 일시적(一時的)이요, 가건물(假建物)로서 아름답게 꾸며졌을 뿐이라는 것이다. 수천 년이 지난 오늘의 애굽을 보면 이 말에 수긍할 수 있는 뭔가가 느껴지지 않는가. 이 땅에서 영원한 것은 아무것도 없다.

소돔 역시 비옥한 평지고 아름다웠다. 그러나 하나님은 소돔이나 애굽이라고 해서 아끼지 않으셨다. 하나님은 그런 곳이라도 단번에 황폐한 곳으로 만드실 수 있는 분이다. 그 예(例)가 바로 소돔과 고모라 성의 멸망이다.

그러면 하나님께서는 왜 혼돈된 세상을 질서 있게 하여 많은 생물들이 살도록 하셨을까?

하나님 편에서 보면 그것은 오직 한 가지 목적 때문이다. 인간이 자기 의지로 스스로 하나님의 뜻을 분별하며 자발적으로 하나님 뜻에 복종하는 백성을 만들기 위함이다.

만약 인간이 이 뜻을 받아들이지 않고 이 세상에 탐닉(耽溺)하여 하나님을 등지고 산다면 그는 언젠가는 결국 황량한 들판에 묻히고 말 것이다. 그래서 하나님께서는 우리가 진정 무엇에 애착을 가지고 살아야 할지 보여주시기 위해 그렇게 황량하고 쓸쓸한 지구의 모습을 제일 처음 우리에게 보여주신 것이다.

이 세상이 주는 달콤한 맛에 지나치게 집착하는 사람은 이 세상과 함께 버려질 수 밖에 없다. 하나님은 시작부터 이렇게 말씀하시고, 그 후에 노아 홍수와 소돔의 역사를 통해 재차 강조하신 것이다. 그러므로 참으로 하나님만을 경외하는 그리스도인은 이 세상에 연연(戀戀)하지 않는다.

●○○ 묵상

창세기 1장 1절부터 3절까지 읽다 보면 창조에 관한 진리의 빛이 점점 환하게 비춰오기 시작하는 것 같다. 오직 말씀 하나로 천지가 지어지고, 마침내 이 지구라는 땅덩이가 숨을 쉬게 되는 순간을 생각하면 어찌 감동이 서리지 않는가.

태초에 하나님께서 천지를 만드신 그 손길을 믿음의 눈으로 바라보노라면 성령의 감동이 잔잔히 내 영혼을 흔들기 시작하는 것을 느낀다. 내가 발 딛고 있는 이 지구를, 태초에 그토록 황량한 가운데 버려진 이 땅덩이를 당신의 거룩한 말씀으로 찬란하게 빚으셨다면… 오늘 또다시 창조의 거룩한 입김과 손길이 왜 나의 영혼과 육신에 찾아들지 못하겠는가.

이 지구를 싸고 도는 흑암의 세계는 말씀과 함께 "빛이 있으라" 하시매 빛이 있었고, 그 빛은 곧바로 빛과 어둠으로 나뉘었다. 그 빛은 곧 하나님의 빛이었다. 그 빛은 오늘 내 영혼을 비추는 하늘의 빛이다. 나는 지금 그 빛 앞에 서 있다. 믿음의 무장(武裝)을 하고 소망(所望)을 향하여…

하늘과 바다와 땅이
창조되던 날

창세기 1장 (창 1:6~10

)

하나님은 둘째 날에 하늘을 만드셨다.

하나님은 하늘을 만드실 때 그냥 만드신 것이 아니라 물로 꽉 차 있는 세계를 위쪽의 물과 아래쪽의 물로 나눔으로써 그 중간에 공간이 생기게 하셨다. 소위 '궁창' (穹蒼)을 만드셨다. 하나님은 공중에 떠 있는 이 빈 공간, 즉 '궁창' 을 일컬어 '하늘' 이라고 부르셨다.(창 1:6~8)

그리고 셋째 날에 아래쪽에 있는 물을 나누어서 육지가 드러나게 하시고 육지를 '땅' 이라고 일컬으셨으며 모인 물을 '바다' 라고 부르셨다.(창 1:9~10) 이어서 하나님은 땅에게 명하사 많은 식물이 나게 하셨다.(창 1:11~12) 이 둘째 날과 셋째 날에 만들어진 것이 바로 우리를 에워싸고 있는 대자연 곧 하늘과 땅과 바다이다.

- 하늘 -

하나님은 아무것도 없는 공간, 다시 말해 '궁창(穹蒼)'을 만드는데 하루라는 시간을 사용하셨다. 왜 둘째 날은 아무것도 없는 '하늘'이라는 공간을 만드시면서 온통 '하루'를 다 쓰셨을까? 다음과 같은 현상을 생각해 보면 우리는 그 이유를 알 수 있게 된다.

하늘은 단순한 빈 공간이 아니다. 이 공간은 아주 많은 물이 위와 아래로 나뉘어서 생긴 공간이며 이곳을 통해서 위에 있는 물은 아래로 내려오고 아래 있는 물은 위로 올라간다. 이렇게 이 공간을 가운데 놓고 물이 끊임없이 순환(循環)됨으로써 모든 생물체가 살게 된 것이다. 우리는 이 '하늘'을 당시 출애굽한 이스라엘 백성들의 입장에서 생각해 보기로 한다.

그 당시에 인간들의 생사(生死)를 결정하는 것은 '비'였다. 야곱의 자손들이 가나안 땅을 떠나서 애굽으로 가게 된 것도 팔레스타인 전체를 기습한 7년 동안의 대흉년 때문이었다. 그 흉년의 원인은 가뭄이었다. 그런데 이스라엘 백성은 지금 애굽을 나와 광야로 들어가고 있다. 광야에는 사람들이 마실 수 있는 물이 없다. 여기서 모세는 저들에게 무엇이라고 말하고 있는가? 이 지구 자체가 물로 되어있고 또 하늘 위에 많은 물이 있기 때문에 두려워하지 말라는 것이다.

하나님께서는 창조의 둘째 날에 '하늘'을 만드셨는데 그 하늘을 그냥 만드신 것이 아니라 물로 가득찬 지구를 위에 있는 물과 아래에 있는 물로 나누어서 그 중간에 하늘공간을 만드셨다고 알린다. 그래서 하늘 위에도 많은 물이 있다는 것이다.

다시 말해서, 모세는 이 창세기의 말씀을 통해 '비'를 내리시는 분은 하나님이시며 하나님께서는 인간을 위해 엄청난 물을 하늘에 저장해 놓으셨다고 이스라엘 백성에게 말하고 있는 것이다.

또한 하나님은 이와 같은 하늘, 땅, 바다를 말씀으로 만드셨기 때문에 말씀으로 얼마든지 비를 내리실 수 있는 분이라는 것이다.

이처럼 하늘에서 내리는 비는 인간에 대한 하나님의 사랑과 모든 피조물에 대한 은혜를 보여주시므로 우리의 모든 생활은 하나님의 은혜에 매일 수 밖에 없다. 그러나 하늘 위의 많은 양의 물은 또한 범죄한 인간들에 대한 하나님의 심판의 수단이 될 수도 있다. 노아의 홍수는 그것을 말해주는 대표적 예이다. 이것을 보아도 인간은 하나님 앞에 참으로 보잘것 없는 연약한 존재이다.

하늘 위에는 물만 있는 것이 아니다. 이스라엘 백성은 이 사실을 경험했다. 그것은 다름 아닌 하늘에서 내린 만나이다. '만나'는 매일매일 하늘 창고에서 내려왔다. 40년 동안 안식일을 빼고는, 하루도 거르지 않고 내렸다. 하지만 만나 창고는 바닥이 나지 않았다. 우리는 이와 같은 사실을 일컬어 기적(奇蹟)이라고 부른다. 이는 하나님께서 출애굽한 이스라엘 백성을 광야에서 그분이 책임지고 먹이셨다는 증거가 되지 않는가?

하나님께서 하늘을 만드신 것은 모든 인간의 삶이 하나님의 손에 달려 있다는 것과 하나님은 비를 주시기도 하고 때로는 가뭄과 기근을 보내 비를 안 주시기도 한다. 이는 인간의 교만을 심판하시기 위함이다. 내 능력만 믿고 내 머리만 의지하는 것이 하나님 앞에는 얼마나 가소롭고 어리석은지를 하나님은 둘째 날, 하늘 궁창을 창조하심으로써 우리에게 보여주고 계신다.

그런데 출애굽기의 바로 왕은 여전히 하늘 아버지의 두려운 능력 앞에 감히 머리를 쳐들고 교만을 치켜 세우다가 결국 비참한 최후를 맞는다. 이 바로왕 같은 교만함이 내 마음속에 없는지 점검해 보게 된다.

– 바다 그리고 땅 –

처음에 이 세상은 온통 물이었고, 땅은 한 조각도 없었다. 그런데 하나님이 이르시되 "천하의 물이 한 곳으로 모이고 뭍이 드러나라" (창 1:9) 말씀하셨을 때 땅이 솟아오르고 한 옆으로는 꺼짐으로써 바다가 생기고 땅이 드러났다.

이 말씀을 시편기자는 104편에서 다음과 같이 표현하고 있다. "옷으로 덮음같이 땅을 깊은 바다로 덮으시매 물들이 산들 위로 솟아 올랐으나"(6절) "주께서 꾸짖으시니 물은 도망하여…"(7절) "주께서 그들을 위하여 정하여 주신 곳으로 흘러갔고 산은 오르고 골짜

기는 내려갔나이다."(8절)

이어서 시편기자는 9절에서 "주께서 물의 경계를 정하여 넘치지 못하게 하시며 다시 돌아와 땅을 덮지 못하게 하셨나이다"라고 말하고 있다. 이처럼 하나님께서는 물이 땅에 넘쳐 들어오지 못하도록 모래를 한계 삼아서 바다가 그 한계를 넘어 들어오지 못하게 하셨다. 땅이 물에서 만들어졌다는 사실은 이 땅이 불안정하다는 것을 말해준다. 하나님께서 바다의 경계선을 정하시고 바닷물이 땅으로 공격해 들어오지 못하도록 막으셨기 때문에 이 땅은 지금도 보존(保存)되고 있는 것이다. 그러나 하나님께서 이 경계선을 풀어 놓으시면 이 땅은 언제고 바다로 덮히게 되어있다.

그러므로 오늘도 바닷물이 땅으로 넘쳐 들어오지 못하게 막고 있는 것은 오직 하나님의 말씀이다. 바다를 막고 있으며 하늘의 물을 떠 받치고 있는 것은 공기의 힘이나 지구의 중력이 아니다. 그것을 그렇게 되도록 가능케 하는 것은 곧 하나님의 말씀이다.

왜냐하면 그 중력의 법칙과 모든 것을 만드신 분은 하나님이시기 때문이다. 하나님은 이와 같은 자연법칙을 만들어 놓으시고 그 법칙대로, 질서대로 이 지구가 돌아가도록 하시면서 당신은 그 법칙 뒤에서 모든 것을 주관하고 계신다. 그리하여 예레미야는 "내가 모래를 두어 바다의 한계를 삼되… 파도가 거세게 이나 그것을 이기지 못하며 뛰노나 그것을 넘지 못하느니라"(렘 5:22) 라고 하나님의 일하심을 알리고 있다. 위의 모든 사실을 깨닫고 나면 하나님은 얼마나 광대하신 분이며 그 분 앞에 우리 인간은 얼마나 왜소한 존재인가를 알게 된다.

여기서 잠깐, 이 말씀을 선포하고 있는 모세를 생각해 보기로 한다. 출애굽한 백성들은 위와 같은 바다와 땅의 생성(生成) 과정(過程)을 말해주는 창세기 내용이 이해가 되었을까? 그들은 어느 정도 알 수 있었다고 본다. 출애굽한 이스라엘 백성들은 저들이 홍해를 건널 때 물이 쌓이는 것을 본 일이 있다. 출애굽기 14:22에서, 이스라엘 백성은 모세가 지팡이를 댔을 때 물이 벽돌처럼 쌓여져서 벽이 되는 것을 목도했다.

그와 같은 기적의 현상이 나타나게 된 것은 다름아닌 하나님의 말씀이었다. 모세는 다만 그 말씀에 순종하여 바닷물에 지팡이를 댄 것 뿐이다. 이스라엘 백성은 물이 옆으로 세워져 물기둥이 만들어졌을 때 홍해 바다를 맨 땅처럼 건널 수 있었다. 그러나 그 물이 허물어지는 순간 추격하던 애굽 군대는 다 그 물에 빠져 죽었다. 이처럼 하나님 말씀은 물을 쌓기도 하고, 흐르게도 하고, 가두어 놓기도 하며 쏟아지게도 한다. 홍해를 건널 때의 경험은 이를 잘 말해주고 있다. 이와 같은 하나님 말씀의 능력은 예수님을 통하여 예수님의 제자들에게도 나타났다. 즉 예수님의 제자들은 예수님의 말씀 한 마디로 무섭게 날 뛰던 바람과 풍랑이 잔잔케 되는 것을 보았다.(마 8:26)

오늘 우리도 이 능력의 말씀을 듣고 믿음을 가지게 될 때 이 말씀이 우리를 새 사람으로 만들어가고 있음을 경험하게 된다. 하나님은 '하늘'과 '바다'와 '땅'을 만드실 때 그것들의 이름을 지으셨다. 즉 궁창이 만들어진 빈 공간을 '하늘'이라 칭하시고 물이 한곳으로 모인 곳을 '바다'라 부르셨으며 드러난 뭍은 '땅'이라고 명명하셨다. 이처럼 하나님께서는 각각의 현상에 이름을 지어 주심으로써 그 존재가 규명(糾明)되었고 나아가 그럼으로써 실체가 드러났으며 그것들은 그대로 존속해야 할 책임이 생긴 것이다. 하늘은 영원히 '하늘'로, 바다는 '바다'로, 땅은 '땅'으로 존속하는 것이다.

● ○ ○ 묵 상

지금까지 우리는 하나님께서 말씀으로 만드신 하늘과 바다와 땅에 대해서 살펴 보았다. 이에 대해 짧은 묵상을 적어 보기로 한다.

만약 우리가 교만하면 자연은 우리를 가만 두지 않을 것이다. 하늘 위에 있는 물이 우리를 그대로 두지 않을 것이며, 바다가 바다 그대로 있지 않을 것이다. 하늘이 진노하고 바다가 성을 낼 때 인간의 생명은 한 순간에 물거품처럼 사라지고 마는 수도 있다. 몇 년 전 일본 땅에서 일어났던 쓰나미 재앙은, 이를 말해주기에 충분하지 않은가. 하늘 위에 물이 있고 하늘 아래 물이 있어서 이 물이 순환하고 있는 것은 끝없는 하나님의 은혜를 보여주는 표징(表徵)이다. 동시에 교만한 자에게는 하나님의 심판이 늘 준비되어 있다는 사실도 말해주고 있다고 하겠다.

Chapter **3**

피조물의 대 합창

창세기 1장 (창 1:11~25)

창세기 1장 11절부터 12절에서 하나님은 땅에게 명하사 풀을 내고, 씨 맺는 채소를 내고, 열매 맺는 나무를 내게 하셨다. 그런데 이때는 아직 하늘에 태양이 생기기 전이다. '하나님의 빛' 만이 낮이라 칭하신 시간에 빛을 내고 있을 때이다. 우리가 생각하기엔, 하늘의 태양 빛이 내리 비친 후에 땅의 풀이 솟고 씨 맺는 채소가 돋아 난 줄 알았는데 그것이 아니었다. 하나님께서는 태양, 달, 별들을 하늘에 두시기 전 땅에게 명령하사 푸른 초목이 생기도록 하셨다. 땅은 다만 하나님 명령에 순종하여 땅 위로 최초의 식물을 나게 했던 것이다.

그리하여 셋째 날이 다 저물어갈 무렵 땅은 푸른 색깔을 띠기 시작했다. 산, 들의 초목이 마침내 얼굴을 내밀면서 메마른 황갈색 흙이 푸르른 초록으로 옷을 갈아입기 시작했을 것을 상상해 보라. 지금도 새 봄이 시작될 무렵이면 가지마다 물이 올라 연한 순들이 뾰족뾰족 껍질을 헤집고 세상 밖으로 고개를 쳐드는 것을 보면 그때와 흡사하지 않는가. 죽은 듯한 나뭇가지가 비 한번 맞고 나면 일제히 소리없는 함성을 지르듯 새 순을 내고 있는 것을 보면 첫 창조의 신비가 재연(再演)되는 듯하지 않는가. 어쩌면 태초의 창조역사는 오늘도 계절따라 우리 곁에서 다시금 하나님의 경이로운 손길을 보여주고 있는 듯하다.

어느 식물학자의 연구에 의하면 지구상의 식물의 가지 수는 십만 가지가 넘으며 풀 종류도 오천가지가 넘는다고 한다. 그러면 얼마나 많은 종류대로의 풀과 나무들이 있단 말인가. 그런데 그것들이 오늘날까지 각기 종류대로 섞이지 않고 변함없이 제 모습을 지니고 있다니…

아! 잠깐, 땅에 식물이 오르기 전 셋째 날은 물이 하나님 명령을 따라 한 곳으로 모이기 시작해 바다를 이룬 날이다. 바다! 하나님은 그 바다를 '하루' 라는 시간에 다 만드셨다. 물들이 그 분의 명령을 따라 낮은 곳으로, 낮은 곳으로 모여 소위 '바다' 라는 것이 형성(形成)되고, 그때 군데군데 뭍이 드러나 '땅' 이라 칭하는 육지가 생겨난 것이다. 이제 '땅' 은 하나님 명령을 기다리고 있었다는 듯이 말씀따라 풀과 채소와 나무를 땅속으로부터 돋아나게 한 것이다.

첫째 날, "빛이 있어라" 하시매 빛이 있어 보시기에 좋았듯이 하나님은 셋째 날도 출렁이는 푸른 바다를 보시곤 그리고 뭍으로 드러난 땅 위에 솟은 풀과 나무들을 감상하시며 "보시기에 좋았더라"라고 말씀하셨음직하다. 을씨년스런 땅덩이가 푸르름으로 바뀌었으니 얼마나 아름다웠을까?

다시금 넷째 날이 밝아왔다. 그러나 아직까지 하늘 궁창에는 아무것도 없었다. 하지만 그 날이 다가옴에 또 한번의 위대한 창조작업이 시작되었다. 그 분은 하늘 궁창에 두 큰 광명체를 매다셨다. 『창세기 탐구』를 쓴 존 필립스(John Phillips)에 의하면 두 광명체 중 큰 광명체는 작은 광명체를 육백만 개나 끌어안을 정도라고 했다. 그만큼 큰 광명체는 놀랄만한 크기와 위용(偉容)을 자랑한다. 크고 작은 두 광명체는 하늘 궁창에 달려 있다가 하나님이 명령하시매 빛을 발하기 시작했다. 큰 광명체는 새벽녘 동쪽 하늘에 거대한 붉은 용이 비상(飛上)을 서두르듯 힘차게 솟아오르기 시작했다. 그때 천지는 새로운 광명체로 인해 밝은 빛이 온 천지에 퍼져 나갔다. 때맞추어 수많은 식물들은 일제히 고개를 쳐들고 그 빛을 향해 탄성을 올렸다. 그 뿐인가 하늘을 향해 심호흡을 하면서 아름다운 꽃을 피워내기 시작했고, 향기로운 꽃 내음을 풍기기 시작했다. 그 큰 광명체, 그것은 태양이었다.

눈부시게 찬란한 햇빛!
지구는 오랜 태고적 베일을 벗고 기지개를 펴기 시작했다. 오늘도 매일 아침 동녘하늘 위로 눈부시게 떠오르는 태양을 바라보노라면 이 말이 무슨 뜻인지 알 수 있으리라.

낮의 해가 기울어져 갈 즈음 희미한 형태를 갖고 있던 달이 그 자태(姿態)를 드러내기 시작하면서 환히 비춰지는 달빛은 어둠속에 미소짓는 달맞이 꽃 같다는 생각이 든다.

같은 날, 하나님은 두 큰 광명체 옆에 또 다른 창조물을 만들고 계셨다. 즉 해변가의 수많은 모래알보다 더 많은 은빛 같은 별들을 하늘궁창에 수놓고 계셨던 것이다. 그리하여 낮을 주관하던 태양이 그 자리를 내어 줄 무렵, 밤을 주관하는 달이 따라오도록 하나님의 창조작업이 마무리 되어 갈 때쯤 하늘엔 찬란한 별들의 향연(饗宴)이 벌어지기 시작했다.

창세기 1장 20절부터 25절까지는 이미 말씀으로 만드신 하늘, 바다(물), 땅에게 하나님께서 명령하시는 모습이 나온다.

하나님은 물에게 명령하신다. "물들아 생물을 번성케 하여라"고, 이 말은 물에게 생물을 창조해 내라는 뜻이 아니다. 물이 일정한 온도를 유지하고 또한 맑은 물을 보유하여 그 속에서 생물들이 잘 번성할 수 있게 하라는 말씀이다. 즉 물이 마음대로 물 온도를 너무 차게 한다든지 갑자기 육지 쪽으로 차고 올라와 물 속에 살고 있는 생물들을 죽게 해서는 안 된다는 명령이다. 오늘날로 치면 인간이 강물을 오염시켜 수많은 물고기들이 떼죽음 당하는 경우처럼, 그와 같은 일을 하나님은 용납할 수 없다는 말씀이다.

하나님은 바다에게도 명령하셨다. 바닷속 짐승, 예를 들어 고래 같은 포유류가 바닷물에 잘 적응하도록 새끼를 많이 낳아 번성하도록 잘 돌보라는 명령이시다. 또한 하나님은 하늘에게도 명령하셨다. 즉 하늘은 하늘 마음대로 마구 비를 내린다든지, 찬 얼음덩어리인 우박을 함부로 떨어뜨린다든지, 세찬 바람을 불게 해서 날아다니는 새들을 죽게 해서는 안 된다는 것이다. 하늘은 정해진 자연법칙을 그대로 지켜 공중의 새의 목숨을 보호해 주어야 한다. 다시 말해 하늘이 마음대로 벼락을 친다든지 뇌성(雷聲)을 발해 새들로 하여금 공포에 떨게 해서는 곤란하다는 말씀이다.

그러면 하나님은 어떤 의도에서 하늘, 바다, 땅에게 이와 같은 명령을 내리셨을까?

그것은 하늘과 바다와 땅이 제 멋대로 자연법칙을 어겨 강물을 너무 차게 만든다든지, 바다의 경계가 무너져 바닷물이 육지로 들어온다든지, 하늘의 천둥번개가 아무 때고 치면 온 지구상의 자연질서가 깨질 우려가 있고 결과적으로 모든 생물이 죽게 될 수도 있다. 그만큼 하나님은 하늘, 땅, 바다에 살고 있는 모든 동식물을 아끼고 돌보시고 계신다. 이와 같은 하나님의 마음을 읽을 수 있다면 우리는 더이상 환경오염(環境汚染), 자연 생태계 파손 등의 죄악된 행동은 할 수 없을 것이다.

또한 창세기 1장에는 '종류대로'란 말이 여러 번 나온다.

'종류대로'란 아무리 역사가 흘러가고 수천 년의 세월이 지나도 각각의 종(種)은 바뀔 수 없다는 말이다. 그것은 하나님께서 애초에 '종류대로' 창조(創造)하셨기 때문이다. 그러므로 '종류대로' 이 한 단어는 오늘 우리에게 진화론(進化論)을 논박할 수 있는 귀중한 근거가 된다.

　문득 이런 생각을 해 본다.

　낮과 밤을 알려주는 빛과 어둠의 세계는 비단 하늘 궁창에만 존재할까? 그 빛은 인간 속에도 비춰져 창조주 하나님과 교제할 수 있도록 해주는 무형의 초대장 같기도 하다. 하나님은 왜 낮과 밤을 있게 하사 해와 달들로 하여금 그것을 주관하게 하셨을까?

　모든 피조 세계는 명암(明暗)이 있음으로 해서 개체 자체가 온전할 수 있다고 본다. 항상 빛 앞에 깨어 있기만 하면 '쉼'을 가질 수 없으므로, 휴식을 갖도록 해주기 위한 하나님의 배려라는 생각이 든다. '쉼'이 없으면 재 창조는 불가능한 것 아니겠는가.

　나무도, 풀도, 꽃도 밤이라는 시간 속에서 새로운 변모를 할 수 있기 때문이다. 짐승도, 물고기도, 새들도, 사람까지도 모든 생물은 어둠과 밝음의 교체(交替)속에서 생명을 유지해 나갈 수 있기 때문이다.

Chapter 4 🍃

하나님의 형상으로
지음 받은 인간

창세기 1장 (창 1:26~31)

이곳에는 하나님의 여섯째 날 창조사역이 나타난다. 이날 하나님
께서는 동물 즉 종류대로 짐승과 가축을 지으시고 마지막에 사람을
지으셨다. 왜 하나님은 창조의 엿새 기간에 맨 마지막으로 사람을
지으셨을까? 이는 인간이 살기에 편하도록 해주기 위해 모든 것을
창조해 내시고 그 터전 위에 인간을 지으시기로 작정하셨기 때문이
다.

그러면 인간은 창조 때부터 다른 동물과 무엇이 다른가? 하나님
은 말씀으로 공중의 새, 물고기, 바닷속 짐승들을 지으셨다. 그러나
유독 인간만은 성부, 성자, 성령의 삼위 하나님께서 서로 의논하신
후 지으셨다. 왜 그렇게 하셨을까?

하나님은 인간과 교제(交際)하기를 원하셨을 뿐만 아니라, 인간을 통하여 영광(榮光)과 존귀(尊貴)를 받고 싶으셨기 때문이다. 그래서 다른 모든 피조물에게는 하나님의 영을 불어 넣지 않으셨지만 인간을 빚으신 다음에는 그 코에 하나님의 영을 불어 넣으셨다. 그랬기 때문에 인간은 하나님을 알 수 있고 하나님과 교제가 가능케 되었다. 어려움을 만났을 때 하나님께 예배할 마음이 우러나고 하나님을 경배하고 싶어지는 것은 그런 이유에서이다.

창조의 극치는 인간 창조에 있다. 하나님은 사람을 창조하시기 위해 다른 모든 만물을 먼저 창조하셨다. 성경에서는 인간의 본질과 운명을 두 문장으로 표현하고 있다. 즉 '하나님의 형상'을 따라 '하나님의 모양'을 따라 지었다.(창 1:26) 이 말은 곧 신의 성품이 인간 안에 들어있다는 말이다. 비록 인간이 육체를 가지고 있고 동물과 동일한 본능을 가지고 있더라도 인간은 신적존재(神的存在)라는 것이다. 여기서 '형상(形象)'이란 원래 본체(本體)와 아주 비슷하게 만들어진 어떤 것을 말한다. 그러므로 형상에 대해, 우리가 이해하기 가장 좋은 것은 '초상화'라고 말할 수 있다.

한편 우리를 하나님의 형상으로 지었다는 말은 하나님을 원판으로 삼아서 우리를 찍어 내셨다는 말이다. 즉 우리의 원판(原版)과 원형(原型)이 바로 하나님 자신이라는 뜻이다. 이때 주의할 것은 '형상'이라고 해서 겉모양이 하나님과 똑같다는 뜻이 아니라, 하나님의 형상이란 아름다운 도덕적인 성품들과 정의감 및 사랑을 말한다. 여기서 말하는 '사랑'이란 하나님이 갖고 계신 '사랑'을 뜻한다. 하나님은 사랑자체이며 사랑의 원판이다. '형상' 의 또 다른 의미는 인간이 언어를 사용하는 것을 뜻한다. 이 '언어' 란 바로 하나님으로부터 나온 것이다. 그래서 우리는 하나님의 별명을 '말씀하시는 하나님' 이라고 말한다.

간혹 우리는 사람의 외모에도 하나님의 형상이 나타난다고 말할 수 있다. 즉 지금의 우리 몸에는 영광이 없으나 최초의 인간에게는 몸에도 영광이 있었다. 따라서 그 때에는 하나님의 영광으로 옷 입혀졌기 때문에 벌거벗었으면서도 부끄러운 줄 몰랐던 것이다.

이처럼 하나님은 인간을 처음 만들 때 하나님 자신을 원형으로 삼아서 찍어냈고 그분 설계대로 만드셨다. 그래서 타락한 후에도 어느 정도 하나님의 형상이 남아있다. 그러나 그 후의 형상은 아주 일그러졌다. 때문에 우리 인간은 각자의 영혼이 하나님을 진실로 만나기 전까지는 그 누구도 자기자신을 제대로 알 수 없다. 나아가, 인간 본래의 원형을 알지 못하므로 자신이 진정 누구인지 알 수 없을뿐더러 고장 난 부분을 모르기 때문에 고칠 수도 없다. 참으로 인간은 하나님 형상대로 만들어진 고귀한 존재이다. 이것이 동물과 달리 인간만이 갖고 있는 인간의 존엄성이다.

그러면 우리 인간은 하나님의 형상을 어디서 찾아 볼 수 있는가?
첫째, 예수님을 통해서 하나님의 형상과 모양을 알 수 있다. 만일 예수께서 인간의 몸을 입고 오시지 않았다면 우리는 하나님의 형상과 모양을 영원히 발견하지 못할 수도 있었다. 왜냐하면 인간은 죄로 인해 하나님이 주셨던 모양과 형상이 모두 일그러져 동물처럼 살

수 밖에 없었기 때문이다.

둘째, 나를 보았을 때 내 마음에 사랑이 있고 진리를 사모하는 마음이 있는 것을 보면, 하나님도 진리의 하나님이신 것을 알 수 있으며 거룩을 사모하는 것을 보면, 하나님은 거룩한 분이심을 알 수 있다. 또한 미와 예술을 추구하며 무한한 상상력이 있는 것을 생각할 때 이 또한 하나님의 형상과 모양을 지녔기에 가능한 것으로 본다.

셋째, 위에서도 잠깐 언급한 바 있지만, 인간이 하나님의 형상과 모양으로 지어진 것의 두드러진 증거요 특징이 있다면, 그것은 동물과 달리 언어를 갖고 있고 따라서 의사 전달을 언어로 할 수 있다는 사실이다. 이는 곧 하나님은 말씀하시는 분이기에 우리 인간에게도 '언어'라는 것을 주신 것으로 본다.

넷째, 인간은 동물과는 달리 하나님께 경배하고 찬양 드리는 존재이다. 그러므로 인간이 예배 드리는 모습에서 우리는 하나님의 형상을 찾아 볼 수 있다.

다음, 하나님은 하나님의 형상을 닮은 인간에게 어떤 일을 맡기셨나?

창세기 1장 28절에서 하나님은 인간을 만드시고는 저들에게 생육하고 번성하여 땅에 충만하며 땅을 정복하고 모든 생물을 다스리라고 명령하셨다. 이때, '다스린다'는 말엔 두 가지 의미가 있다.

첫 번째는 일반적인 의미로, 즉 환경이나 다른 어떤 것에도 영향을 받거나 굴복 당하지 않는 당당한 자존감(自尊感)을 말한다. 예수께서 성난 파도를 보시고 "바다야 잠잠하라"(막 4:39) 했을 때 바다가 고요해진 것처럼 성난 물결과 바람도 예수님을 굴복시키지 못했다.

또한 귀신도, 질병도 예수님 앞에서는 모두 무릎을 꿇었다. 나아가 가난도, 외로움도, 죽음의 공포도 예수님을 이길 수 없었다. 이것이 바로 일반적 다스림의 의미이다. 이와 같은 예수님의 행위는 예수께서 자신의 가치를 잘 아시기 때문에 하나님의 말씀 외에는 그 어떤 것에도 무릎을 꿇거나 머리를 숙이지 않는 당당함에서 비롯되었다.

두 번째는 적극적 의미의 다스림이다. 이때 '다스림'이란 모든 것을 장악(掌握)해서 바른 위치에 놓는 것을 말한다. 즉 원래대로의 바른 질서 위에 있도록 하는 것을 뜻한다.

예를 들어, 홍수가 나서 범람할 경우 댐 공사 등으로 치수(治水)사업을 잘해서 물이 범람하지 않도록 하는 것이라든지, 민둥산에 나무를 심어 숲을 조성(造成)하여 삼림이 울창하게 되는 것은 적극적 다스림이라 할 수 있다.

창세기 1장 29~30절에서 하나님은 먹이를 가지고 동물과 인간이 다투지 않게 하셨다. 다시 말해 동물들이 아무리 많아져도 인간이 두려워할 필요가 없도록 사람의 먹을거리와 새나 짐승들의 먹을거리를 각각 구별하여 주셨다.

창세기 9장 2절에 보면 노아홍수 이후에도 하나님은 짐승들로 하여금 사람을 두려워하도록 해서 동물과 인간 사이에 질서를 잡아주셨다. 그래서 인간이 짐승을 다스릴 수 있게 해 주셨다.

이처럼 하나님은 당신의 형상을 닮은 인간에게 복을 주시며 생육하고 번성하여 땅에 충만하고 정복하라고 말씀하시며 땅에 있는 모든 생물을 다스리라고 명령하셨다. 이 말씀은 오늘도 우리가 이 땅을 살아가면서 자신감을 갖고 세상을 다스릴 수 있는 근거가 되는 말씀이다.

●○○ 묵상

하나님은 인간 창조의 벽두(劈頭)부터 모든 피조물의 최고순위에 인간을 놓으셨다. 그리고 그 인간에게 당신의 모든 기대를 거셨다. 그러므로 죄가 이 땅에 들어오기 전까지는 인간은 하나님과 아름다운 교제를 나누었으며 말 그대로 '낙원'을 소유하고 살았다.

그러나 아담과 하와가 죄의 유혹에 넘어감으로 해서 인류역사는 퇴락의 길을 걷게 되었다. 아담과 하와가 에덴에서 추방된 이래, 아담과 그의 후손 가운데에는 하나님의 구원의 품에 들어오지 못한 채, 끝없는 방황을 계속 하고 있는 영혼도 있다.

그러면 인간은 언제 에덴으로의 회복이 가능할 것인가?

그것은 이미 은혜 가운데 구원받은 백성과 함께 '마라나타' 즉 '예수여 어서 오시옵소서'의 기도가 응답되는 예수 그리스도의 재림 때 온전히 회복될 것이다. 하나님은 그때까지 천국 초대장을 모든 이들에게 계속 보내시며 천국 그물망을 던지실 것이다. 이 하나님의 애끓는 초대에 응할 생각은 없는가? 수많은 사랑하는 영혼들이여!

Chapter 5

안식일의 의미

창세기 2장 (창 2:1~3)

혼돈(混沌)과 공허(空虛)와 흑암(黑暗)이 깊음 위에 있던 이 지구가 완전한 조화를 이루어 하나님의 완성된 작품이 되었다. 이 사실을 선포하신 것이 최초의 안식일이다. 하나님이 안식하셨다는 뜻은 신인동형론적(神人同型論的) 표현이다. 하나님은 안식일에 피곤해서 쉬신 것도 아니고 아무 일도 하지 않으신 것이 아니다. "안식하셨다."는 말은 하나님이 보시기에 모든 것이 완전한 조화와 일치를 이루고 있었기 때문에 모순이나 갈등이 없었고 서로 어우러져 정상적이 되었으므로 만족해 하셨다는 뜻이다.

예를 들어 인간을 보아도 외모뿐만 아니라 내부구조 및 오장육부 및 신경, 혈관 등 모든 기관의 세포가 기막힐 정도로 오묘하게 조화롭게 움직이는 것을 보시고 하나님 자신도 스스로도 놀라고 기뻐하셨다는 얘기다. 또한 지구를 포함해 모든 우주의 행성들이 서로 부딪침 없이 절묘하게 운행되는 것을 보시고 무척 감격해 하셨다는 말이다. 그러므로 이날 곧 이레째 되는 날을 하나님은 특별한 의미를 부여하시고, 천지의 모든 만물이 형성된 것을 보시고 참으로 만족해 하셨다.

그러면 이 모든 것이 어떻게 이토록 오묘하게 창조되었을까?

그것은 이 모든 것들이 말씀의 다스림을 받았기 때문이다. 이제 하나님은 안식일을 제정하시고 이 안식일을 다른 날과 구별하셨다. 이스라엘 백성이 애굽에서 노예생활 할 때에는 안식일이 없었다. 왜냐하면 그들은 바로의 노예였기 때문이다. 당시 노예는 일하는 짐승이기 때문에 써먹을 일이 없는 노예는 죽이기도 했다. 따라서 하나님께서 이스라엘 백성들에게 안식일을 강하게 명령하신 것은, 그들은 더 이상 노예가 아니라는 사실을 알려주기 위함이다. 그러므로 이제 이스라엘 백성들은 생존을 위해 일하는 것이 아니라 하나님의 창조의 동역자로서 일하는 것이기 때문에 안식일엔 과거 노예시절처럼 일하지 말고 무조건 쉬라고 명하셨다.

진정한 자유인이라면 자기가 하던 일을 중단할 줄 알아야 한다. 또한 중단할 수 있는 사람이다. 그는 아무리 자기가 꼭 해야 한다고 생각해도 하나님이 보시기에 중단해야 할 때에는 중단 할 줄 아는 사람이다. 그는 그 모든 일의 주인이 하나님이심을 알기 때문이다. 하나님은 이와 같은 사실을 안식일을 통해 이스라엘 백성에게 알려

주시고 싶으셨던 것이다.

창세기 본문 2장 3절에 보면

하나님께서는 안식일에 복을 주셨다. 이때 '복을 주셨다' 는 말씀은 이레째 되는 날, 이 하루를 쉬는 것은 결코 우리에게 해가 되는 것이 아니라 '복' 이 된다는 말씀이다. 즉 하루를 쉬는 것을 통해 엿새 동안 믿음으로 살도록 힘을 주시고, 능력을 주시고, 창조력을 주심으로 인해 결단코 손해가 되는 것이 아니고 축복을 받게 된다는 뜻이다.

또한 안식일은 우리를 거룩하게 해준다.

이때 '거룩' 이라는 말은 '특별히 구별(區別)하셨다' 는 뜻으로, 하나님께서 거룩하게 하신 것은 절대로 다른 용도로 쓰면 안 된다. 그러므로 믿는 우리는 이 사실을 명심하여 이 날은 하나님을 위해 그분께 나의 모든 것을 바치는 날로 생각하며 살아가야 한다.

구약 성경의 예를 들어보면, 다니엘 5장 2~3절에 다음과 같은 내용이 나온다.

느브갓네살왕의 아들 벨사살왕은 어느 날 고관대작을 불러놓고 연회를 베푼다. 이때 예루살렘을 점령하여 예루살렘 성전에서 노획(鹵獲)해 온 제사에 쓰는 잔을 꺼내 놓고, 신하들과 함께 연회에 참석한 모든 이들이 그 잔들에 술을 따라 마신다. 그날 밤 하나님은 벨사살왕의 생명을 거두어 가셨다. 다시 말해 벨사살왕은 그 밤에 죽고 만다.

이처럼 하나님께서 거룩한 것으로 구별 지으신 것은 그것이 '물건'이 되든, '날'이 되든, '사람'이 되든 인간이 자기 마음대로 사용해서는 안 된다. 따라서 오늘날도 안식일 만큼은 하나님을 위해서만 이날을 쓰는 것이 하나님의 뜻이다. 하나님께서는 '하루'를 구별해서 우리 인간이 하나님께 이 날을 바치게 하심으로써 세상 모든 것의 주인이 하나님이심을 스스로 선포하셨다.(출 20:8~11)

하나님은 창조의 주인이시다. 그러므로 안식일은 하나님의 주권이 선포되는 날이다. 만약 안식일이 없다면 우리는 누가 천지의 모든 것을 만드셨는지를 잊어버린 채 일의 노예가 되고 만다. 그 결과 내가 누구인지, 무엇을 위해 사는지조차 잊어버린 채 정신 없이 세상을 향해 나아갈 수 밖에 없다. 그러므로 우리는 일주일 중 단 하루만이라도 우리의 욕망에서 벗어나야 한다. 적어도 안식일엔 하나님을 생각하며 타인을 위하여 나의 쾌락을 포기하는 날이어야 한다. 그리하여 안식일은 하나님이 원하시는 대로 그날을 사용하는 것이 믿는 이의 바람직한 자세요, 태도라고 본다.

예수님은 안식일에 더 많은 일을 하셨다. 병자를 고치시고, 손 마른 자를 보시고는 그를 불쌍히 여겨, 그 손을 펴 주시기도 하셨다. 이처럼 예수님은 안식일에 억압받는 자, 억눌린 자를 위해 저들을 자유롭게 풀어주시기 위해 "하늘 아버지도 일하시니 나도 일하신다"(요 5:17)고 말씀하시고 일하셨다.

이때 율법사나 사두개인, 바리새인들은 안식일을 범한다고 비난의 소리를 퍼 부었지만 그 분은 그 모든 소리에 아랑곳하지 않으시고 갇힌 자를 풀어주셨다. 눌린 자를 자유케 해 주셨다. 예수님은 바로 안식일의 주인이셨다. 이 예수님은 안식일에 하나님 아버지께서 원하시는 일을 하시며 기꺼이 자신의 시간 전부를 드렸다. 그렇다면 우리 또한 안식일을 어떻게 보내야 할 것인가는 자명(自明)해졌다.

칼뱅의 요리문답을 보면

칼뱅은 출애굽기 20:8~11에 나오는 안식일 규례에 대하여 다음과 같이 말하고 있다. 그는 하나님께서 이 안식일 계명을 주신 데에는 아래와 같은 세가지 이유가 있다고 보았다.

첫째, 주님께서는 제 칠일째의 안식을 명하심으로 이스라엘 백성에게 영적 안식을 비유적으로 나타내 보여주시기를 원하셨다. 즉 이 날에 성도들은 주님께서 그들 안에서 역사하실 수 있도록 자신들의 일을 멈춰야 한다.

돌째, 주님께서는 당신의 백성들이 당신의 율법을 듣고 당신을 예배하기 위해 모일 수 있는 어떤 특정한 날이 있기를 원하셨다.

셋째, 주님께서는 노예들이나 다른 사람의 지배하에 사는 사람들이 그들의 노고로부터 벗어나 휴식을 갖도록 하기 위해 휴일이 허용되어 지기를 원하셨다.

위의 첫째 이유에 대하여 부연(敷衍)한다면 이것은 그리스도 안에서 폐기된 것임이 분명하다.

왜냐하면 그리스도께서는 진리이심으로 그 분의 현존을 통해 모든 비유적 현상들이 자취를 감추어 버렸기 때문이다. 그러나 다른 둘째, 셋째 이유는 모든 시대에 똑같이 해당되는 사항이므로 안식일이 모형적인 의미에서는 폐기되었다 하더라도(토요일을 안식일로 정한 것이 예수 부활로 주일로 바뀌었음) 우리 가운데 여전히 지켜져야 함이 마땅하다.

즉 하나님의 말씀을 듣고 성찬의 떡을 떼며 공적인 기도를 드리기 위해 우리는 특정한 날 모여야 하는 것이다. 또한 종들과 일꾼들에게 노고로부터 해방되는 휴식이 주어지기 위해서도 안식일은 지켜져야 한다. 오늘날은 우리의 형편 때문에 예배를 위한 집회들이 매일 지켜질 수는 없다. 그렇기 때문에 오늘날 유대인들에 의해 준수되던 날은 폐지되었지만 다른 날 하루가 이 목적을 위해 지정되었다.

우리가 안식일을 계속적으로 지키는 목적은
첫째, 주님께서 당신의 영을 통해 계속 우리 가운데서 역사하시도록 하기 위함이다.
둘째, 말씀의 청취, 성례의 집행, 공적 기도의 수행을 유지할 필요가 있기 때문이다.
셋째, 우리가 우리 밑에 예속된 사람들을 노동으로 인해 비인간적으로 억압하지 않도록 하기 위함이다.

Chapter 6

작은 동산, 에덴

창세기 2장 (창 2:4~17)

창세기 2장 4절부터 이어지는 말씀을 보면 하나님은 에덴동산을 창설하시고 그 동산에 인간이 살도록 하셨다. 그런데 4절 앞의 2절과 3절을 보면 안식일을 하나님께서 제정하시는 내용이 나온다. 이때 안식일 제정과 에덴 동산 중앙에 선악과와 생명나무를 두신 것과는 어떤 연관성이 있다고 본다. 그렇다면 무엇이 연관되어 있는가?

하나님께서 안식일을 제정하신 이유는 천지 안의 모든 만물을 지으신 분이 곧 천지의 주인인 여호와 하나님임을 우리로 알게 하시기 위해서이다. 만약 안식일이 정해져 있지 않다면 우리는 살면서 누가 이 모든 만물을 지으셨는가를 생각해 볼 겨를도 없이 마치 만물이 저절로 만들어진 것으로 착각할 수도 있으며 때로 만물의 주인은 하나님이 아니라 인간인 것처럼 오해할 수도 있을 것이다. 그러나 우리가 안식일을 지킴으로써 늘 이 모든 피조물의 주인이 창조주 하나님이심을 기억할 수 있다.

마찬가지로 에덴 동산 중앙에 생명나무와 선악과를 세워놓으신 것은 우리가 매 순간 그 나무를 볼 때마다 하나님의 명령 곧 "이 나무의 열매를 따 먹으면 정녕 죽으리라"(창 2:17)는 말씀을 기억하라는 뜻이다. 그러할 때 우리는 영생으로 인도함을 받게 된다. 이런 의미에서 안식일 지키는 것과 선악과를 따 먹지 말라는 명령에 순종하는 것은 '기억해야 한다'는 의미에서 상통한다고 하겠다.

이제 우리는 창세기 2장에 들어섰다. 창세기 1장의 '하나님께서 어떻게 이 세상을 만드셨는가'는 서론격이다. 모세는 2장부터 다시 본론으로 들어가서 창조의 능력을 가지신 그 하나님과 인간은 구체적으로 어떤 관계인가를 다루기 시작한다. 그러한 뜻을 암시하기 위해서 '내력'(개역한글판 번역에서는 '대략'으로 나와있음)이라는 표현을 쓴다.

본문 2장의 5~6절을 보면 하나님이 창설하신 작은 동산 곧 에덴 동산에는, 아직까지 하나님의 허락이 없기 때문에 하늘에서 비가 내리지 않고 있고 수증기도 순환(循環)되지 않는다. 모세는 이 말씀을 통해 백성들에게 하늘에서 비가 내리는 문제 역시, 하나님이 간섭하심으로 말미암아 가능해진다는 사실을 알려주고자 하고 있다.

하나님은 이 세상을 만드시고 운행하시기 위해 자연법칙만 세워 놓으시고 그 다음은 모든 것이 자동적으로 돌아가도록 하신 것이 아니다. 비가 내리고 식물이 자라는 이 모든 과정은 저절로 되는 것이 아니고 하나하나에 하나님의 에너지가 공급되어야 하며 하나님이 허락하시고 축복하셔야만 가능하다. 즉 그 분이 허락하실 때라야 비도 내리고 채소도 자라게 되어있다

본문 2장 10절부터 14절까지는 강 이야기가 나온다. 인간이 동산에서 살려면 가장 우선적인 것이 물이라는 것을 말해주고 있다.

첫째 강은 '비손'으로 하윌라라는 곳에 흘렀다고 하는데 지금은 구체적으로 하윌라가 어딘지는 알려져 있지 않다.

둘째 강은 '기혼'인데 구스 땅에 둘렀다고 나온다. 구스 땅은 오늘 날 이집트를 말한다.

셋째 강은 '히데겔'인데 이는 티그리스 강을 말한다.

넷째 강은 유브라데스 강이다.

위의 강 소개는 말하자면, 에덴 동산 주변에는 동, 서, 남, 북으로 충분한 물이 공급되고 있었다는 것을 알려주려는데 있다. 물과 더불어 에덴동산에는 인간이 살기에 부족함 없이 모든 것이 풍족했다는 뜻이다.

모세는 지금 애굽에서 노예생활을 하고 있던 이스라엘 백성을 광야로 이끌고 나와 이 설교를 하고 있다. 그러므로 이 작은 나라 곧 에덴동산 이야기를 통해 백성들이 무엇인가 듣고 배우라는 것이다. 즉 에덴동산에 이처럼 하나님이 계셔서 모든 필요를 채워주셨듯이,

지금 이스라엘 백성 가운데에도 여전히 하나님이 계시다는 것을 꼭 기억해야 한다고, 그는 설교 속에서 역설(力說)하고 있는 것이다.

2장 7절에 보면 하나님은 사람을 만드실 때 흙으로 빚으셨다. 흙으로 빚으셨다는 말은 흙을 뭉쳐서 인간모양으로 만들고, 그 코에 '훅' 하고 숨을 불어 넣었다는 의미라기보다, 신인동형론적으로 우리의 이해를 돕기 위해 하나님이 마치 사람인 것처럼 설명하기 위함이다. 이 말의 진정한 의미는 사람의 본질이 '흙' 이라는 뜻이다.

물론 인간을 만드실 때 흙을 재료로 사용하셨다는 것을 말하고 있지만, 더 중요한 사실은 '하나님이 어떻게 흙을 빚어서 사람을 만들었는가' 라는 방법을 말하려는 것 보다 사람의 본질 자체가 흙이라는 것을 강조하기 위함이다. 즉 사람은 하나님 앞에 참으로 흙에 불과한 보잘 것 없는 존재라는 것이다. "…하나님이 그 코에 '생기'를 불어 넣으셨다"(창 2:76)라고 하는 것은, 하나님께서 우리 인간을 빚으실 때 '영혼'을 불어 넣으셨다는 말이다.

다시 말해 하나님이 직접 우리에게 생기를 주셨다는 뜻이다. '생기'를 불어 넣어 주시니까 살아서 움직이는 존재가 되었다는 말이다. 그리하여 인간은 자력(自力)으로 혼자 숨을 쉴 수 있게 되고, 생각도 하고, 활동도 하는 존재가 되었다. 그런데 그 생령은 자기 홀로 살아있을 뿐이지 다른 사람에게 자신의 생명을 나누어 줄 수는 없다. 이 내용을 고린도전서 15:45에서는 이렇게 말씀하고 있다. "첫 사람 아담은 산 영이 되었다 함과 같이 마지막 아담은 살려주는 영이 되었나니…"

그러므로 마지막 아담 그리스도는 다른 사람을 살려주는 영이시다. 그의 생명을 누군가에게 주시는 영이시다. 때문에 예수를 영접(迎接)함으로 새 생명을 얻게 되는 것이다. 작은 동산 에덴은 하나님의 나라였고, 그렇기 때문에 하나님의 법이 있었다. 하나님께서는 이 법을 두 그루의 나무로 표현하셨다. 두 그루의 나무란 생명나무와 선악과 나무이다. 먼저 '생명나무'란 하나님께서 이 나무를 통해 흙에 불과한 우리 인간에게 영원한 생명을 약속하셨음을 말하고 있다.

다시 말해 인간에게 흙 이상의 영광스러운 특권을 주시기 위해 생명나무를 세우시고 영생을 약속하셨다. 그러므로 영원한 생명 곧 영생은 이 나무에서 나오는 것이 아니고, 하나님의 말씀에서 나오는 것이다. 에덴에 살아도 하나님의 언약과 상관없이 산다면 인간은 흙일뿐이므로 결국 흙으로 돌아갈 수 밖에 없다. 그러나 우리가 하나님 말씀을 철저히 따라 선악과를 따 먹지 않는다면 하나님은 우리에게 흙 이상의 영광된 몸을 주시어 삼위일체 하나님의 영원한 영광으로 우리를 초청하시겠다고 약속하셨다. 이 약속의 증표가 바로 동산 중앙의 생명나무인 것이다.

선악과는 생명언약의 또 다른 측면이다. 하나님은 이 열매를 따 먹는 행위 여부를 통하여 인간 마음 속 의도가 과연 어떠한 것인가를 드러내시고자 하셨다. 즉 인간이 생각하고 있는 것이 말씀에 대해 '순종할 것인가' 아니면 '불순종할 것인가', 이를 나무열매를 따 먹는 행동여부로 알아보시겠다는 것이다.

그런데 아담과 하와가 따 먹지 말라는 열매를 따 먹은 것을 보시곤 하나님은 인간 아담과 하와가 단순한 호기심으로 그 열매를 따 먹은 것이 아니라 의도적으로 하나님에게 반역(反逆)하기 위해 그와 같은 행동을 한 것을 아셨다.

하나님은 그 열매를 따 먹기 전 미리 경고(警告)하셨다. 불순종하여 따 먹으면 반드시 죽는다고 말씀하셨다. "정녕 죽으리라"는 말은 죽고, 또 죽으리라는 표현의 강조법으로, 반드시 죽는다는 것이다. 그런데도 그들은 그 열매를 따 먹었다. 이 죽음은 육체적인 목숨을 잃는 것 뿐 아니라 하나님과의 교제가 영원히 끊어진다는 뜻이다.

그러므로 흙으로 지어진 인간에게는 두 종류의 삶이 있게 된다. 하나는 '영원한 생명의 삶'이고 다른 하나는 '사망의 삶'이다. 이때 말하는 '영원한 생명의 삶'이란 늙지 않고 오래오래 사는 것을 말하는 것이 아니라, 하나님과 함께 교제함으로써 경험되는 풍성한 기쁨을 누리는 삶을 말한다.

다른 하나는 '사망의 삶'으로, 이는 하나님을 거역하고 불순종하며 살아갈 때, 그는 결국 자기를 위해 자기 몸만을 위해 살아가게 된다. 이때 하나님께서는 그런 사람에게는 당신이 내리시는 모든 영적인 축복을 거두어 가신다. 그런 자에게는 신비한 영혼의 기쁨도 없고 하나님은 더 이상 그를 가까이하지 않으신다. 하나님과의 인격적 관계가 끊긴 상태로 점점 죽어가는 삶, 곧 사망의 삶을 살게 된다. 사실 이러한 상태는 오늘날 하나님을 모르고 사는 뭇 인간들의 형편을 말해주고 있다.

이제, 아담의 불순종으로 인하여 그는 하나님과 관계가 끊어져 에덴동산에서 추방 당한다. 이와 같은 아담의 타락은 하나님과의 관계회복인 '구원'을 절실한 것으로 만들었고, 결국에는 구원을 갈망하도록 만들었다.

2장 15절부터 17절을 보면, 15절에서 "여호와 하나님이 그 사람을 이끌어 에덴동산에 두어 그것을 경작(耕作)하며 지키게 하시고" 16절, 17절에서는 "동산 각종 나무열매는 네가 임의로 먹되 선악을 알게 하는 나무는 먹지 말라"고 명하셨다. 먹는 날엔 정녕 죽을 것도 알려주셨다.

이때 15절의 첫 번째 명령 곧 경작하며 지키라는 명령은 "인간은 무엇을 하며 살아가야 하는 존재인가?"라는 물음에 답을 주고 있다. 17절의 "네가 먹는 날엔 정녕 죽으리라."라는 명령은 "인간은 대체 누구인가?"라는 명제(命題)로 볼 수 있다. 여기서 15절의 명령은 자기 사명을 자각하고 그 사명을 위해서 살아야 하는 존재임을 알려주고 있다.

두 번째 명령은 그와 같은 사명을 감당해 나가면서도 그 사명을 맡겨주신 주인은 바로 창조주 하나님임을 알고 그 분 말씀에 순종할 때만이 살 수 있음을 말해주고 있다. 만물에 대한 통치권을 부여받은 인간은 모든 만물을 다스릴 수 있는 권한을 갖고 있지만 그럼에도 불구하고 반드시 기억할 것은 어디까지나 인간은 청지기일 뿐이라는 사실을 깨닫고 오직 하나님의 통치아래 살아야 한다. 즉 인간 위에 진정한 왕이신 하나님이 계심을 늘 잊지 말라는 뜻으로 이 명령을 내리신 것이다. 그러므로 우리의 가장 궁극적이고도 중요한 정체성에 관한 질문은 선악과(善惡果)속에 그 답이 들어있다고 하겠다.

그러면 그 '선악과'가 우리에게 어떤 교육적 의미를 던져주고 있나를 좀 더 구체적으로 조명해 보고자 한다. 최초의 아담이 이 세상에 사람으로 태어날 때 그는 어린 아기가 아니라 성인으로 창조되었다. 때문에 아담은 자신이 누구인지, 또 무엇을 하며 살아가야 하는지를 알지 못했다. 그리하여 아담은 교육을 받을 필요가 있었다. 그 교육내용이 첫째, 자신의 사명이 어떠한 것인지 그것을 자각하고 그 일을 수행해야 한다는 것과 둘째, 그 사명을 감당할 때 창조의 주인이신 하나님께 순종하며 살아가야 하는 존재임을 알려주는 대목이 15절부터 17절까지의 내용이라고 본다.

그러므로 하나님께서 인간 아담에게 가르치기 위해 시청각자료로 사용한 것이 선악과와 생명나무이었으므로 선악과는 인간에게 올무도 아니요, 덫도 아니다. 다만 인간을 향해 교육하시는 방법이 다른 피조물과 다를 뿐인 것을 가르쳐 주신 것이다.

인간이 '물질'이라는 차원에서는 동물과 별로 다를 바가 없다. 예를 들어 해가 지고 어둠이 찾아오면 동물이나 사람, 모두 잠을 자게 되어있고, 아침이 되면 깨어나서 움직이는 것은 동물과 여전히 같으며, 그와 같은 자연적 질서에 순응하는 것은 백 퍼센트 타율순종이다.

그러나 사람이 짐승과 다른 점이 있는데 그것은 하나님의 형상을 지녔다는 점이다. 이 하나님의 형상은 눈에는 보이지 않지만 '자율' 이라는 특징이 있다. 그런데 이 '자율' 이라는 선물은 '선악과' 라는 대상물을 통해 기능하도록 되어있다. 다시 말해 인간의 몸은 타율순종을 따르지만, 한편 하나님의 형상으로 지음 받았기 때문에 자율순종이 허용되어있는 자율적 존재로 살아간다. 그 사실을 증명하는 물증(物證)이 곧 '선악과' 이다.

그런데 최초의 인간 아담은 자율적 순종대신 자율적 불순종의 길을 택했다. 그 결과 아담 이래로 인간은 하나님을 창조의 주인으로 섬기기를 거부했다. 대신 인간은 자신들의 필요에 따라 가짜 신을 만들어 냈다. 그와 같은 신들이 바로 금송아지, 바알, 아세라 같은 신들이다. 이와 같이 가짜 신을 만들어 놓고 그것을 '하나님' 이라고 섬기는 저들의 저의를 찾아보면, 저들의 우상은 인간에게 아무것도 요구하지 않는다. 하라! 하지 말라! 라는 요구를 하지 않으니 얼마나 편한가.

인간이 아쉬우면 그 우상에게 찾아가서 복을 요구하기만 하면 된다. 즉 우상종교는 '선악과' 가 없다. 따라서 선악과 없는 신앙생활엔 부담이 없다. 기복주의적, 물질주의적 신앙, 현세의 형통을 비는 신앙이 다 그런 것들에 속한다.

결론적으로 선악과 때문에 하나님은 싫고, 그리하여 선악과 없는 하나님을 만든 것이 바로 우상들이다. 이와 같은 우상을 타파하기 위하여 항상 우리 눈에 보여져야 할 존재는 '선악과' 라 할 수 있다.

그래서 오늘날도 하나님을 자각(自覺)하려면 선악과를 기억해야 한다. 이 선악과는 인류역사가 흘러가면서 때로는 율법, 때로는 성경 말씀이라는 이름으로 인류와 함께 해 오고 있다.

하나님은 오늘도 이 선악과에 해당하는 매체로, 율법과 말씀을 통해 하나님을 자각하며 배워가게 하신다. 그런데 오늘날에도 이 세상에는 첫 아담과 마지막 아담의 두 종류의 반응만 나타난다.

첫 인간 아담은 하나님께서 부여해 주신 인간만이 갖고 있는 독특한 기능과 자율성을 동원해, 자신이 주인이 되어 선악과를 따 먹고 자율적으로 불순종했다. 오늘날에도 세상에는 이런 류의 사람들이 많이 살아가고 있다. 이에 반해 마지막 아담이신 예수 그리스도는 할 수만 있으면 그 잔이 자신에게서 옮겨지길 바랐지만, 그와 같은 애통스런 상황 속에서도 "내 뜻대로 마옵시고 아버지의 뜻대로 하옵소서."라고 부르짖으며 십자가를 지기로 자율적 순종의 길을 택하셨다. 마찬가지로 오늘날에도 예수님처럼 그와 같은 결단을 내리고 살아가는 하나님의 택한 백성들이 있어 함께 공존(共存)한다.

우리가 예수를 믿어 구원을 얻는다 함은, 바로 후자의 길을 따라가는 사람을 말한다. 저들은 자율적으로 순종한 마지막 아담 곧 예수 그리스도 안에 들어온 자들이다. 오직 자율적 순종만이 나와 주님과의 끈이 연결될 수 있다. 그것이 곧 '순종' 이다. 그러므로 순종하는 자는 영원한 생명을 얻은 자이다.

"선악과 열매를 따 먹을 것인가?"

그것은 오직 나의 자율적 선택(選擇) 여부(與否)에 달렸다.

Chapter 7 🍃

욕망의 눈으로 본
선악과

창세기 3장 (창 3:1~7)

하나님이 자신의 영을 불어 넣어 만든 최초의 인간 아담은 각종 동물과 새의 이름을 지을 정도로 엄청난 능력과 축복을 받고, 땅의 총 관리자가 되었다. 하나님은 그에게 하나님의 대리 통치권을 주셨다. 즉 하나님의 뜻에 맞도록 세상을 통치하는 다스림의 권세를 주셨다

그런데 이에 사탄은 질투가 나서 견딜 수가 없었다. 그는 자기가 세상의 주인이 되고 싶었다. 그래서 인간을 유혹하기로 한다. 놀라운 사실은, 하나님은 인간이 사탄에게 시험 당하는 것을 허락하셨다는 것이다. 왜 허락하셨을까?

60 우리가 몰랐던 창세기

하나님은 인간에게 영원한 생명이 참으로 얼마나 귀한 것인지를 알게 하시려고 인간을 간교(奸巧)한 사탄의 시험에 넘기셨던 것이다. 다시 말해, 하나님은 인간이 믿음으로 이 무섭고도 간교한 시험을 이기고 영생에 들어오도록 하신 것이다. 하나님께서는 인간이 에덴동산에서 평안하게 과일이나 따 먹고 지내다가 영원한 생명으로 옮겨지게 되는 것을 원치 않으셨다. 하나님 나라의, 말로 다 표현할 수 없는 영광스러운 세계에 들어가기 위해서는 시험을 통과해야 하는 것이다. 그런데 이 시험은 믿음 없이는 통과할 수 없다는 사실이다.

사탄은 마침내 인간 하와를 유혹해 낸다. 인간을 유혹해 자기 것으로 만들면 세상은 저절로 자신의 손 안으로 들어올 것으로 생각했다. 그리하여 사탄은 뱀을 이용해 하와를 유혹하고 선악과를 먹게 한 뒤 다시 아담을 유혹한다. 이 때 사탄 마귀가 하와를 시험한 내용은 단 한가지다. 곧 하와가 하나님의 말씀에 진정 헌신(獻身)하고 있는가 아닌가를 알아내는 일이었다. 그래서 3장 1절에 "하나님이 참으로 너희더러 동산 모든 나무의 실과를 먹지 말라 하시더냐?"

사탄의 이 말 속에는 다음과 같은 의미가 들어있다.

"그런데 하나님께서는 너희에게 그런 명령을 내리실 수 있다고 생각하니?"

"너희가 이 동산에서 얼마나 수고하고 있는데… 그런데 그 수고를 알아주기는 커녕 그 정도 과실도 못 먹게 하다니 너무 지나치지 않니?"라는 뜻이 담겨있다.

3장 2~3절에서 하와가 마귀의 유혹에 넘어간 것은 하나님의 말씀을 경홀(輕忽)히 여겼기 때문이다. 하나님의 말씀을 자기 마음대로 가감(加減)한 것을 보면 알 수 있다. 여기서 우리가 알아야 할 것은 마귀의 궁극적 목적인데, 마귀는 끝까지 하나님의 말씀을 그대로 믿지 못하게 하고, 듣지 못하게 한다. 사탄의 말은 항상 그럴 듯 하다. "선악과를 따 먹어! 그럼 네가 하나님처럼 될 거야!"

'내가 하나님 같이 될 수 있다고…?'

하와는 전지 전능한 하나님의 축복을 받는 것보다 스스로 창조주 하나님이 되는 것이 훨씬 더 매력적으로 들렸다. 그리고 이어서 하나님을 향한 의심이 싹텄다. '내가 하나님처럼 되는게 싫어서 그 열매를 따 먹지 못하게 하신 건 아닐까?' 욕망의 눈으로 보는 선악과는 먹음직, 보암직, 탐스럽기까지 했다. 하와는 드디어 그 열매를 따 먹었다. 그리고 남편 아담에게도 주어 그도 먹게 했다. 이렇게 하여 아담과 하와는 하나님께서 세상의 모든 만물 가운데 유일하게 "손대지 말라!" 금하신 그 대상을 건드리고 만다. 이때로부터 인류에게는 '죄'(罪)라는 존재가 침입해 들어온 것이다.

하나님께서 아담과 하와에게
내리신 선고

창세기 3장 (창 3:16~21)

"동산 중앙에 있는 모든 실과는 다 먹어도 좋지만 동산 중앙에 있는 선악과를 따 먹는 날에는 너희는 정녕 죽으리라."(창 2:17)

이 말씀에서 "죽으리라"는 말은, 살기는 살아도 그 삶에 고통이 따를 것이라는 말씀이다. 죄의 결과에 대해 선고하신 내용이란, 흙에서 출발하여 결국은 흙으로 돌아갈 것이며, 더 이상 이 에덴동산에서 하나님과 교제할 수 없음으로 저들을 에덴 동산에서 내쫓는 것으로 마무리 되고 있다.

죄의 결과 첫 번째는 영적인 사망이 왔다. 즉 하나님과의 영광된 교제가 끊겼다. 그리하여 더 이상 하나님이 주시는 기쁨과 은혜는 알지 못하게 되었다.

두 번째는 육체의 죽음이 왔다. 인간은 누구나 다 죽게 되어 있다.

결국 죽음은 인간의 죄에 대한 하나님의 심판이다.

세 번째는 인간에게 고통이 따르게 되었다. 질병과 사고와 재앙과 가난이 생겼다. 따라서 죽음을 맞이하기 전에도 인간은 많은 고통을 당하면서 살게 되었다.

죄를 진 후 뱀과 하와와 아담에게 내린 형벌의 내용을 보면, 타락하기 전에는 뱀과 파충류가 그렇게 낮은 짐승이 아니었던 것 같다. 뱀은 아마도 고개를 꼿꼿이 들고 걸어 다녔던 것 같다. 뱀으로 위장한 사탄은 영원히 흙을 뒤집어쓰고 배로 기어 다니도록 되었고, 사탄은 영원히 성공하지 못하며, 회개하지 못할 것이며, 사탄에게서는 절대로 선한 것이 나올 수다 없다고 하나님은 선언하셨다.

창세기 3:15에는 뱀의 후손과 여자의 후손으로 두 부류의 인간이 나온다. 장차 나올 후손들 가운데 뱀의 후손들은 속이고, 거짓말하고, 남을 해치고 빼앗는 일을 주로 할 것이며, 이러한 뱀의 후손이 세상에 가득하게 될 것이다. 그러나 한편 하나님은 그 가운데서도 실낱같이 가늘지만 하나님의 구원을 위해 특별히 예비된 여자의 후손이 있을 것을 약속하고 계신다. 이 두 후손은 절대로 연합해서는 안 된다. 그런데 이 두 후손 곧 하나님의 아들들이 사람의 딸들과 결혼했던 노아 시대가 나타남으로 하나님은 결국 홍수로 끝장을 내셨던 것이다.

이때도 에녹이나 노아같은 의인들은 모두 여자의 후손으로 거룩한 후손들이다. 이 실낱같이 가느다란 여인의 후손은 다시금 노아를 이어 아브라함을 시작으로 그의 자손들로 구체화된다. 그러나 세월이 흐르면서 아브라함의 자손이 타락했을 때 하나님은 또 다시 심판의 채찍을 드셨다. 그리하여 여자의 후손은 '남은 자'로 표현되었으며 신약에서는 교회로 연결되었고 요한계시록에서는 144,000명이라는 상징적인 숫자로 계속 이어지고 있다.

아담과 하와가 죄를 지은 이후 하나님은 여자로 하여금 남자를 사모(思慕)하게 하셨다. 여기서 '사모한다'는 말은 '갈망한다'는 뜻이다. 여자에게는 원래 남자를 지배하고자 하는 강한 욕구가 있었으나 죄를 범한 이후 결국 남자에게 의존해야 하고 남자의 다스림을 받도록 하셨다. 그것이 고통인 것이다. 또한 더 큰 고통이 주어졌는데, 그것은 해산하는 고통이다. 이 같은 고통을 얹어줌으로써 하나님은 인간이 죄 중에 태어난다는 사실을 알려주실 뿐만 아니라 인간의 본성이 근본적으로 오염(汚染)되었다는 것을 보여주고 있다. 이처럼 인간은 태어나면서부터 죄의 영향력 아래 있게 된다.

아담에게도 "너도 죄를 지었으므로 당장 죽어야 한다." 이렇게 말씀하지 않으셨다. 계속 살수 있게 하셨지만 그에게 주어진 기간은 단지 사형을 연기(延期)해 주는 것에 불과했다. 그 같은 사실을 깨닫게 하기 위해 남자는 죽도록 땀을 흘려서 먹고 살게 하셨다.

땅은 아담으로 인하여 저주를 받게 되었다. 씨만 뿌리면 몇 십배, 몇 백배 결실을 맺던 땅이 죄가 들어오자 그 힘을 잃어 아무리 갈고 거름을 주어도 겨우 먹고 살 만큼만 열매가 맺혔다. 갈지 않고 그대로 놔두면 가시와 엉겅퀴가 무성히 돋아 쓸모없을 지경(地境)이 되었다.

하나님께서는 저들이 선악과를 따 먹었을 때 왜 이런 고통을 주셨을까?

인간은 이런 고통을 당하면서 낮아지고 비참해질대로 비참해졌을 때 마귀의 속임수와 환상을 벗게 된다. 하나님과 같아지기는커녕 '정말 자신이 흙이고 아무것도 아니구나.' 라는 것을 깨닫게 하도록 하시기 위해 하나님은 이처럼 인간의 몸에 죄의 흔적을 심어 놓으신 것이다. 더 나아가 하나님의 본래 의도는 고통 가운데서 여인의 후손을 기다리게 하기 위함이다.

인간은 마침내 그리스도 메시야가 오셔야 인간의 고통에 종지부가 찍히고 마귀의 유혹에 끌려 다니지 않을 것이며 사망이 생명으로 변할 것이다. 20절에서 아담이 자기 아내의 이름을 '하와' 라고 지었다. 아담이 알고 있기로는 이 여자 안에는 생명이 있고 생명의 약속이 있음을 믿었기에 그는 여자를 믿고, 보호하며 좋은 이름을 지어 주었다. 이 약속은 신약에 와서 진실로 지켜져 이 여인의 후손 가운데 곧 마리아를 통해 그리스도가 이 땅에 오셨다.

생명나무가 주는 교훈

창세기 3장 (창 3:22~24)

22절의 "선악을 아는 일에 우리 중에 하나같이 되었다."

하나님은 "이 사람이 우리 중 하나같이 되었기 때문에" 손을 들어서 생명나무 열매를 따 먹지 못하게 하자고 말씀하고 있다. 본 내용은 인간이 죄를 지음으로써 지식이 너무 뛰어나게 되고 지능이 아주 발달되었기 때문에 하나님께서 마치 당황해 하시면서 어떻게 해서든지 생명나무 열매를 따 먹지 못하도록 저지(沮止)하고자 하는 것처럼 느껴진다.

그렇다면 도대체 죄가 인간의 지성에 가져온 변화는 무엇이며 본문은 우리와 어떤 상관이 있을까? 인간이 타락하기 전 갖고 있던 지능의 상태는 아담을 예로 들어보건대, 그는 하나님이 지으신 모든 동물의 이름을 다 지어주는 정도였다. 그러면 오늘을 살고 있는 우리의 지능 상태는 어떠한가?

오늘날 우리 인간이 갖고 있는 지능의 특징은 우리가 경험한 것을 축적(蓄積)하고 다른 사람에게 그것을 전수(傳受)할 정도의 능력을 갖고 있다. 그 방대한 경험과 지식이 축적됨으로써 오늘날 문명이 발달하게 된 것이다. 우리는 지성으로 논리적인 추론을 하여 눈에 보이지 않는 것을 미리 내다 볼 수 있다. 이와 같은 지식과 지성은 원래 하나님께서 우리를 만들 때부터 주신 잠재능력이었다.

그러나 죄 짓기 전 하나님 앞에서 살 때는 이런 능력을 사용할 필요성을 느끼지 않았다. 전적으로 하나님께 의존하며 살았기 때문에 경험을 축적할 필요가 없었다. 미리 논리적으로 유추할 필요도 없었다. 그러나 사람이 죄를 지은 후 하나님의 은혜가 떠나자 그들은 자신에게 잠재되어 있던 능력을 발휘해서 살아가야만 했다. 그리하여 경험을 축적하고 어떻게 해서든지 무엇인가를 알아내야만 했다.

그러면 여기서 우리는 잠깐 하나님의 지혜를 살펴보기로 한다. 하나님의 성품 중에서 가장 탁월한 부분이 지혜이다. 하나님은 모든 일에 선한 계획을 갖고 계시고, 그 계획을 반드시 이루신다. 그래서 하나님은 지혜의 하나님이시다. 하나님의 지혜가 먼 미래를 계획하고 그 선한 목적을 위해 모든 것을 사용하는 미래지향적 지혜라면, 인간의 지혜는 미래의 불확실성을 극복하기 위해 과거에 가지고 있던 모든 지식과 경험을 다 동원해서 오늘을 편하게 살고 미래를 대비하는 과거 지향적 지혜이다.

그런데 오늘날 우리는 모두 사람의 지혜로 살아가고 있다. 그러나 이 지혜로는 우리의 미래를 대비할 수 없고 또한 이 지혜는 본질적인 문제를 해결하는 데는 전혀 도움이 되지 않는다. 다시 말해 내가 누구며, 어떻게 살아야 하며, 영원한 생명이 무엇인가 하는 것에 대해서는 한 걸음도 접근할 수 없다. 그래서 하나님께서는 아담과 하와를 생명나무에 접근하지 못하게 하심으로써 "너희가 너희 인간의 지혜로 오늘을 윤택하게 살고 미래의 불확실성을 대비하겠지만 너희의 지혜로는 나의 선한 뜻을 이루지 못하고 실패할 것이며 너희 머리로는 나를 추론하지 못할 것이다."라고 말씀하심으로써 우리의 미래는 오직 하나님의 지혜, 곧 하나님의 선한 뜻에 달려 있다는 것을 분명히 하셨다.

　3장 22절부터 23절에 걸쳐 '생명나무' 말씀이 나온다 생명나무는 보통나무에 불과하다. 선악과도 마찬가지다. 그러나 이 생명나무가 중요한 것은 그 열매에 하나님의 언약이 있기 때문이다. '생명'은 본래적으로 이 나무의 열매를 따 먹는데 있는 것이 아니고 하나님의 말씀에 순종하는데 있다. 즉 사람이 이 말씀에 순종하면 속 사람이 날로 새로워진다.

　하나님은 마치 에녹을 죽음없이 곧바로 부활의 영광으로 데려가신 것처럼 아담과 하와에게도 죽음을 통과하지 않고 바로 영생에 들어갈 약속이 이 생명나무에 있다고 약속하셨다. 하나님께서는 눈에 보이지 않는 이 약속을 눈에 보이는 나무를 통해 구체적으로, 시각적으로 표현하심으로써 이 생명나무의 열매를 먹을 때마다 하나님의 약속을 또다시 한번씩 체험하며 확신할 수 있게 하신 것이다. 그러므로 이 생명나무는 최초의 성례(聖禮)였던 것이다.

성례란 믿음으로 세례식에 참여할 때 성령이 하나님의 자녀된 것을 인쳐주시는 예식이다. 성찬 때 떡과 포도주를 믿음으로 받을 때 우리는 '내가 그리스도와 연합했구나', '나의 모든 힘은 그리스도로부터 오는 것이구나', '나는 그리스도와 함께 부활하겠구나' 이런 마음이 은밀(隱密)하게 다가옴을 느낀다.

마찬가지로 아담과 하와도 이 생명나무를 통해 자기 힘이 아니라 하나님이 주시는 힘으로 살며 날마다 영혼이 소생(蘇生)하게 되는 것을 체험하며 살았다. 그런데 아담과 하와가 죄를 지음으로 말미암아 하나님께서는 그들에게서 이 거룩한 성례를 빼앗아 가심으로써 그들이 더 이상 하나님의 능력으로 살 수 없다는 것을 보여주셨다.

이제 그들은 어쩔 수 없이 하나님이 주신 자연력으로 살다가 흙으로 돌아갈 수 밖에 없게 되었다. 인간에게는 더 이상 하나님의 생명이 없으며 자신의 머리를 죽도록 굴려서 자기 힘으로 살다가 죽는다는 것을 보여주셨다. 그래서 하나님은 에덴동산에서 저들을 쫓아내시고 그룹들과 두루 도는 불칼을 두어 저들이 못 들어오게 생명나무의 길을 막으셨다. 하나님은 소멸(消滅)하는 불이기 때문에 죄가 있는 자는 불로 소멸하신다.

그런데 오늘 우리가 감사드리는 것은 이 거룩한 성례가 예수 그리스도를 통하여 회복되었다는 사실이다. 예수께서 하나님과 우리 사이의 막힌 담을 허시기 위해 진노의 잔을 대신 다 마셨기 때문이다.

그러므로 예수님은 바로 생명나무의 열매인 것이다. 우리는 그 살을 먹고 피를 마심으로써 영원히 살 것이다. 믿지 않는 자들의 삶은 죽음의 연장이지만 믿는 우리에게는 새로운 삶이 시작된다. 죽음이 그 삶을 막지 못한다. 그래서 예수 그리스도의 십자가는 바로 하나님의 지혜이다.

나의 인간적 지혜를 포기하고 예수님을 나의 주인으로, 왕(王)으로 믿고 받아 들일 때, 그 순간 하나님의 생명이 나에게 새로 회복되기 시작한다. 그리고 그 생명은 영원히 죽지 않는다.

● ○ ○ 묵상

창세기 2장이 지나고 3장을 해석, 요약하면서 이런 생각이 든다.

하나님은 죄와는 전혀 상관이 없는 분이기 때문에 따 먹지 말라는 선악과를 인간이 따 먹은 죄로인해, 하나님의 섭섭함이나 괘씸한 마음은 우리의 상상을 초월했다. 노(怒)가 서린 하나님의 엄한 징계가 역력히 보인다. 그리하여 뱀으로 시작해서 하와, 아담, 나중엔 땅까지 저주하신다.

땅이 저주를 받아 곡식 수확량이 현저히 줄고 죽도록 농사를 지어야 겨우 먹을만큼 곡물이 생산되었다. 그것도 땅을 가꾸고 경작하지 않으면 가시덤불과 엉겅퀴가 뒤범벅이 되어 농사를 지을 수 없게 되었다. 가시덤불을 제하고 농사를 지으려면 땅이 저주받기 전보다 몇 배의 수고가 따라야 했다. 땅은 순전히 인간의 죄 된 행위의 결과로 벌을 받고 말았다.

왜 땅도 저주의 대상이 되었을까?

인간에게 심판을 내리실 때 인간이 먹고 사는 터전은 기본적으로 땅에서 해결받는 것을 아시고는 인간과 직결된 땅을 저주하신 것이리라. 하나님은 인간에게 일단 무서운 죄의 벌을 내리시고는 더 이상은 에덴동산에서 저들과 동거하는 것을 허락하지 않으셨다. 왜냐하면 저들이 선악과를 따먹은 행위는 근본적으로 의도적인 불순종임이 드러났기 때문이다.

하나님의 청지기 역할보다는 자신들이 동산의 주인이 되어 하나님과의 관계를 끊고 하나님을 동산에서 몰아내고자 했던 인간의 의도(意圖)가 노출(露出)되었기 때문이다. 어쩌면 이들은 하나님 명령을 거스르는 것이 이토록 무서운 형벌로 나타나리라고는 미처 몰랐을 것 같다. 죄 자체를 가볍게 생각했던 것 같다. 그 후 하나님은 그들을 동산 밖으로 추방시키셨다.

다른 한편 하나님은 '나의 형상을 갖고 있던 아담이 결국 마귀 조종에 놀아난다면 그는 영원히 멸망으로 떨어질 것이며 그 후손들도 그렇게 되는 것 아닌가?....' 해서 이런 사실을 그냥 보고만 있으실 수는 없으셨던 것 같다. 그러기에 가죽옷을 지어 입히시고, 아담이 자기 아내 이름을 짓도록 하여 '하와' 라 부르도록 해 주셨다. '하와' 란 '생명' 이란 뜻으로 아담은 아마도 자기 아내 하와를 통해 생명이 이어질 것을 믿고 그렇게 이름을 지어준 것 같다. 즉 여인의 후손을 이어줄 첫 번째 여자가 혹시 자기 아내가 아닐까 생각해서 그 이름을 지어준 것으로 여겨지는 것이다.

그 후 하나님은 그들을 동산 밖으로 추방시키셨다. 하나님은 이들을 동산 밖으로 내쫓고는 생명나무 열매를 다시 따 먹고 영생할까봐 그룹들로 하여금 지키게 하시고, 두루 도는 화염검을 돌게해서 생명나무 길을 막으셨다. 이것 또한 아담과 하와를 향한 하나님의 배려(配慮)가 아닌가. 죄 지은 타락한 상태에서, 하나님의 성령이 떠난 상태로, 영원히 죽지 않고 산다면 이보다 더한 형벌은 없지 않겠는가.

하나님은 마귀에게는 영원히 저주를 받게 하셨지만, 아담과 하와에게는 심한 고통을 경험케 함으로써 자신들이 저지른 죄를 뉘우치고 다시 하나님께서 자신들을 불러주실 것을 기대하게 하신 것 같다. 즉, 하나님은 인간이 마귀에게 속아 죽을 만큼 고통을 당했을 때 그것이 얼마나 힘든 것을 알아, 진정으로 하나님 앞에 돌아와 바른 관계가 될 것을 기대하시고 있다.

결국 2장, 3장은 땅에서 가장 중심이 되는 인간을 향한 하나님의 기막힌 숨은 사랑이 면면히 흐르고 있다. 죄를 지었음에도 불구하고 인간에게 여전히 관심을 갖고 다가 오시는 하나님의 배려와 사랑이 구석구석 묻어 나온다.

Chapter 10

최초의 순교자 아벨

창세기 4장 (창 4:1~8)

가인과 아벨, 이 두 사람은 외형적으로는 둘 다 하나님을 믿는 믿음과 감사의 마음이 있어 하나님께 예배를 드렸다. 그러나 형 가인은 예배를 드리고 난 후 오히려 기쁨을 잃었고 분노로 가득 차게 되었다. 그리고 이 분노는 곧바로 살인(殺人)으로 연결되었다. 성경은 가인의 이런 상태가 예배와 관계 있다고 말한다.

그러면 이제부터 가인과 아벨은 어떤 삶을 살았을까? 이 부분부터 살펴보기로 한다.

가인과 아벨, 이 두 형제는 터울이 많이 지지 않는 형제였다. 그들은 부모인 아담과 하와로부터 하나님은 계시고 죄란 하나님께 거슬리는 행동이라는 것도 들어서 알았을 것이다. 또한 무화과 나뭇잎이 왜 동물의 가죽옷으로 대체(代替)되었는지에 대해서도 들었을 것이다. 한편 제사에 제물은 꼭 필요한 것도 알았을 것이다. 이때, 아벨은 가죽옷 사건을 믿었고 가인은 믿지 않았던 것으로 보인다.

아벨이 믿었다는 내용은 아벨은 하나님 앞에서 속죄 제물이 필요하고, 타락한 죄인으로서의 그의 위치를 받아들였다. 자신의 죄가 크든, 작든 아벨은 장차 갈보리 언덕에서 피 흘려 죽으실 예수 쪽으로 얼굴을 돌렸던 것이다. 그래서 그는 하나님을 믿었고 그 믿음이 하나님께 의로움으로 여겨졌다. 이 사실을 우리는 히브리서 11장 4절의 "믿음으로 아벨은 가인보다 더 나은 제사를 하나님께 드림으로 의로운 자라 하는 증거를 얻었으니 하나님이 그 예물에 대하여 증거하심이라."는 말씀으로 알 수 있다.

반면, 가인은 자신의 의를 내세우며 피에 근거한 구원을 경멸했다.

그가 보기에 짐승을 잡아 죽여 그 피로 제사를 드린다는 것은 야만적이고, 불쾌하고, 역겹게 여겨졌을 것이다. 가인, 그는 농부였으므로 흙의 아들로 열심히 일했으며 부지런히 일해서 얻은 채소, 곡식 등 자신이 생산한 것을 자랑스럽게 제물로 하나님 앞에 가지고 나아갔다. 즉 가인은 자신이 생각한 자신의 길로 제사에 나아갔던 것이다.

그런데 하나님께서는 양의 첫 새끼와 기름을 가지고 하나님 앞에 나아간 아벨과 그의 제물은 받으시고, 땅의 소산으로 제물을 삼아 하나님께 나아간 가인과 그의 제물은 받지 않으셨다. 여기서 우리는 제사와 구원 문제를 연결시키지 않을 수 없다. 구원이란 에베소서 2장 8~9절에서 말씀하셨듯이 믿음을 통한 구원을 진정한 구원이라 말한다. 구원은 베드로전서 1장 18~19절에서도 말하고 있듯이 흠없고 점없는 어린양의 것과 같은 그리스도의 보배로운 피로써만이 가능한 것이다. 출애굽기의 유월절 때 이스라엘 백성의 장자는 어느 누구도 그 밤에 죽지 않았다. 그것은 죽음의 천사가 문설주에 발라진 피를 보고 넘어갔기 때문이다. 그 때 그 피는 어린양의 피였던 것이다.

이 두 사람, 곧 가인과 아벨이 어떻게 하나님께 예배를 드리게 되었는지 성경은 말하고 있지 않지만 그들 제사의 결과는 알려주고 있다. 아벨의 제사는 받아들여지고, 가인의 제사는 받아들여지지 않음으로 해서 가인은 분노한 나머지 동생 아벨을 쳐죽였다.

그러면 가인과 아벨의 예배는 어떻게 달랐을까?

이 두 사람이 드린 예배에 있어 차이점이란 단순히 두 사람의 제물이 달랐다는 얘기가 아니고 가인과 아벨 두 사람의 예배의 성격과 의미가 달랐다는 것을 알 필요가 있다. 구약에서는 예배를 제사와 동일시 하므로 다음에 이어지는 내용은 '제사'로도 불리워질 것이다. 성경 전체의 정신에 비추어 볼 때 하나님께서 말씀하시는 제사엔 빼 놓을 수 없는 하나의 요소가 있다. 그것은 하나님께 나아가기 위해서는 반드시 무언가로 인간의 죄를 덮어야 한다는 사실이다.

인간이 범죄하기 전에는 하나님 앞에 바로 나아갈 수 있었다. 벌거벗었으나 전혀 문제가 되지 않았다. 하나님의 영광이 그들과 함께 있었기 때문이다. 그러나 죄를 짓고 난 후에는 하나님 앞에 나아갈 때에는 반드시 그들의 수치(羞恥)를 가릴 수 있는 어떤 것이 필요했다. 그래서 하나님께서는 인간이 범죄하고 난 후에 무화과 잎이 말라진 것을 보시고, 가죽옷을 만들어 입혀 주셨다. 이 때 그들의 수치를 가리기 위해서는 한 짐승이 죽어야 했다. 피를 흘려야 했다.

이렇게 하나님이 말씀하신 제사에는 그 안에 반드시 죄를 가리는 요소가 있어야 한다. 피를 흘리든지, 아니면 피를 흘려 얻어진 가죽으로 덮든지 간에 아무튼 피 흘림의 희생이 따라야 한다.

인간의 종교성이란 신을 찾고 싶고 신께 나아가고 싶은 본능을 말한다. 가인의 제사는 미루어 짐작하건대 자신의 종교성을 가지고 예배를 드렸을 것이다. 곧 곡식을 많이 추수할 수 있게 해주신 것에 대해 감사하는, 종교적인 본성에 따라서 예배를 드린 것이다.

반면 아벨의 제사는 분명히 '죄' 라는 요소가 관련되어, 즉 짐승을 잡아 기름과 함께 이것을 하나님 앞에 가지고 나아가 제사를 드렸다. 아벨은 이 제사에서 자신은 죄인이며 하나님 앞에는 버림받은 죄인이라는 고백이 들어있었다. 하나님이 받으시는 참 예배에는 하나님의 은혜 없이는 살 수 없으며 하나님이 죄를 용서해 주시고 허물을 덮어주셔야 한다는 고백이 이어지게 된다. 진정한 두려움이 따르게 되고 그 결과 새 사람으로 만들어 주시는 하나님의 손길을 경험케 된다.

그런데 가인의 예배를 보면 가인은 예배를 드렸음에도 불구하고 하나님의 경외로움을 경험하지 못한 것이 드러난다. 자신의 예배가 거절당했다는 것을 안 순간, 가인의 안색이 변한 것을 보면 알 수 있다. 오히려 하나님께 대한 항의(抗議)의 표시로 분노를 표출했다. 이 때 하나님은 가인이 분노하는 것은 타당치 못하다고 지적하셨다. 그리고 그에게 '선'을 행하라고 말씀하신다. 여기서 말씀하시는 '선'은 하나님의 방법에 맞게 하나님께 다시 나아오라는 말씀이다. 곧 바른 예배를 드리라는 말씀이다.

하나님은 아무나 자신의 종교적인 본성에 따라서 예배 드리는 것을 예배라고 인정치 않으신다. 하나님이 정한 방법에 따라서, 하나님이 정한 사람에 의해 예배에 나오도록 하신다. 하나님께서는 택하신 한 라인(line)이 있다. 구원을 위해 택하신 계보(系譜)가 있다.

그러면 아벨의 제사와 가인의 제사에서 하나님이 정한 방법은 무엇이며 하나님께서 정한 사람은 누구인가?

본문을 보면 하나님은 아벨과 그의 제물을 받으셨다고 나온다. 그렇다면 아벨이 보여주는 제사는 어떤 제사였나? 아벨의 제사에는 죄 된 자신의 모습과 자신의 수치를 가리워 주시길 바라는 피의 제물이 있었다. 즉 말씀의 요소와 제물이 있었다. 때문에 그의 제사를 받으셨다. 이로 보건대 가인이 비록 형이었지만 하나님은 가인과 아벨 중에서 아벨을 제사장으로 택하셨다는 사실을 알 수 있다.

따라서 가인은 자기 제사가 거부 당했을 때 아벨에게 제물을 가지고 가야 했다. 그리하여 아벨을 제사장으로 삼아 그 앞에서 겸손하게 "네가 제사장이 되어서 나를 대신하여 제물을 바쳐달라."고 부탁했더라면 가인의 제사에도 하나님이 나타나셨을 것이고 가인도 변하여 새 사람이 되었을 것이다.

그러나 가인은 태어나면서부터 '여호와로 말미암아 받은 아들'로 표현되고 있다. 그러므로 가인은 아담과 하와의 첫 아들로서 기대되는 인물이었을 것이고 가인 스스로도 자신의 교만 때문에 아벨에게 가지 않았다. 말하자면 '너같은 것을 제사장으로 삼아 어떻게 예배를 드리느냐'는 것이다. 하나님이 주시는 구원은 하나님으로부터 시작되는 것이기 때문에 하나님은 걸림돌을 만들어 놓으신다. 그 걸림돌이 가인에게는 아벨이다. 가인은 아벨을 통해서 하나님께 나아간다는 것을 수치로 여겼기 때문에 용납할 수가 없었다.

이와 마찬가지로 예수 그리스도의 십자가는 믿음을 갖고자 하는 사람일지라도 자신의 교만을 내려놓지 못하는 사람에게는 걸림돌이 된다. 특별히 유대인들에게는 십자가를 지고 저주받아 죽은 자를 통해서 하나님께 나아가야 한다는 것은 걸림돌이 될 수 밖에 없다. 그래서 십자가는 헬라인에게는 미련한 것이었고 유대인에게는 거리끼는 것이었다.(고전 1:23)

4장 7절에 보면 "…죄가 너를 원하나 너는 죄를 다스릴지니라." 이 말씀이 개역한글판에는 "죄의 소원은 네게 있으나 너는 죄를 다스릴지니라."로 되어있다. 이때 '죄의 소원'이라고 하는 것은 죄를 짓고자 하는 욕망을 말한다. "너는 죄를 다스릴지니라." 이 말은 죄의 욕망을 다스릴 책임이 가인, 너에게 있다는 말이다.

그러면 어떻게 죄를 짓고자 하는 욕망을 다스릴 수 있나?

우리의 마음을 바꿀 수 있는 분은 오직 하나님 한 분 밖에 없다. 그러므로 하나님 앞에 나아가는 것이 적극적인 해결방법이며 하나님 앞에 나아가 모든 사람이 다 똑같다는 것을 인정하고 자신의 교만을 버리겠다고 고백해야 한다. 그러면 모든 것이 달라지게 된다. 8절에 "가인이 그의 아우 아벨에게 말하고 그들이 들에 있을 때에 가인이 그의 아우 아벨을 쳐 죽이니라."

가인은 아벨을 말로 공격하고 핍박하다가 그러고도 성이 안 차 결국 아벨을 쳐 죽이고 말았던 것이다. 이것은 단순한 우발적(偶發的) 사고가 아니다. 이는 앞으로 인류역사가 끝날 때까지 계속될 투쟁과 갈등의 두 계보를 대조적으로 보여주는 대표적 사건이었다. 따라서 순교자의 역사는 아벨에서 시작된다. 아벨은 참 예배를 지키기 위해 죽임을 당한 의인이었다. 아벨은 가인과 같은 유(類)의 예배를 드릴 수 없다고 고집하다가 죽은 것이다. 만약 아벨이 믿음의 예배를 포기했더라면 죽거나 고통을 받을 이유가 없다. 그러나 아벨은 예배의 본질을 붙잡았기 때문에 결국 순교한 것이다.

창세기 3장 15절에서 하나님께서는 여자의 후손과 뱀의 후손이 싸울 것이라고 말씀하셨다. 이 세상에는 이 세상을 차지하고 세상에서 주인으로서 모든 것을 누리며 자기중심적으로 사는 가인의 후예와, 같은 죄인이면서도 하나님의 은혜로 사는 여자의 후손 곧 아벨의 후손이 있다. 이 두 줄기는 예수 그리스도가 재림하시는 날까지 계속될 것이다.

형 가인이 동생 아벨을 들판에서 죽였다는 소식을 전해 들었을 때 부모인 아담과 하와의 심정은 어떠했을까?

가인이 태어났을 때 아담과 하와 두 사람은 "여호와로 말미암아 득남했다."(창 4:1)고 얼마나 기뻐하며 감사했는데… '이 어찌된 일인가?' 이때 아담과 하와는 다음과 같은 생각을 떠올리지 않을 수 없었을 것이다. '에덴 동산에 있을 때 뱀에게 속아서 하나님께서 그렇게도 따 먹지 말라고 하시던 선악과 열매를 따먹은 결과로 이런 일이 생긴 것 아닐까?…'

'그때의 형벌은 동산에서 쫓겨난 것으로 끝난 줄 알았더니 이게 웬일인가? 우리 가문에 "살인"이 일어나다니…, 아! 이럴줄 알았다면 그 선악과를 따 먹지 말았어야 했는데…'

"네가 정녕 죽으리라"

'이 불순종이 자식 대에까지 올 줄이야…'

'내 안엔 분명 죄라는 것이 들어왔고 그 죄가 아들 대에까지 미치는구나…'

아담과 하와는 땅을 치고 통곡할 만큼 밀려오는 고통에 몸부림쳤을 것이다.

'어떻게 가인에게 그토록 무서운 분노가 서려있었을까?'

'도대체 가인은 왜 동생 아벨을 말로 하지 쳐 죽였을까?'

'자기가 드린 제사를 하나님께서 안 받으셨다고 동생을 때려 죽이다니…'

아담과 하와는 꼬리를 물고 이어지는 수많은 물음 속에서 몸서리 치며 전율(戰慄)했을 것이다. 저들은 하나님과의 인격적 관계가 끊어진 상태로 에덴 동산에서 쫓겨나고 말았는데 이젠 아들 가인에게까지 그 죄성이 전염된 것을 알 수 있게 된 것이다. 자신도 모르게 가인의 마음속에는 죄성이 가져다 주는 미움, 시기, 질투, 증오, 원망 등이 이글거리고 있었던 것이다.

우리는 가인의 행동을 통해 죄가 가져오는 끔찍한 악의 모습을 목도(目睹)할 수 있다. 그렇다! 오늘날에도 하나님의 거룩한 성령이 떠나면 인간에게는 본래적으로 가지고 있는 죄성이 발동해 가인 때와 똑 같은 일이 벌어지는 것이다. 이 죄는 원죄(原罪)로서 후손에게 유전되어 오늘도 우리에게 내재(內在)되어 있다.

가인은 하나님 앞에 다시 돌아가 아벨이 드렸던 것과 같은 제사 형식으로 제사를 올려드리는 것을 한사코 거부했다. 그는 하나님께 다시 나아가 용서받기를 원치 않았던 것이다. 도리어 "내가 동생을 지키는 자니이까?"라고 하면서 하나님께 항변했다.

이처럼 죄가 우리 마음속에 들어오면 죄는 하나님을 피하고 싶어한다. 하나님께 가까이 가는 것을 싫어한다. 그리곤 하나님과 인간 사이를 갈라 놓으려고 한다. 이렇게 갈라진 하나님과 인간 사이를 누가 다시 이어줄 것인가? 이에 대해 성경은 말하고 있다. 하나님과 인간 사이를 화해시키는 한 분이 오셨고, 앞으로 그분이 다시 오실 것을 알려주는 것이 바로 창세기부터 계시록까지의 내용이다. 이 과정에서 우리는 하나님의 놀라운 열심을 발견하게 된다. 이 하나님의 열심 때문에 마침내 인간은 구원을 받게 된다. 아담으로부터 시작해 가인이 뿌려놓은 이 '원죄'의 흔적은 오늘도 우리 삶 속에서 끊임없이 반목(反目)과 질시(疾視)와 투쟁(鬪爭)과 폭력(暴力)의 형태로 세상을 어둡게 하고 있다.

"아멘! 주 예수여 오시옵소서!"

Chapter **11** 🍃

이 땅의 죽음은
모든 것의 끝인가?

창세기 4장 (창 4:9~15)

우리가 아는 바에 의하면, 살인자는 죽임을 당해야 마땅하다. 이 것이 율법의 정신이다. 따라서 가인은 죽어야 했다. 그러나 하나님 은 가인을 죽이지 않으셨다. 오히려 그를 살게 하시고 그에게 표를 주어 어떤 사람을 만나든지 죽임을 당케 하지 않으셨다. 그대신 끝 없이 쫓기는 도망자의 신세가 되게 하셨다. 불안과 도피의 악순환, 이것이 살인자 가인에게 내리신 하나님의 벌이다.

그러면 4장 9~15절까지에서 하나님이 우리에게 들려주시고자 하는 핵심메시지는 무엇일까?

10절에서 "네 아우의 핏소리가 땅에서 내게 호소하였다."라고 나 와있다. 이 말은 아벨은 죽었지만 죽지 않았다는 뜻이다. 그는 계속 하나님 앞에서 이야기 하고 있다. 즉 아벨은 살아있다는 말이다.

한편, 12~14절을 보면 가인은 죽고 싶어도 죽을 수가 없다. 표까지 받았으니 더더욱 그에겐 죽음이 찾아 올 수 없다. 대신 끝없는 불안과 두려움이 그를 따라다닌다. 결국 하나님께서는 이 가인과 아벨의 이야기를 통해서 사람의 생명은 죽음으로 끝나지 않는다는 것을 말해주고 계신다.

우리는 곧 잘 "죽으면 그만이지!"라고 말하지만 죽는다고 모든 것이 끝나는 것은 아니다. 죄인의 죽음 앞에는 끝없는 불안과 두려움이 계속되게 된다. 우리는 그것을 가인의 생애를 통해서 보게 된다.

한편, 의인의 생애도 죽음으로 끝나지 않고 그도 역시 영원히 산다. 이와 같은 해석을 할 수 있는 근거를 우리는 창세기 5장 아담 자손의 족보에서 찾을 수 있다. 이들의 나이를 보면 상상을 초월한다. 아담이나 므두셀라 등이 천년 가까이 산 것을 볼 때 그것은 어느 면에서는 거의 영원에 가깝다. 또한 에녹이라는 사람은 죽음을 통과하지 않고 다른 세계로 옮기워진다. 그러므로 영원에 가까운 삶을 살고 간 아담과 그의 후손들과 에녹의 삶을 통해 볼 때 우리는 또 다른 영원한 세계가 있음을 알 수 있다.

따라서 사람의 생명은 죽음으로 결코 끝나지 않는다. 의인은 물론이거니와 죄인의 생애 역시 죽음이 끝이 아니다. 그러나 이 둘은 분명히 차이가 있는데, 의인의 피는 자신의 의로움을 하나님 앞에 호소한다. 그러나 죄인은 아무리 변명을 해도 영원한 고민과 불안의 악순환에서 벗어날 수 없다.

본문으로 다시 와 보면, 아벨은 죽임을 당해 이 세상에 존재하지 않지만, 그러나 하나님은 없어진 아벨을 찾고 계신다. 어떻게 이 일이 가능한가? 아벨은 죽었다. 그러나 그는 그의 믿음을 인정받아 영원한 생명을 누리게 되었다. 즉 그의 죽음은 또 다른 삶의 시작이다. 말하자면 이 세상의 것만 가지고 이야기하면 아벨은 가장 불쌍한 사람이다. 그러나 성경은 사람이 얼마나 오래 사느냐가 중요한 것이 아니라, 하나님과 얼마나 가까이 있느냐가 관건(關鍵)이라고 말하고 있다.

하나님께서 살인자 가인에게 주신 벌은 이 땅에서 영원히 쫓겨 다니는 것이다. 하나님께서는 가인이 죽임을 당하지 않도록 표를 주셨다. 이 표가 주는 의미는 양면성을 갖고 있다. 하나는 이 표로 인해 가인은 죽임을 면제 받았다. 또 다른 하나는 살인자 가인은 어느 곳에서도 조용히 숨어 살 수가 없게 되었다. '나는 살인자인데 이 표는 처벌을 면제받은 표'라고 드러내놓고 다니면 오히려 보복당할 가능성도 있기 때문이다. 이처럼 가인에게 주신 벌은 용서받지 못한 상태에서 영원히 쫓겨다니는 신세인 것이다. 그래서 가인은 늘 불안했고 두려웠다. 가인은 이것이 얼마나 큰 고통인지 평생을 통해 이 사실을 체험해야만 했다. 가인에게 준 표는 하나님의 표시이다.

하나님께서는 계속적으로 죄인들에게 어떤 표시를 주셔서 그들로 하여금 죽음으로 모든 것이 끝나는 것이 아님을 알려주실 것이다. 그러므로 가인의 표는 그것의 첫 번째 상징이 되는 표라 할 수 있다. 반면 아벨 계보에 들어온 노아에게는 무지개로 표를 주셨고, 이 표시는 예수 그리스도 곧 어린양의 피로 연결된다.

오늘날 예수의 계보에 들어오지 못한 뭇 영혼들은 가인처럼 종신형(終身刑)을 살고 있다. 그래서 그들은 불안 속에 살아간다. 그러나 여기서 벗어나 참 진리가 들어온 순간부터 그 사람에겐 양심의 자유가 찾아든다. 그는 무슨 일을 하려고 몸부림 치지 않아도, 아무 일을 하지 않아도 그에겐 평안이 찾아온다. 이것이 영생의 시작이다.

●○○ 묵상

"하나님! 감사합니다. 그 동안 수없이 많은 말씀을 들어오면서 신앙생활을 해 왔습니다. 그런데 오늘 본문 창세기 4장 9~15절에서 들려주시는 말씀은, 또 한번 '부활'의 확신을 갖고, 보이지 않는 세계를 향하여 걸어갈 수 있도록 소망을 주시오니 감사합니다."

가인이 아벨을 죽였으므로 우리 생각 같아서는 하나님께서 당장 징벌로 가인을 죽이셨을 것 같은데 그렇게 하지 않으셨다. 왜 일까? 거기엔 하나님의 숨은 뜻이 있음을 깨달았다.

죄를 지으면 바로 육신이 죽고, 그것으로 모든 심판이 끝나는 줄 알았다. 그런데 그렇게 죽는다면 큰 고통도 없고 죄의 무거움도 깊이 느끼지 못하고 고뇌할 필요도 없을 것 같기에, 하나님께서는 살인자 가인을 그렇게 간단히 처치하질 않으셨다.

살인 이후 가인이 걸어가야 할 생애, 그것은 점점 죽음을 향해 가고 있지만 하나님은 그 시간을 단축시키지 않으셨다. 가인은 동생 아벨을 죽여야만 분이 풀릴 것 같아 감히 살인을 저질렀지만 그 이후에 오는 긴긴 고통의 터널을, 하나님은 기필코 가인으로 하여금 걷게 하셨다. 이로써 우리는 죄로 인해 받게 되는 리얼한 죄의 형벌의 현장을 본문에서 볼 수 있다.

하나님은 가인을 용서하는 차원에서 표를 준 것이라기보다 가인으로 하여금 자신이 지은 죄과가 만나는 사람마다에 공포(公布)됨으로 인해 끊임없이 두려움과 후회와 부끄러움을 뒤집어 쓴 채 살아가도록 하려는데 뜻을 두셨다. 이때로부터 가인은 오고 오는 세대에서 자신이 주인이 되어 모든 결정권을 자신이 쥐고 살아갈 사람들의 표상(表象)이 되었다. 이를 통해 모든 인류 가운데 여자의 후손인 예수 그리스도 밖에 있는 사람들의 모습이 어떠할지를 가인을 통해 보게 된다.

아벨은 믿음을 갖고 있는 자였고, 가인은 종교적인 사람이었다고 볼 수 있다. 따라서 이 두 사람은 신뢰하고 있는 대상이 달랐다. 아벨은 여호와 하나님을 믿었고, 가인은 자신의 종교를 믿은 셈이다. 일종의 '가인종교' 라 할 수 있다.

이때 가인종교의 특징을 살펴보면, 그 종교에는 폭력이 따랐다. 자신의 종교의 고상함 때문에 어린 양을 죽일 수 없다던 가인은, 격분했을 때 동생의 심장에 칼을 꽂았다. 또한 거짓도 따랐다. "내가 내 아우를 지키는 자니이까?"(창 4:9) 이처럼 가인은 하나님 면전에서 거짓말을 했다. 한 걸음 더 나아가보면, 가인은 회개나 죄책감도 없다는 것이 특징이며 그의 운명에는 분노만 남아 있었다. 그는 사람들의 보복을 두려워했지만 하나님의 손길이 그를 대적하고 있다는 사실에 대해서는 조금도 걱정하는 기색이 없었다. 이와 같은 가인이 갖고 있는 종교성 기질은 역사의 종말때까지 뱀의 후손들이라 말할 수 있는 인간들에게 전하여 질 것이다.

그렇다면, 나는 과연 아벨의 후손인가? 진정 여자의 후손에 들어 있는가? 다시 한번 되묻게 된다. '주여! 이 불쌍한 가인과 동일한 영적 상태에서 살아가고 있는 뭇 인간들을 불쌍히 여기시고 구원해 주시옵소서. 여자의 후손 계열에 들어오게 하여 주옵소서.' 아벨이 흘린 피는 오늘도 십자가 위에서 구원의 손길로 우리를 초대하고 있는데… 우리는 그것을 모르고 있다.

4장을 마치면서 또다시 이런 생각을 해본다. 많은 사람들의 뇌리 속에는 이런 질문이 있다. '왜 아벨과 그의 제물은 받으시고 가인과 그의 제물은 받지 않으셨을까?' 물론 히브리서 11장 4절에서 "믿음으로 아벨은 가인보다 더 나은 제사를 하나님께 드림으로 의로운 자라 하시는 증거를 얻었으니…"라고 나온다. 그렇다면 여기서 '믿음'이란 과연 무엇이며, 이 믿음과 연관지어 볼 때 가인과 그의 제물은 왜 하나님께서 받지 않으셨을까?

이 부분을 묵상하며 다음과 같은 생각을 해본다.

하나님께서 아담과 하와에게 가죽옷을 지어 입히시기까지는 어느 양 한 마리가 피 흘려 죽어야만 했다. '그 가죽옷을 입기 전 아담과 하와는 왜 무화과 잎으로 몸을 가릴 생각을 했을까?' 그들이 죄를 짓고 나니까 하나님의 영광이 저들로부터 떠나 버려 그들은 처음으로 자신들이 벗은 줄을 알았다. 즉 알몸인 것을 알게 된 것이다. 그때로부터 인간은 부끄러움을 느끼게 되었다.

이처럼 죄를 지은 후 첫 번째 나타나는 증상은 부끄러움, 곧 수치심이다. 이 부끄러움을 알게 되면 사람은 그것을 가리고 싶어한다. 그래서 모든 악행은 어둠을 좋아하고, 숨어서 하기를 좋아한다. 그러므로 마귀를 어둠의 자식들이라 하지 않았던가. 이 부끄러움, 곧 수치를 알게 되니까 자신도 모르게 그것을 가리기 위해 무화과 잎으로 몸을 가렸던 것이다.

그렇다면 가인은 이 이야기를 들으면서 하나님은 무화과 잎은 곧 말라버릴 것을 아시고, 피흘려 죽은 양의 가죽으로 만든 옷으로 자기 부모인 아담과 하와의 수치를 가리워준 사실을 통해 하나님의 자상한 사랑을 깨달았어야 했다.

다시 말하면, 하나님 앞에 죽어 마땅한 존재인데 하나님의 긍휼을 입어 살게 된 것을 깨달았어야 했다. 때문에 제사란 부끄러운 자신의 전부를 하나님 앞에 내어 놓는 것이 제사의 본질이다. 이 의미는 오늘도 우리가 예배드릴 때 십자가 밑으로 나아가야 하는 근본적 이유인 것이다. 그 앞에서 거룩한 피로 덮어 주시는 하나님의 은혜를 덧입고서야, 우리는 죄사함의 은총을 받게 되는 것이다.

그런데 가인은 하나님 앞에 제사를 드릴 때 너무 당당하게 농사한 수확물에 대해 자신의 공적을 내세우며 교만한 마음으로 제사에 임했다. 그 결과 가인의 제사는 하나님의 뜻과는 상관없는 제사가 된 것이다. 하나님은 그런 제사는 받지 않으신다.

반면, 아벨은 자신이 하나님 앞에 어떤 존재인지를 알았다. 그는 피의 제물을 드려, 자신은 죽을 수 밖에 없는 존재임을 고백했다. 그리고 그 분께 자신의 생명을 내어 놓은 것이다. 이것이 바로 '믿음' 인 것이다.

Chapter **12**

하나님의 영이
떠났을 때

창세기 5장 및 6장

노아가 살던 시대의 특징을 들어보면, 당시 인구증가는 거의 폭발적이었다. 그리고 사회는 철저한 무정부(無政府)상태였다. 인구의 급격한 증가는 영적인 부패, 파렴치한 타락, 사회적 갈등 그리고 강력한 미혹으로 이어졌다. 여기서 엄청난 배교(背敎)가 일어났다.

한편 '네피림'(일명 거인巨人)이라는 족속도 생겨났다. 그리고 새로운 차원의 불법이 인류의 삶의 흐름 속으로 주입되었다. 위에서 말하는 '네피림'은 전쟁의 용사가 아니다. 오늘날로 치면 살인광이요, 깡패두목이다. '네피림'이란 많은 사람들을 쓰러뜨렸기 때문에 얻어진 이름이다. 즉 힘센 사람들이 경기를 해서 사람들을 쳐 죽이거나 한판 찾아가 붙어 쳐 죽이고 '네피림'이란 이름을 얻었다. 이들은 많은 사람을 죽이고서 '쓰러뜨리는 자' 라는 명칭을 얻게 된 것이다. 경건한 자들도 세상 힘센 자들과 똑같이 칼잡이로 나서서 똑같이 폭력을 쓰며 살았던, 세상 것들 보다 더 악하게 복수하면서 살았던 시대였다. 이처럼 노아 홍수 이전의 사회는 단순히 성적으로 타락하기만 한 사회가 아니라 살인과 폭력이 만연했던 사회였다.

하나님께서는 이와 같은 시대상을 보시면서 참고 또 참으셨다. 그러나 인간은 하나님의 오래 참으심과 인자하심을 마음껏 남용해서 완전히 무정부상태로 치달았다. 마침내 하나님의 영은 이들을 떠나셨다. 그리곤 사람의 연수를 일백이십 년으로 제한하셨다. 이 말의 또 다른 의미는 홍수멸망 때까지 남은 시간을 일백이십 년으로 정하셨다는 말이다. 즉 일백이십 년이 지나면 하나님께서는 세상을 물로 심판하시려고 작정하셨다. 말하자면 그때까지 회개하고 돌아올 유예기간(猶豫期間)을 주신 것이다. 그러나 일백이십 년이 지나도록 아무도 돌아오지 않았다. 오직 노아와 그의 가족만이 하나님께 나아왔다.

예수님은 세상 마지막 때에도 노아의 때와 같을 것이라고 마태복음 24장 38~39절에서 말씀하셨다. 본문 6장 8절에 보면 "그러나 노아는 하나님께 은혜를 입었더라."라는 말씀이 나온다. 그리고 9절로 이어지면서 "노아는 의인이요 당대에 완전한 자라 그는 하나님과 동행하였으며"라고 표현되어 있다.

그러면 노아는 어떤 배경에서 자랐기에 "하나님께 은혜를 입었더라"는 표현이 나왔을까? 그것은 그가 드린 예배와 연관이 있으며, 나아가 창세기 5장 '아담의 계보'를 통해 알 수 있게 된다. 창세기 4장 4절에 "…여호와께서 아벨과 그의 제물은 받으셨으나"라는 말씀이 나온다. 이처럼 아벨의 제사는 죄를 용서받은 제사였다는 것이 중요하다.

그런데 노아의 족보를 거슬러 올라가 보면, 노아는 지은 죄를 용서받을 수 있는 길이 있었다. 그것은 바로 아벨이 드린 피의 제사였다. 노아의 조상은 아벨까지 올라가게 된다. 하나님께서는 죽은 아벨 대신 다른 씨를 주셨는데 그가 바로 '셋'이다. 그 족보를 따라가 보면 '셋'의 아들이 에노스이며 "그때에 비로소 사람들은 여호와의 이름을 불렀더라"(창 4:26)라는 말씀이 나온다. 즉 에노스 때 공적인 제사를 처음으로 다시 드리게 되었다는 말이다.

창세기 5장 족보를 다시 보면 노아가 살아있던 당시에 아담의 손자인 에노스도 아직 살아있었다. 노아가 팔십 세가 넘을 때까지 에노스는 죽지 않았고 제사를 드리고 있었다. 다시 보면 이 에노스의 후손이 바로 '에녹'이다. '에녹'의 아들 므두셀라는 노아의 할아버지였다. 그렇다면 노아의 증조할아버지가 바로 '에녹'인 것이다.

이처럼 노아는 어린 소년일 때 거룩했던 증조할아버지 '에녹'이 하나님과 동행을 하다가 드디어는 죽음 없이 영광의 땅에 도달했다는, 즉 "하나님이 그를 데려가시므로 세상에 있지 아니하였더라." (창 5:24)는 놀라운 사실에 대해 들을 기회가 많았을 것이다. 할아버지 므두셀라 무릎에 앉아 노아는 그 이야기를 자주 들었을 것이다. 이러할 때 노아의 마음속에는 금보다 귀한 믿음이 싹 트기 시작했을 것이다.

창세기 5장 족보 맨 끝에 보면 노아의 세 아들 이름이 나온다. 족장 계보에서 아들 이름이 거론된 것은 오직 노아 한 사람뿐이다. 그것도 오백 세가 된 후에 낳은 아들이다. 이 말은 그때까지 아직 자손을 못 얻었어도 노아는 믿음으로 기다렸다는 얘기가 된다. 그 위 조상들을 보면 보통 65세, 70세, 90세 정도에서 아들을 낳은 흔적을 볼 수 있다. 그런데 노아는 어떻게 500세가 되도록 자손이 없었는데도 묵묵히 기다릴 수가 있었을까?

이로 보건대 노아가 120년 동안 눈총을 받아가며 배(方舟)를 어떻게 만들었는가를 우리는 여기에서 미루어 짐작할 수 있다. 그래서 히브리서 11장 7절은 "믿음으로 노아는 아직 보지 못하는 일에 경고하심을 받아 경외(敬畏)함으로 방주를 예비하여 그 집을 구원하였으니 이로 말미암아 세상을 정죄하고 믿음을 좇는 의의 후사가 되었느니라."라고 말씀하고 있다.

다음은 하나님께서 노아와 맺은 새 언약에 대해 살펴보기로 한다.

6장 17절에 보면 "내가 홍수를 땅에 일으켜 무릇 생명의 기운이 있는 모든 육체를 천하에서 멸절하리니 땅에 있는 것들이 다 죽으리라." 거슬러 올라가 하나님께서 아담과 언약을 세우실 때 아담의 언약 속에는 짐승, 새, 곤충 등 모든 것들이 포함되어 있었다. 그것은 창세기 1장 28절 "…땅을 정복하라, 바닷물고기, 새, 움직이는 모든 생물을 다스리라."고 아담에게 말씀하셨기 때문이다. 그러므로 아담이 하나님의 말씀을 거역했을 때, 아담에게 속한 모든 것들은 그들 자신이 원하든, 원치 않든 다 아담의 언약 속에 포함되어 있었기 때문에 멸망할 수 밖에 없었다.

따라서 이 홍수사건은 하나님께서 아담에게 "네가 이 과실을 먹는 날에는 정녕 죽으리라" 고 하신 그 심판의 말씀이 어떻게 시간이 지나 이루어졌나를 보여주는 분명한 사건이 된다. 바로 그 말씀이 노아시대 홍수사건에서 성취된 것이다.

"그러나 너와는 내가 새 언약을 세우리니…" 이처럼 6장 18절에 하나님은 노아와 새 언약을 하신다. 그리하여 노아에게 속한 것들은 모두 구원을 받는다. 방주 안에 있던 모든 짐승과 새와 곤충들이 다 구원을 받는다. 그들은 원래는 아담의 언약 속에 있었지만 하나님이 노아와 다시 맺으신 새 언약 속에 들어와 있었기 때문에 멸망 당하지 않았던 것이다.

그러므로 구원을 받으려면 어느 인간도, 짐승도, 새, 곤충도 다 새 언약 속에 들어와야 한다. 새 언약에 포함되지 않은 자는 몇 백년, 아니 몇 천년이 지났다 하더라도 결국 언젠가는 멸망할 수 밖에 없다. 그래서 이 사실을 로마서 5장 14절은 이렇게 말씀하고 있다.

"아담으로부터 모세까지, 아담의 범죄와 같은 죄를 짓지 아니한 자들 위에도 사망이 왕 노릇하였나니 아담은 오실 자의 표상이니라."

결국 모든 인류는 두 갈래로 나뉠 수 밖에 없다.

첫째는, 자연적 출생으로 아직도 아담 언약 안에 들어있는 사람이다.

둘째는, 그리스도 안에서의 새로운 피조물로서 그리스도안에 있다는 사실 하나로 엄청난 축복의 삶을 얻은 사람이다. 노아와 맺은 새 언약을 좀 더 깊이 조명해 보면 하나님께서는 노아와 계약을 맺으실 의무가 없다. 그러나 그 분은 맺으셨다. 그리하여 하나님은 그들이 방주 안에 들어있는 이상 노아 뿐 아니라 그 가족과 모든 짐승들의 생명을 지켜주시기로 스스로 약속하셨다. 방주에 노아 가족과 짐승을 넣으신 후 그때로부터 하나님께서 온 우주에서 가장 큰 관심을 갖고 지켜보신 것은 바로 그 배 안이다. 왜냐하면 그 배 안에는 하나님의 약속이 있고 능력이 따르게 되기 때문이다.

그러면 오늘 우리에게 주신 언약은 무엇인가?

그것은 우리가 전적으로 하나님의 말씀을 붙들기만 하면 노아와 언약을 맺으셨던 것처럼 우리의 모든 삶을 책임지시겠다는 언약이다. 그러나 '구원' 측면에서 볼 때 노아의 언약은 아직 완전한 구원은 아니다. 예수 그리스도께서 재림하여 오실 때까지 존재할 수 있게 하는 일종의 보존언약(保存言約)이다. 그리고 이 언약은 오늘날에 와서는 가정중심, 공동체 중심, 교회중심으로 이루어지고 있다. 그러므로 아벨의 피의 제사 곧 신령과 진리의 예배를 중단해서는 안 된다.

하나님은 인류의 대표인 아담에게 거셨던 모든 기대와 꿈을 접으실 수 밖에 없으셨다. 아담의 타락 이후 인류를 향해 갖고 계셨던 꿈은 사라지고 말았다. 그러나 그 분은 아담에게 내릴 심판을 무려 천 년이나 유보(留保)하셨다. 아담을 930세까지 살게 하신 것을 보면, 하나님의 인내가 얼마나 놀라운가를 짐작하게 된다. 아담은 그 긴 천 년 가까운 세월 동안 어쩌면 여자의 후손이 뱀의 후손의 머리를 상하게 할 것이라고 말씀하신 그 말씀을 기다리면서, 누가 여자의 후손으로 나와 이 일을 수행할 것인가를 지켜보면서 살았을 것이다.

그러나 노아 시대에 들어와 세상은 오히려 말할 수 없는 퇴락(頹落)의 시대로 가고 있었으므로 급기야 하나님은 심판의 손길을 더 이상 늦추실 수가 없으셨다. 성경은 "그 분이 땅 위에 사람 지으셨음을 한탄하셨다"(창 6:6a)고 나온다. 아니 "마음에 근심까지 하셨다"(창 6:6b)고 나온다. 하나님의 심정을 인간을 빗대, 이 이상 어떻게 더 잘 표현할 수 있겠는가… 당신이 만든 피조물, 당신의 형상을 닮은 인간을 만들어 놓으시고, "심히 보시기에 좋았더라."라고 하신 하나님의 그 부푼 기대가 이렇게 무너질 줄이야…

여기서 우리는 인간의 죄악은 '죽음' 말고는 해결할 길이 없다는 것을 알 수 있다. 죄악은 기어이 죽음을 맛보고서야 막을 내린다. 결국 세상은 황량한 벌판으로 다시 돌아갈 수 밖에 없었다.

곧 다가올 무서운 물의 심판이 올 때까지 인간은 꿈쩍도 안 했다.

하는 수 없이 하나님은 노도(怒濤)와 같이 휘몰아치는 물의 심판으로 천지를 뒤엎어 버리셨다. 그러나 그 무섭고도 두려운 심판 속에서도 하나님은 한 사람 노아를 남기셨다.

예수께서 이 땅에 초림하실 때도 하나님은 한 사람 마리아를 들어 쓰셨다. 사람 눈에는 그녀가 어디 사는지, 무얼 하는지, 아무도 모르고 있을 때 하나님은 그 한 여인을 찾아내시어 당신의 은혜의 계보를 이으신다.

홍수로 온천지가 개벽할 때 10억 명에 가까운 인구(성경학자들은 이 때 인구를 10억 명 정도로 본다.)가 마치 물고기 집단 폐사(斃死)하듯이 다 죽어가는 때에 하나님은 한 줄기 빛으로 노아에게 다가오셔서 그와 그의 가족과 그 배 안에서 숨쉬고 있는 짐승, 새, 곤충 등을 다 살려내셨다.

이와 같은 구원사건에서 노아 자신을 두고 볼 때 구원은 모름지기 하나님과의 독대(獨對·홀로대면)이다. 또한 노아 가족 쪽에서 보면 공동체 안에서 받게 되는 축복이다.

오늘날 수천 만, 수 억의 인구들이 예수 아닌 다른 길을 찾아 헤매고 있다. 그러므로 오늘 내가 예수를 믿어 그 분 십자가 밑에 숨기워졌다는 것은 기적 중의 기적이다.

돛도 없고, 닻도 없이 홍수에 밀려 떠다니면서도 노아의 방주는 생명을 알리는 구원선(救援船)이 된 것이다. 죽음과 삶을 가르는 분리대(分離帶) 역할을 했다. 노아가 아벨의 피의 제사의 은총을 받았듯이 그 피의 제사는 오늘 나의 예배의 중심이 되어야 한다.

노아와 대홍수 사건이
주는 의미

창세기 7장 (창 7:1~24)

마지막 역청 바르는 일이 끝났다. 노아가 만들기 시작한 방주가 드디어 완성된 것이다. 완전하고 값없이 주시는 구원은 이제 모든 이들을 위해 준비되었다. 그러나 믿음의 한걸음을 내디딘 사람은 오직 노아와 그의 가족뿐이었다. 그들만이, 하나님의 진노로부터 안전하게 피신할 수 있는 사람들의 전부였다.

6장 19절에서 노아는 이미 짐승들을 한 쌍씩 방주 안으로 들여야 한다는 지시를 받았다. 그 짐승들이 노아에게 올 것이라고 들었다. 그래서 그는 모든 짐승을 각기 종류대로 쌍으로 짝을 지어 방주 안으로 들여 보내게 된다. 그 옛날, 이 짐승들의 이름이 명명(命名)되기 위해 아담 앞으로 정렬되어 나왔던 것처럼, 이제 그 짐승들은 하나님에 의해 강권적으로 인류의 두 번째 수장(首長)인 노아 앞에 나와 섰다.

하나님은 열왕기상 17장 4~6절에서 까마귀를 명하여 엘리야에게 떡과 고기를 가져다 주도록 하셨던 것처럼, 이 때에도 각각의 짐승들에게 명하여 노아 앞으로 가도록 지시하셨다.(창 7:15) 이제 방주 안은 노아 일행과 짐승들로 한 공동체를 이루게 되었다. 방주는 표범이 쉴 곳이 되기도 하고 사자의 굴도 되어야 했다. 고린도후서 5장 17절에서 구원받은 새로운 피조물은 다 변화되었다고 나온다. 마찬가지로 이 짐승들의 본성도 방주 안에 있는 한 변화되었을 것이다. 방주 안에 있는 피조물의 존재는 하나님께서 노아와 맺은 새 언약(창 9:10)과 함께 구속함을 받게 되어있기 때문이다.

방주는 곧 항해를 시작해야 했고 다시는 돌아오지 않을 것이다. 그럼에도 불구하고 믿지 않는 세상은 여전히 그들의 사악함으로 인해 완고하고 강퍅한 채로 남아 있었다. 오직 배 안에 있는 자들만이 살아남게 될 뿐이다. 하나님은 구원을 외면하는 세대에 대하여 두 가지 방법으로 심판의 표징(表徵)을 보여주셨다. 하나는 신실한 설교였고, 또 다른 하나는 예언의 실현이었다. 즉 설교(說敎)와 표적(表迹)으로 증거하셨다.

노아는 이 설교를 맡은 설교자였다. 그러나 그의 증거는 아무런 소용이 없었다. 예언의 실현으로는 '므두셀라가 죽으면 세상의 심판이 일어나리라'는 예언이 있었는데 노아의 대홍수 직전 므두셀라는 969세를 일기로 죽었다. 그 세대에게 므두셀라의 죽음은 불길한 징조였음이 분명하다.

7장에서 보여주고 있는 또 다른 심판의 표징으로, 짐승들이 끝없이 줄을 지어 노아 방주의 좁은 트랩으로 올라가는 모습이다. 그 모든 짐승들이 누가 시키지도 않았는데 자기 발로 걸어와 천천히, 때로는 빠르게 방주 문 쪽으로 길을 내는 것을 보았을 때, 그것은 얼마나 이상하고 엄청난 광경이었겠는가!

그러나 노아시대 그 많은 대부분의 사람들은 그 문으로 들어가지 않았다. 이들은 하나님께서 세상을 심판하실 의향을 갖고 계시다는 것을 어리석게도 믿지 않았다. 반면에 짐승들은 스스로 다 알아서 노아가 만든 배로 찾아왔다. 하나님은 짐승들에게 말씀하셨으며 그 짐승들은 정확하게 그 말씀에 순종하여 움직였다. 이와 동일하게, 하나님은 하늘과 땅에게도 명령하여 햇빛도 주시고 비도 내리게 하신다. 그러나 하나님은 사람에게는 무조건 명령하지 않으신다. 사람은 스스로 하나님의 뜻을 분별해서, 자발적으로 순종하기를 바라신다. 이것이 사람과 다른 피조물과의 차이이다.

노아는 짐승들이 제발로 들어오는 것을 보면서 어떤 생각을 했을까? '이 일련의 모든 일들은 하나님이 하셨구나. 배를 만드신 분도, 짐승들을 오게 하는 것도… 나는 단지 도구로 사용될 뿐이구나' 라고 생각했을 것이다.

그런데 7장 16절을 보면 노아와 그의 가족 그리고 새, 짐승, 가축들이 종류대로 다 방주 안으로 들어가고 난 후 하나님께서는 그 분 자신이 그 문을 직접 닫으셨다. 그런데 일주일이 지나도록 아무 일도 일어나지 않았다. 다시 말해, 배에 들어간 후 7일 동안 비가 내리지 않았다. 그렇다면 그 동안에 배 밖에서는 과연 어떤 일이 벌어지고 있었을까? 어쩌면 사람들은 배에 가까이 와서 배를 두드리며 노아를 비웃기도 했을 것이다. 이 이레 동안 인간은 할 수 있는 모든 방법을 다 동원해서 자신들의 본성을 스스로 드러내고 말았을 것이다.

그러나 이 기간은 하나님께서 침묵하신 기간이다. 사람들은 하나님께서 마지막 남은 인내를 발휘해, 망설이고 계심마저도 악용했다. 결국 하나님의 연민의 가슴에 못을 박고야 말았다. 인간은 마지막 순간이 오는 그 시각까지 미련함으로 시간을 허비하고 말았다. 이제 곧 전무후무(前無後無)한 심판의 빗소리는 인간의 고막을 뚫고 지나가면서 죽음의 폭풍과 함께 천지를 휩쓸 채비를 하고 있는데도 말이다.

마침내 하나님의 영원한 계약 안에서 불가사의한 시간이 타종(打鐘)되었다. 드디어 7일이 지나 역사의 종말의 징조(徵兆)는 나타나고 말았다. 노아가 육백세 되던 해 둘째 달, 곧 그 달 열 이렛날이다. 그 날에 큰 깊음의 샘들이 터지며 하늘의 창문들이 열려(창 7:11) 멸망의 때는 오고야 말았다.

여기서 '깊음의 샘들이 터졌다'는 말은 지하수가 터졌다는 말이 아니라 땅이 꺼지고 갈라지면서 바닷물이 육지로 침범해 들어왔다는 얘기다. 땅의 꺼짐과 동시에 40일간 쏟아진 엄청난 비로 세상은 온통 물로 덮이고 말았다. 하늘 위와 땅 아래의 모든 창조물이 하나님의 명령을 준행하기 위해 악해진 이 지구를 깨끗하게 하기 위해 일어선 것이다.

지구는 완전히 침수(沈水)되고 총체적 멸망이 도래(到來)했다. 노아 홍수는 단순한 홍수가 아니다. 그것으로 인해 창조질서가 중단된 것이다. 우리는 하늘이나 땅이 아주 견고하다고 생각하는데 결코 그렇지 않다. 지금도 하나님께서 말씀으로 붙들고 계시니까 하늘에 구름이 떠있고 바닷물이 땅 위로 올라오지 못하는 것이다.

20절을 보면, 물이 점점 차올라 7m 정도라고 했다. 그 정도인데 어떻게 산들이 다 물로 덮일 수가 있었을까? 그것은 그 당시 아주 무서운 지각변동(地殼變動)이 있었다는 것을 암시한다. 그 분 말씀 한마디에 산들이 한 순간에 내려 앉았고 평지는 갈라지고 꺼져서 온 세상이 다 물 속으로 가라앉고 말았던 것이다.

그런데 18~20절을 보면 18절에 "물이 더 많아져 땅에 넘치매 방주가 물 위에 떠 다녔으며" 연이어 19절에 "물이 땅에 더욱 넘치매 천하의 높은 산이 다 잠겼더니" 또다시 20절에 "물이 불어서 십오 규빗이나 오르니 산들이 잠긴지라"라는 말씀이 나온다. 본문에서 땅에 물이 넘치매 방주가 뭍에서 뜨기 시작해 떠 다녔다는 것의 특별한 의미는 하나님께서 홍수를 통해 노아 가족을 점점 존귀케 해 주셨다는 말씀이다.

대체, 어느 정도까지 존귀케 해 주셨을까? 제일 높은 산보다 15규빗(약 7.5m)이다. 이 수치는 별 차이가 아닌 것 같아도 비록 세상의 정상급보다 15규빗 정도의 적은 차이라 하더라도, 실로 이 차이는 삶과 죽음의 차이이다. 구원과 심판의 차이이다. 이는 영원한 영광과 고통스런 멸망을 극명(克明)하게 보여주는 절대적 차이이다. 이

만큼 하나님은 노아와 그의 가족을 영광의 자리에 올려 놓으신 것이다.

그러면 노아와 그의 가족이 방주에 타고 있었다는 사실은 오늘 우리에게는 어떤 의미로 다가오는가?

이들이 방주 안에 있었음은, 오늘날 우리가 그리스도 안에 있는 것을 의미한다. 또한 구원받은 노아 및 그의 가족들과 폭풍 사이에는 심판을 견딜 수 있는 방주의 목재가 있었다. 이는 믿는 자와 하나님의 진노 사이에는 그리스도가 계심을 말해준다. 그리스도께서는 오늘도 동일하게 그 분 안에서 안전을 찾고자 하는 모든 이들을 위해서 폭풍을 막아주시고 홍수를 견뎌내시고 있다.

그러므로 이 대 홍수사건은 그리스도가 복음이요 생명임을 보여주는 예표적(豫表的) 사건이요 축소(縮小)된 모형이라 할 수 있다. 하늘과 물 사이에 오직 노아의 방주만 있었던 것처럼 지금 하나님과 우리 사이에는 오직 그리스도의 십자가만 있는 것이다.

앞으로 이 세상은 물이 아니라 불로 덮일 것이다. 그 때는 모든 물질이 종이처럼 탈 것이며 모든 것들이 뜨거운 불에 녹아질 것이다. 오직 남는 것은 불로 연단한 믿음뿐임을 베드로 사도는 말씀하고 있다.(벧후 3:10~12)

그러면 노아는 일년 이상 긴 시간을 방주 안에서 생활하면서 어떤 기쁨을 맛보았을까?

그 중 가장 중요한 것은 예배였다. 그 곳 노아의 예배에는 하나님의 임재하심이 있었다. 마치 에덴동산에서 하나님께서 방문하시는 때가 있었던 것처럼 노아의 배 안에도 하나님께서 찾아오시는 시간이 있었다. 그 때가 바로 예배 드리는 시간이었다. 이 말은 다시 말해 아담이 죄를 지음으로써 잃어버렸던 에덴동산이 이 작은 배 안에서 회복되고 있었음을 말해준다.

그것을 우리는 무엇으로 알 수 있나? 짐승에게 있던 야생의 습성, 죄의 습성이 사라져 독사, 표범, 사자들이 전혀 사납지가 않았다. 그러므로 이들이 조용했기에 예배가 가능했다. 그렇다면 이 배에 하나님의 임재하심을 짐승들이 알았던 것 아닐까? 노아는 이런 현상을 보면서 하나님과 더욱 깊은 교제에 들어가게 되었을 것이다.

40일간의 하늘비가 다 쏟아진 후 이 땅은 150일간 물에 그대로 잠겨있었다. 사람들에게 조롱을 당하면서도 말씀에 끝까지 순종한 노아 일행만 망망대해(茫茫大海)에서 살아있는 생명체로 존재할 뿐이었다. 하나님은 이제 노아를 위해 다음 계획을 어떻게 펼치실 것인가?

● ○ ○ 묵 상

성경 어디에도 노아 홍수사건처럼 사건의 날짜가 정확하게 자주 나오는 경우가 없다. 마치 노아가 현장에서 시시각각 사건 경위를 기록해 놓은 것처럼 6장부터 9장에 걸쳐 무려 15회 이상 날짜 이야기가 나온다.

왜 그랬을까?

첫째, 이 대홍수 사건은 지구 어느 한 구석, 한 귀퉁이에서 소리 없이 일어난 작은 사건이 아니라 그야말로 전 우주적 사건이며 온 천하가 다 겪은 중대한 사건이라는 점이다. 때로 어떤 이는 "이 사건이 그토록 전 세계적일 수가 있겠는가?" "당시에 다른 지역까지 전부 이런 물 피해를 입었다는 뚜렷한 역사적 증거라도 있는가?" "아라랏산 그 반대편 동쪽 지역, 우리 한국은 그 때 어떠했을까"라는 의문을 나타내기도 한다.

하지만 성경은 역사 기록물을 연대순으로 적어놓은 책이 아니다. 어디까지나 구원맥락에서 필요한 사건만 부각(浮刻)시켜 표기했다. 따라서 사건마다의 정확한 상황 표기는 생략되었다 하더라도 아무튼 이 노아시대 대홍수 사건은 최초로 인류를 완전히 멸망시키려는 하나님의 의지의 산물임엔 틀림없다. 그렇지 않고서야 어떻게 날짜들이 그토록 사건에 맞춰 자세히 기록될 수 있겠는가? 모세는 성령의 조명을 받아서 이 사건을 그와 같이 구체적으로 기록할 수 있었던 것이다.

둘째, 대홍수사건은 창세기 6장부터 9장까지 무려 넉 장에 걸쳐 시작 과정과 결말이 적혀 있다. 이것을 보아도 이 사건이야 말로 인류 구원과 연결된 중요한 사건임을 우리에게 암시하고 있다. 이 재앙은 앞으로 도래할 대종말 사건의 일종의 축소(縮小)된 모형이라 하겠다. 앞으로 인류 역사의 종말도, 하나님의 정한 때에 그렇게 갑작스럽게 전 우주적으로 임할 것이다.

노아 홍수 사건 경위를 살펴보노라면 하나님의 길이 참으심과 우리 영혼을 부르시고 찾고자 하시는 당신의 열정과 인내가 눈물겹다. 그러나 누구 하나 고개를 하나님 쪽으로 돌리는 인간이 없었다는데 마음이 슬프다. '타락해도 이렇게까지 추락(墜落)해 하나님을 외면할 수 있었단 말인가? ……' 그러니 하나님의 영은 어쩔 수 없이 떠나실 수 밖에 없었다.

그 결과 이미 이들은 육체만 남았고 한낱 살덩어리에 불과했다. 죽은 생선처럼 고기 덩어리에 불과했다. 그러므로 하나님께서는 물로 쓸어버리듯 대청소를 하신 셈이다. 죽은 생명체들과 수 없는 시체가 둥둥 떠다니는 모습을 상상(想像)해 보라.

지구는 창세기 1장의 "빛이 있으라" 말씀 하시기 전에는 땅이 혼돈하고 공허하며 흑암이 깊음 위에 있었으므로 을씨년스럽기가 그지 없었다. 그런데 노아 홍수는 바로 그 때를 연상시켜 줄 만큼 황량하기 이를 데 없는 지구의 모습을 실감나게 보여주고 있다. 그런데 그 와중(渦中)에도 천신만고 끝에 노아와 그의 가족은 살아남았다.

이스라엘 백성이 홍해를 건널 때 저들은 완전히 바닷물에 빠졌기에 실은 애굽 노예 때의 이스라엘은 죽고 말았던 것이다. 그리하여 새로운 이스라엘로 홍해 물속에서 세례를 받고, 다시 새 생명으로 부활된 것이다. 마찬가지로 노아와 그 가족들도 홍수 물에 빠졌다가 그 물에서 세례를 받고, 결국 구원의 방주로 인해 다시 살아난 것이다. 즉 과거의 노아는 홍수로 죽었다. 그리고 그는 새로운 노아로 다시 태어난 것이다. 이처럼 거듭나기 위해서는 우리 모두는 누구나 한번은 죽어야 한다. 죽음을 경험하고서야 비로소 부활 생명으로 다시 태어나게 되는 것이다.

따라서 이제부터 노아 일행의 방주의 삶은 새로운 피조물로서의 새 삶이다. 그러기에 배 안이 설사 단조롭고 때로 답답할 수도 있었겠지만, 저들은 성령이 주는 새로운 기쁨으로 새 삶을 누릴 수 있었다. 어쩌면 방주 안은 우리가 상상할 수 없는 또 다른 영적 요람(搖籃)일 수 있다.

오직 만날 수 있는 분은 여호와 하나님 한 분 뿐이니까 ……

오늘 나의 삶을 노아 방주의 삶과 비교해 본다.

내가 지내고 있는 이 공간, 세상적으로 보면 단조롭고 무미건조하다.
특별한 변화가 있을 수 없다.
세상적으로 눈을 돌릴만한 것 아무것도 없다.
주변은 온통 책이다. 늘 책이 내 친구다.

이따금 나에게 휴식을 주는 것은 TV에서 보여지는
여행 채널의 아름다운 자연 풍경이다.
간접적으로 눈으로만 즐길 수 있는 풍경이지만
시원하고, 멋있고, 아름다움을 채울 수 있다.
여기가 나의 노아 방주이다.
왜냐하면 하나님의 임재가 느껴지기 때문이다.

오늘도 '노아'를 묵상하면서

나의 책상 주변과 이 작은 공간이

'노아 방주' 라는 생각을 거듭 해 본다 ……

2013. 10. 9.   한글날 아침

Chapter 14

기다림의 대명사,
노아

창세기 8장 (창 8:1~14)

천지를 뒤흔들면서 낮밤으로 쏟아진 비는 마침내 40일만에 그쳤지만 노아 일행은 그 뒤로도 무려 다섯 달 가까이 배 안의 생활이 계속되고 있었다. 드디어 이들은 더 이상은 그 배 안에서 살 수 없을 것 같은 답답함과 막막함으로 한계상황에 이르렀다. 바닷물은 계속 차 있고, 배 안의 먹을 것들은 점점 줄어들고, 배 밖에는 아무런 변화의 기미도 없이 배만 물위를 떠 다니고 있으니…

'우리가 구원받으려고 이 곳에 탔는데 이제 이러다가는 배 안에서 죽는 것 아닌가? 여기서 조금 지나면 어떻게 되는 것이지… 도대체 언제까지 이 배 안에 있어야 한단 말인가?…' 이처럼 노아 일행의 마음속에는 불신앙과 두려움이 자리잡기 시작했다.

이때, 8장 1절에서 하나님은 이들을 '권념(眷念)하셨다'(기억하셨다)라고 말씀하신다. 이 말은 "내가 다 안다. 내가 곧 역사(役事)하마"라고 확신을 주시는 말씀이다. 어쩌면 이처럼 우리의 인내가 바닥나고 하나님이 일하시기 전까지의 이 기간은 우리에게도 '위기'일 수 있다.

그러면 우리는 이 위기를 어떻게 넘길 수 있을까?

이때는 하나님이 우리에게 말씀으로 찾아오셔서 우리를 권념(기억)하시는 시기이므로 하나님의 음성에 귀를 기울이며 기도할 때이다. 드디어 하나님은 권념하시고 노아에게 당신의 일하심을 보여주셨다. 2절에 보면 "깊음의 샘과 하늘의 창문이 닫히고 하늘에서 비가 그치매"라는 말씀이 나온다. 하늘의 창문이 닫혔다는 말은 하늘이 다시 물을 담기 시작했다는 뜻이다. 깊음의 샘이 닫혔다는 말도 꺼져있던 땅이 다시 융기(隆起)하기 시작해서 육지가 서서히 드러나고 있음을 말한다. 이제 하나님께서 그들을 권념하심으로써 창조질서가 다시 회복되기 시작했다.

3절에 보면 "물이 땅에서 물러가고 점점 물러가서 백오십일 후에 줄어들고"라고 나오고 있는데, 이와 관련하여 본문 1절에 등장하는 것이 '하나님의 바람'이다. 즉 하나님은 바람을 보내서 땅에 있는 물이 줄어들게 하셨다. 이 바람은 출애굽기 14장 21절에도 동일하게 나온다. 곧 "큰 동풍으로 밤새도록 바닷물을 물러가게 하시니…"라는 말씀이다.

여기서 우리는 잠시 생각해 본다.

이 바람은 일상적으로 부는 바람이 아니다. 이를테면 동쪽에서 서쪽으로 부는 그런 바람이 아니다. 여기서 말하는 '바람'이란 하나님의 말씀의 능력이 나타난 것을 그와 같이 표현한 것이다. 이와 같은 바람이 출애굽기 14장 21~22절에 나온다. "모세가 바다 위로 손을 내밀매 여호와께서 큰 동풍이 밤새도록 바닷물을 물러가게 하시니 물이 갈라져 바다가 마른 땅이 된지라. 이스라엘 자손이 바다 가운데를 육지로 걸어 가고 물은 그들의 좌우에 벽이 되니"

우리는 또 마가복음 4장 39절에서도 이와 같은 하나님의 말씀의 능력을 볼 수 있다. 즉 "예수께서 깨어 바람을 꾸짖으시며 바다더러 이르시되 잠잠하라, 고요하라 하시니 바람이 그치고 아주 잔잔하여지더라."는 대목이다. 본문 8장 3절에서도 '물이 땅에서 물러가고 점점 물러가서'라는 묘사는 물이 빠지는 모습을 강조하는 표현으로서 바닷물이 마치 100m 달리기 선수처럼 급히 물러간 것을 말한다. 따라서 물이 빨리 물러가다 보니까 바람도 일어난 것이다.

여기서 중요한 내용은 이런 역사를 일으킨 것은 바람 그 자체가 아니라 하나님의 능력의 말씀인 것이다. 즉 바람은 말씀의 결과로 나타난 현상이다. 거듭 강조하건대 하나님은 오직 말씀으로 바람을 일으킨 것이다. 오늘도 이 의미는 믿는 이의 삶에 여전히 적용되고 있다. 하나님의 사람이 무엇인가 하려고 하는 일이 있다면, 그 일에 하나님의 바람이 불어야 한다. 즉 하나님이 초자연적으로 간섭하셔야 그 일을 이룰 수 있다는 의미다.

비가 쏟아진 이 후 노아가 타고 있는 방주에는 어떤 현상이 일어나고 있었나?

노아가 600세 되던 해, 그 해 2월17일에 홍수가 터졌고, 배가 다시 땅에 닿은 시기는 7월 17일이니까(창 8:4) 그 기간은 약 150일이 된다. 그 후에도 산봉우리가 보일 때까지는 두 달 반이 더 걸려야 했다. 다시 말해, 노아는 어느 날 배가 육지에 닿는 소리를 듣게 되지만 그 후로도 두 달 반이나 더 기다렸다는 얘기다. 그 동안에 노아는 가족들의 원망도 들었을 것이다. 왜 배 밖으로 안 나가느냐고. 그러나 노아는 하나님보다 결코 앞서지 않았다.

과거의 노아는 홍수에 빠져 죽었다. 이제 살아 있는 것은 새로운 노아, 믿음의 노아이다. 그러므로 그는 하나님의 명령 없이는 아무 것도 할 수가 없었다. 그런데 그 두 달 반이 지나도 하나님은 아무 말씀도 하시지 않으셨다. 노아는 40일을 더 기다렸다. 방주가 땅에 닿고 넉 달이 지난 셈이다. 그래도 아무 말씀이 없었다. 기다림의 끝자락에서 노아는 조금은 초조했겠지만, 그러나 그는 곧바로 문을 열고 나오지 않았다.

노아는 하나님이 침묵하시는 이유를 알 수 없으나 배 밖으로 나오는 대신 자신의 판단력을 동원해 하나님의 뜻을 분별하기로 했다. 그리하여 그는 배 밖을 알 수 있는 방법을 고안(考案)해 내서, 새들을 이용하여 바깥사정이 어떤지를 알아보기로 했다. 제일 처음에는 까마귀를 내어 보내고, 또다시 비둘기를 내 놓아 지면에 물이 줄었는지를 확인하고자 했다. 마침내 두 번째 돌아온 비둘기가 감람나무

잎사귀를 하나 물고 돌아왔다.

　노아는 때가 되었음을 확신하고 하나님의 나가라는 명령과 함께 배 문을 열고 모든 짐승들을 데리고 육지를 밟게 되었다.(창 8:16) 이때는 노아가 601세 되던 해 2월 27일이라고 성경은 기록하고 있다. 그런데 감람나무 잎이 육지에 돋아있다는 것을 안 이후에도, 즉 물이 걷힌 것을 확인하고도(육백일 년 일월 일일) 땅이 완전히 마른 그 다음달인 이월 이십 칠일이 되어서야 노아는 비로소 하나님의 명령이 떨어진 후 방주 문을 열고 나왔다. 그 때까지 하나님은 아무런 말씀이 없으셨다.

　그렇다면 홍수 과정을 살펴보면서 우리는 아래와 같은 의문을 갖게 된다. 분명히 노아가 방주 밖으로 나가야 할 때가 된 것 같은데 하나님께서는 왜 계속 그로 하여금 기다리게 하고 아무 말씀도 하지 않으셨을까?

　배에 들어가는 일은 전적으로 하나님께서 주관하셨다. 그러므로 하나님이 친히 짐승들도 불러 모으셨다. 배의 문을 닫으신 분도 하나님이시다. 그러나 배 밖으로 나올 때는 하나님이 "나가라!"고 명령을 내리시기 전 퇴선(退船)작업에 있어서는 노아 스스로 지각을 사용하여 판단하게 하고 분별하게 하셨다. 그 이유는 하나님께서는 우리가 어떤 일을 결정할 때 우리 스스로 지각(知覺)을 사용하길 원하신다는 것이다.

　우리가 하나님의 절대주권으로 구원을 받은 이후, 새로운 구원의 삶을 살아갈 때는 그 분은 무조건 우리를 업어 옮기시지 않는다. 꼭 걷게 해서 옮기신다. 그래서 그 일에 지혜가 필요하다. 하나님께서 우리에게 연단(鍊鍛)을 주시는 이유가 바로 여기에 있다. 지혜는 어려움을 당할 때 생겨난다. 그러므로 지혜로 우리가 난관(難關)을 극복하고 시간이 좀 지나고 보면 그 당시 힘들었던 경험이 오히려 축복임을 깨닫게 된다.

● ○ ○ 묵 상

"방주에 때가 차매"

때가 가까워 온 듯하다.
창문으로 들어오는 공기 속에 감람나뭇잎의 향기가 스며드는 듯하다.

배 안의 이모저모가 달라져가고 있다.
먹을 양식도 거의 떨어져 간다.
짐승들도 긴 동면(冬眠)에서 깨어나듯 기지개를 켠다.

여기저기서 가축의 울음소리가 들리기 시작한다.
새들도 푸드득 날갯짓을 시작한다.

이제 노아일행도 무릎을 세우고
방주 밖으로 발걸음을 내디딜 채비를 차린다.

마침내 하나님의 퇴선(退船)명령이 떨어졌다.
"노아야! 이젠 나가도 좋다.
노아야, 나가보아라.
온 땅이 마른 땅, 새로운 땅이 되었으니
어서 나가 만져도 보고 걸어도 보아라…"

설레는 가슴을 안고
노아는 문고리를 당기려 하고 있다.

일년이 넘게 닫혀 있던 문.
몇 번이나 당겨보고 싶었던 문고리였나…

노아는 조용히 눈을 감고 생각에 잠긴다.

방주 안 어디를 둘러보아도
빼꼼히 하늘 창문만 열려 있었다.
그 곳으로만 공기를 들이 쉬고 내 쉬기를 그 몇몇 날들이었나.
머리 위로 난 창틈 사이로
눈부시게 새어드는 햇빛은 또 얼마나 고마운 친구였던가…

뱃머리에 부딪히는 물결소리를 벗 삼아
하나님만 바라고 지냈던 길고 긴 나날들…

천지는 그 때 고요와 침묵 속에서

하나님의 입김으로
재 창조의 작업을 서두르고 있었건만
노아는 그 모두를 오직 믿음으로만 맛 보아야 했다.

이것이 믿음의 방주요
노아의 방주였다.

노아는 이 방주 안에서
'코람데오'(오직 주님 앞에서)의 시간을 보내고 있었다.
주여! 내가 당신 앞에 서 있나이다.

때가 차매
하나님은 노아에게 말씀하셨다.
이 방주 안을 떠나라고…
육중한 배 문은
마침내 삐걱 소리를 내며 세상을 받아들였다.

노아가 새를 날려 보내듯
하나님은 노아 가족을 세상으로 날려 보내셨다.

하나님을 향한
굵은 신뢰의 믿음으로 인해
카이로스의 시간에 맞추어
방주 안의 모든 식구는

햇볕 쏟아지는

찬란한 대지 위로

기쁨의 귀환을 맞이하게 된다.

노아의 기다림은

결코 헛되지 않았음을

성경은 이렇게 우리에게 선포하고 있다.

Chapter 15

노아가 드린 번제물의 향기

창세기 8장 (창 8:15~22)

지면에 물이 걷혔고 땅이 말랐을 때 하나님께서는 드디어 말씀하셨다.

"너는 네 가족과 함께 방주에서 나오고, 모든 혈육있는 생물들도 다 이끌어 내라"(창 8:16~17)

우리는 여기서 노아가 배에서 나오는 것을 보면서 두 가지 사실을 발견하게 된다.

첫째, 노아는 하나님의 명령이 떨어지기 전에는 방주에서 나오려고 하지 않았다. 그는 하나님과 동행하는 것이 무엇보다 중요했기 때문이다. 하나님과 동행한다는 것은 자신의 판단이나 계획을 앞세우지 않고 하나님의 말씀의 인도따라 사는 것을 말한다. 따라서 노아는 객관적인 정황을 보면 홍수가 이미 끝난 것을 알고 있었지만 그럼에도 불구하고 하나님의 말씀이 떨어지길 기다렸다.

성경은 하나님을 기다리는 자에게는 당신의 뜻을 보여주신다고 약속하고 있다. 그래서 잠언서에는 "너는 범사에 그를 인정하라. 그리하면 네 길을 지도하시리라."(잠 3:6)라고 말씀하고 있다.

그러나 오늘 우리의 현실은 하나님을 실제적인 분으로, 살아있는 분으로 인정하지 못한다는데 문제가 있다. 그렇다면 우리가 어떻게 할 때 실제적인 하나님을 만날 수 있을까?

우리는 살면서 때론, 예기치 않은 일에 부딪칠 경우가 있다. 이럴 때 성급하게 그 일을 해 치우지 말고 조용히 하나님의 뜻을 기다려 본다. 그런데도 상황은 조금도 밝아지지 않고 계속 어둡고, 모호해지기만 할 때가 있다. 그러나 그럴 때 또 기다려 보는 것이다. 그러다가 어느 순간 불현듯 말씀이 이해되기 시작하면서 '하나님이 원하시는 것이 이것이었구나.' 깨닫는 순간이 온다.

그런데 이 순간이 오기까지 우리에게는 어떤 작업이 필요하다. 그것은 지속적으로 말씀을 주야로 묵상하는 일이다. 그러할 때 하나님께서 말씀하시는 경우가 종종 있다. 또한 하나님의 생각은 내 생각과 다르며 하나님이 원하시는 뜻과 계획이 있다는 것을 먼저 인정해야 한다. 이런 과정을 거치는 동안 도저히 이해되지 않던 것이 어느 순간 깨달아지면서 그것이 응답(應答)임을 알게 된다.

둘째, 노아는 배에서 나오자마자 제일 먼저 하나님께 번제(燔祭)를 드렸다. 노아의 입장에서 보면 그가 어디에든지 말뚝을 박아 놓으면 전부 그의 땅이 될 것이라고 생각할 수도 있다. 그러나 노아는 그렇게 하지 않았다.

노아는 이 땅은 주인 없는 빈 땅이 아니라 하나님이 주인인 것을 알았다. 하나님의 소유라는 것을 알았기 때문에 그는 하나님의 긍휼 없이 이 땅 밟기를 원치 아니했다. 그러기에 노아는 하나님이 주인인 거룩한 이 땅에 다시 발을 디디면서 하나님의 용서와 은혜를 간구하는 제사를 드렸던 것이다. 노아는 홍수 후에도 여전히 남아 있는 자신의 죄성에 대해 고백하지 않을 수 없었기 때문이다.

하나님은 이런 마음을 갖고 드리는 노아의 제사를 받으시곤, 인간의 죄의 본성에 대하여 깊이 동정하는 마음을 가지셨다.(창 8:21) 인간의 죄성은 얼마나 지독하고 끈질긴 것인지, 사람들이 거의 다 죽은 홍수 심판으로도 완전히 해결되지 않는 것을 노아는 인정할 수밖에 없었다. 노아는 자신이 홍수에서 구원은 받았지만 죄로부터 완전히 자유로운 자가 된 것이 아니라는 사실을 알게 되었다. 예수께서 이 땅에 오신 목적도 바로 이를 위함이다. 주님은 우리의 속 사람을 치료하기 위해 오셨다.

따라서 오늘 우리에게 중요한 것은 이처럼 병든 속 사람을 치료받는 일이다. 이 일의 심각성(深刻性)을 모르는 종교적인 열심은 어쩌면 비참한 자기 구원의 노력에 불과할 뿐이다. 하나님께서는 거룩한 분으로써 죄와는 절대로 하나가 될 수 없기에 우리의 죄에 대하여 언제나 진노(震怒)하고 계신다.

노아 홍수는 결국 죄 문제를 완전히 해결 못했다. 그런데 이 홍수보다 더 큰 위력을 발휘한 것이 바로 노아가 드린 제사였다. 하나님은 번제물로 바쳐진 제물을 받으시곤 우리 인간의 죄에 대해 생각을 바꾸셨다.

동일하게 신약에 와서도 이 의미는 이어진다. 예수 그리스도의 말 없는 순종이 인간에 대한 하나님의 생각을 근본적으로 바꿔놓아 진노를 용서로, 심판을 구원으로 바꾸셨다. 그러므로 '진노하시는 하나님'을 모르는 단순한 '사랑의 하나님'이란, 인간이 만들어낸 자기식 하나님이다.

기독교가 전하려는 핵심내용은 이 세상 전체에 대한 하나님의 진노를 알리는 일이다. 진노란 죄를 참지 못하시는 하나님의 거룩한 분노(憤怒)를 말한다. 따라서 하나님께서는 죄인들에 대한 심판을 항상 준비하고 계신다.

그러므로 예수는 진노하시는 하나님의 손에 잡혀있는 죄인들의 모습을 보셨기 때문에 십자가에 매달려 죽으신 것이다. 그 결과 노아가 드린 번제물의 향기처럼 아들 예수의 향기가 하나님의 진노(震怒)를 바꾸어 놓고 말았다. 이처럼 노아가 드린 제사는 바로 예수 그리스도께서 십자가의 제물로 바쳐진 그 제사의 모형(模型)인 것이다.

Chapter **16**

하나님의
영원한 언약

창세기 9장 (창 9:1~17)

9장 2절의 말씀을 보면, "땅의 모든 짐승과 공중의 새와 땅에 기
는 모든 것과 바다의 모든 고기가 너희를 두려워하며 너희를 무서워
하리니 이것들은 너희 손에 붙였음이라."고 나온다. 그러면 창세기
1장에서 인간에게 내리셨던 복(창 1:28)과 9장에서 인간에게 내리신
복과는 어떤 차이가 있는가? 1장의 말씀과 다른 점은 9장에서는 짐
승들이 인간을 무서워하고, 두려워하며 인간이 모든 짐승들을 길들
이게 될 것이라는 점이다.

왜 짐승이 인간을 두려워하게 되었나? 그것은 동물과 인간과의

관계에서 긴장관계가 조성(造成)되었기 때문이다. 그래서 하나님은 동물이 함부로 인간을 해치지 못하게 하신 것이다. 태초에 천지가 창조되었을 때는 하나님과, 인간과 동물 사이엔 아예 갈등이 없었다. 그런데 죄가 들어온 후에 하나님과 인간, 인간과 자연은 갈라져 버렸다. 인간은 더 나아가 환경을 파괴하는 존재가 되었다. 그래서 2절에 짐승들이 인간을 해하려 하니까 하나님은 짐승들이 인간을 해하지 못하도록, 인간을 두려워하는 마음을 주어 인간을 보호해 주시기로 한 것이다.

하나님께서는 홍수가 끝난 후 노아를 대표 삼아 모든 피조물과 언약을 세우신다. 왜 하나님은 노아와 언약을 하셨을까? 그것도 일방적으로. 우리는 눈에 보이는 이 세계가 당장 멸망하리라고 생각하지 않는다. 왜냐하면 늘 일정했기 때문이다. 그러나 노아는 보았다. 자연질서가 깨지면서 지구가 한 순간에 무질서 상태로 들어가 바닷물이 밀려들며 하늘의 질서가 무너지는 것을 보았다.

노아는 이 사실을 누구보다도 잘 알고 있었다. 그러기에 노아는 언제든지 또 다시 지구의 종말(終末)이 올 수 있다는 것을 알고 있는 사람이 되었다. 이런 노아의 심정을 알고 계셨던 하나님은 노아가 두려워 떨고 있을 때에 이 세상 끝날까지 다시는 이러한 전 우주적 창조질서의 붕괴는 오지 않을 것이라고 그에게 약속하신 것이다. 이 약속은 8장 22절에도 암시되어 있다.

"땅이 있을 동안에는 심음과 거둠과 추위와 더위와 여름과 겨울과 낮과 밤이 쉬지 아니하리라." (창 8:22) 이와 같은 맥락의 언약은

9장 7절부터 15절까지 이어진다. 여기에서 하나님께서는 일반은총 (자연은총)에 대한 언약을 무지개로 표시하셨다. 사람들은 그 이후 무지개가 뜰 때마다 '이 세상 마지막 순간까지 노아 홍수 때와 같은 자연질서의 파괴는 일어나지 않겠구나', '우리의 삶은 보장되겠구나' 하고 안심하게 되었다.

16~17절에서 하나님은 '영원한 언약'이라고 강조하셨다. 하나님은 언약에 충실하신 분이다. 마지막 순간까지 우리의 모든 것을 지켜주실 것이다. 이 세상에 악이 들끓어도 하나님은 이 무지개를 보시고는 인간의 죄를 참으시며 끝까지 창조질서를 보존해 주실 것이다.

● ○ ○ 묵상

오늘 날에도 자연은 늘 일정하게 질서를 지켜주고 있다. 그리하여 사람들은 자연질서를 거의 절대적으로 생각하는 경향이 있다. 때론 신으로까지 생각한다. 이런 현상은 하나님을 안 믿는 사람 중에 특히 두드러진다. 과학이란 바로 이 자연법칙이 일정하다는 전제 아래, 그 규칙을 발견해 내는 학문이다. 만약 자연법칙이 일정하지 않다면 과학은 존재할 수 없고 문명도 발전할 수 없다.

그런데 노아시대 대홍수 사건에서 발견되는 사실은, 자연법칙은 때로 하나님 앞에서는 아무것도 아니라는 것이다. 모든 우주의 질서는 전적으로 하나님의 말씀에 종속(從屬)된다는 사실이다. 자연법칙 그 자체가 무슨 힘을 가지고 있거나 능력을 가지고 있어서 자연질서가 돌아가는 것이 아니라, 그 모두는 어디까지나 하나님의 말씀이 붙들고 있는 것이다.

8장 1절에서 보듯이 하나님께서 자연에게 다시 명령하셨을 때 바다가 일정한 한계 밖으로 밀려나기 시작했고, 산이 솟고, 골짜기가 꺼지는 것을 우리는 말씀을 통해 보았다. 그런데도 자연법칙 자체가 어떤 힘을 가지고 있다고 말할 수 있겠는가.

하지만 노아 언약은 이 땅에 있을 동안만 유효하고 이 세상 끝날까지만 유효할 것이며 그 후에는 아무 힘도 발휘하지 못할 것이다. 그러나 그리스도의 언약은 그렇지 않다. 이 세상의 무지개는 비가 그쳐야 떠오르지만 성령의 무지개는 어려움이 올 때마다 믿는 이에게 떠오른다. 왜냐하면 성령은 우리 안에 언약의 표징으로 내주(內住)하시기 때문이다. 마음속에 성령이 있는 사람은 홍수가 나도 빠져 죽지 않으며, 이 세상이 불타도 타 죽지 않을 것이다. 하늘에 있는 무지개보다 더 영원한 무지개가 예수를 믿는 사람들의 마음속에 항상 걸려있기 때문이다.

누군가 하늘에 걸쳐있는 무지개는 우리를 향한 '하나님의 미소'라고 말했다. 그러나 이 미소보다 직접 우리를 사랑하고 있다고 말씀하시는 것이 '십자가가 보여주는 사랑' 아닌가… 아버지 하나님은 십자가에 아들을 못 박아 죽게 함으로써 당신의 사랑을 확증(確證)해 주셨다. 무지개보다 더 진한 장미빛 피의 사랑으로…

Chapter 17

제2의 창조시대를 연 노아

창세기 9장 (창 9:18~29) 및 10장 (창 10:1~32)

창세기 9장 18~29절은 마치 9장 전체에 있어 부록처럼 붙어 있는데, 18절부터 29절까지를 보면 노아는 홍수사건 이후 새로운 시대를 여는 제2의 아담 역할을 맡게 된다. 그는 단순히 한 가정의 아버지가 아니다. 그는 재창조의 역사를 이끌어 갈 족장으로서 하나님은 그에게 예언자의 자격을 부여하셨다. 그리하여 함의 아들 가나안을 향하여 저주하는 대목 (25~27절)은 예언이 되어 훗날 그대로 이루어진다.

노아는 제2의 창조시대를 열어 가면서 가나안주의적 퇴폐문화를 초두(初頭)부터 차단시키기 위해 예언적 선포를 함으로써 가나안주의적 성(性)문화에 쐐기를 박고자 했다. 왜냐하면 장차 이스라엘이 가나안 땅에 들어가 하나님 나라를 건설하는데 있어 하나님 나라의 특성인 '거룩'을 지키기 위해서는 가나안 문화의 퇴폐성은 반드시 제거되어야 할 부분이기 때문이었다.

우리는 노아가 왜 함의 아들 가나안에게 그토록 심한 저주에 가까운 예언적 선포를 했는지를 창세기 10장 노아 아들들 계보에서 다시 한번 발견할 수 있다. 즉 함의 막내아들 '가나안'은 한 개인 이름으로 시작되지만 이스라엘 백성이 가나안 땅을 점령해 들어간 후 그곳에서 나타난 성적 퇴폐문화를 일컬어 '가나안'이라고 부르는 것을 보면, '가나안'은 사람의 이름에서 시작하여 후에는 가나안주의적 퇴폐문화(頹廢文化)를 총칭(總稱)하여 일컫는 말이 된다.

창세기 10장에는 노아의 후손들 70여 명의 이름이 열거되는데 이들은 언어, 족속, 지방 방언 등으로 민족이 갈리게 된다. 즉 후손들이 점점 불어 각기 나눠질 때 이들은 정치적으로 분리되는 것이 아니라 족속(민족)과 언어로 구분 지어 각각 흩어지게 된다. 그리하여 오늘날 형성된 민족구성은 이 때를 기점으로 하여 이루어 지게 되었다.

그 후 수많은 시간이 흘러 각기 다른 언어가 하나로 통일되는 때가 있었다. 그것이 바로 신약의 마가의 다락방에서 일어났던 오순절 성령강림 사건이다. 즉 사도행전 2장의 온 족속이 다 각기 다른 방언으로 말하되 같은 내용으로 알아들을 수 있었다. 바로 어느 한 순간 언어가 하나로 통일되었던 것이다. 성령은 이처럼 한 언어인 하나님의 언어로 온 족속에게 믿음을 주시고 모두를 한 띠로 묶어 하나되게 하셨다.

　하나님은 오늘날도 하나님의 언어 곧 성경말씀을 통해 지구 위에 흩어져 사는 수많은 인구를 하나 되게 하여 구원에 이르도록 하신다. 하나님의 언어는 일체성(一體性), 통일성(統一性), 보편성(普遍性)의 특징을 가지고 있다. 따라서 성경말씀의 보편성, 성령의 활동, 성자 예수의 희생을 통한 구원의 역사는 하나로 통합되어 하나님 나라를 우리들 마음속에 자리잡게 해 주셨다. 이보다 더 신비롭고 놀라운 일이 어디 또 있을까!

Chapter **18**

바벨탑 이야기

창세기 11장 (창 11:1~9)

바벨탑 사건의 전모를 요약해 보면 당시 온 세상은 아직 '하나의 언어'를 사용하고 있었다. 이 한 언어를 사용하는 무리들이 이동을 하다가 '시날'이라는 평원에 이르러서는 그 끝이 하늘에 닿는 탑을 쌓아서 다시는 더 이상 "흩어지지 말자"라고 협의를 하게 되었다. 그러한 목적은 "우리의 이름을 날리자"(창 11:4)는 데 있었다.

이러한 인간의 의도를 막으시려고 여호와께서는 본래 '하나'였던 언어를 혼잡하게 하셔서 그들을 흩으셨는데, 이로 인하여 이 도성 (都城)의 이름을 '바벨'이라고 부르게 되었다. 이러한 이야기가 원 (原)역사(1장~11장)의 말미에 쓰여진데 있어, 이 이야기는 3장부터 시작해서 10장까지를 연결해 볼 때 과연 그 장(章)들과 어떤 의미가 있는 것인가?

바벨탑 사건은 창세기 3장의 아담과 하와의 타락 이야기로부터 4장의 가인 이야기를 거쳐서 6장부터 9장까지 노아 홍수 사건을 지나온 인간 악이 증대(增大)해 온 역사의 그 절정에 관한 사건을 다루고 있다고 하겠다. 자신의 명성을 얻으려는 인간 거인주의는 하나님 심판에 대한 인간의 저항과 반역이라는 의미를 갖고 있다. 그러므로 성경 원 역사의 문맥에서는 바벨탑 사건은 신의 홍수 심판에 대한 경쟁적 대결로서도 볼 수 있다. 다른 한편, "떠돌아 다니게 될 것이다"(창 4:17)라는 가인을 향한 하나님의 심판 선언에 대해 "흩어지지 말자"라는 인간의 자기 방어(防禦) 의지로도 이해할 수 있다.

이와 같은 하늘과 대결하려는 인간 의도에 대한 여호와의 응답은 "여호와의 내려오심"이었다(창11:7). 이것은 완곡어법(婉曲語法)이요, 비꼬는 어투의 풍자(諷刺)이다. 말하자면, 그 엄청난 인간 프로젝트가 하도 가소(可笑)로워서 하나님은 웃지 않을 수 없으셨다는 말이다. 그리하여 여호와의 반응은 그들의 악한 생각의 일치와 연합함을 깨뜨리는 일로서 의사소통(意思疏通) 수단인 언어를 혼잡(混雜)하게 만드는 것이었다. 그렇게 하여 그들을 흩으셨던 것이다. 다시 말해서, 이러한 하나님의 간섭은 피조물인 인간이 가져야 할 한계선 안으로 인간을 되돌리시는 일이었다.

우리는 '바벨'에 대한 고정관념(固定觀念)이 있는 것 같다. 사람들은 왜 바벨을 '바벨탑'이라고 부르기를 당연하다는 듯이 생각하는가? '바벨'은 결코 탑만을 가리키는 것이 아니다. 궁극적으로 저들이 세우려고 했던 것은 탑이 아니라 바벨성(城) 또는 바벨시(市)였다. 우리는 탑만 볼 것이 아니라 탑을 포함하는 도시 전체, 성 전체를 보아야 한다. 그래야만 바벨의 정체가 분명하게 밝혀질 수 있다. 사람들은 바벨을 왜 신에게 도전하는 모든 인간의 교만을 상징하는 것으로만 보는가? 이렇게 되면, 바벨을 매우 고정적 관념을 가지고, 피상적으로 이해하는 것으로 끝나게 된다.

그렇다면 바벨의 실제는 과연 무엇인가?

창세기 11장 1~9절의 바벨 기사를 분석해 보면, 본문은 1~4절, 5~8절, 9절로 나뉘어진다. 1~4절은 사람들이 바벨성을 쌓는 장면이고, 5~8절은 하나님께서 바벨성 공사를 중지시키는 장면이다. 그리고 9절은 끝, 마무리이다. 그런데 본문 기사는 1~4절과 5~8절이 서로 대칭을 이룬다.

1절 — 한 언어 : 6절 — 한 언어
2절 — 장소이동(사람들) : 5절 — 장소이동(하나님)
3절 — 계획 ('자') : 7절 — ('자')
4절 — 흩어짐을 면하자 : 8절 — 흩어지게 하심

우리는 이 구조를 통해서 얼마나 본문이 치밀하게 짜여 있는지 알 수 있다. 이와 같은 구조를 통해 하나님은 무엇을 말씀하려는지 짐작할 수 있게 된다. 본문이 많이 반복하는 단어는 '언어'이다. 본문에서는 무엇보다 언어, 즉 말이 핵심이다. 언어가 하나였기 때문에 그 사건이 일어났다는 점을 여러 차례 말하고 있다. 결국 이 언어가 분화해서 각기 다양한 언어를 사용하게 되었으므로, 인간들이 오늘처럼 다양한 언어를 사용하기 시작한 것은 바벨탑 사건 이후라는 것이다. 하지만 이런 것들은 본문을 피상적으로 본 것에 불과하다.

좀 더 본질적인 이해를 하기 위해 우리는 바벨성을 쌓는 건설현장을 볼 필요가 있다. 모든 인간들이 누구나 다 바벨성을 쌓을 생각을 하고 다 나가서 바벨성을 쌓았다고는 볼 수 없다. 그렇다면 어떤 특정한 사람들이 바벨성을 쌓을 생각을 했고 언어가 하나라는 사실을 이용해서 사람들을 동원하여 그 엄청난 성을 만드는 일에 저들의 노동력을 사용했다고 추측할 수 있다. 그러므로 바벨성 공사 건설 현장은 억압적인 분위기였을 것이다.

우리는 이 사실을 뒷받침해 주는 성경 한 구절을 찾아볼 수 있다. 창세기 10장에 나오는 "노아 아들들의 족보"를 보면 6절에서 "함의 아들은 구스와…" 그리고 8절에 "구스가 또 니므롯을 낳았으니 그는 세상에 첫 용사라" 10절에는 "그의 나라는 시날 땅의 바벨과…" 이런 말씀이 나온다. 그런데 창세기 11장 2절에 "이에 그들이 동방으로 옮기다가…"라는 구절에서 우리는 본문에 나오는 '그들이' 누구인지 알 수가 없다.

얼핏 보아서는 모든 사람들이 저절로 뜻이 맞아서 동방으로 이동하는 것으로 생각하기 쉬운데, 그렇지 않았을 것이다. 사람들 중에 무리를 이끄는 지도자가 있었을 것이다. 그들 모두를 이끌고 어딘가로 이동하게 하는 그 사람은 과연 누구인가? 창세기 10장으로 미루어 보건대 우리는 아마도 그가 '니므롯' 이었을 것이라고 추정할 수 있다.

성경사전에 보면 니므롯은 조상들이 대대로 섬겨왔던 여호와 하나님에 대해서, 자신의 독립을 선언한 배교자(背敎者)로서 고대의 전사이며 사냥꾼이었던 사람으로 나온다. 그는 '영걸' 로 불려졌다. 그런데 고대의 '영걸(英傑)' 이란 폭력으로 통치하는 자를 가리키는 말로써, 그는 고대의 전형적인 전제 군주로서 교만하며 백성들의 권리와 자유를 억압하고, 재물을 약탈한 강력한 지배자로 군림했다고 나온다. 그렇다면 바벨 건설 현장은 분명 복종이 강요되었을 것이다. 그러므로 하나의 언어란 당시 현실로 보아서는 단순한 의미를 넘어서 어떤 주장에 아무도 반대의사를 표명할 수 없음을 뜻한다.

대체, 그들이 동방으로 옮겨가는 이유는 무엇일까? 우리는 아래와 같이 유추해 본다. 그들은 무엇인가를 찾는 것 같다. 그들이 찾는 것은 커다란 장소이다. 자신들이 머무를 일정한 공간을 찾는다. 그런데 이들은 개방된 넓은 세상(온 지면)을 버리고 한정된 공간을 찾는다. 어느 공간을 확보해 폐쇄적으로 설정하려고 한다. 가인이 마치 자기 성을 쌓고 아들 이름을 따서 '에녹' 성이라고 불렀듯이(창 4:17) 그들만의 공간을 확보하려는 것이다. 이런 그들의 노력은 그들을 개방시키고 흩어버리려는 하나님의 사역과 반대된다.

그들은 계속 동쪽으로 가다가 '시날' 이라는 곳에 도착했다. 그들이 그 곳에서 처음 한 말은 '자-'이다. 이 말은 히브리어로 무언가 중요한 말을 하려고 할 때 쓰는 말이다.

출애굽기 1장 10절에도 같은 단어 '자-'가 맨 앞으로 나온다. 이 말을 하는 것은 무엇인가 심상치 않은 중대한 계획을 말하려고 할 때 서두에 던지는 말이다. 결국 이들이 사람들을 모아놓고 한 말은 바로 "벽돌을 만들어서 단단하게 구워내자!"는 것이다.

그리고 또 한가지 강조한 것은 "우리가 흩어지지 말자!"는 것이다. 흩어질까 봐 두려웠던 모양이다. 그래서 뭉침을 강조한다. 이를 설득한 장본인들도 실제로 자기 이름을 내고 싶었다. 더 위대한 인물들이 되어서 다른 사람들을 지배하고 싶었던 것이다.

3절과 4절은 누군가가 대중들에게 한 연설이다. 그렇게 말한 사람이 누굴까? 앞에서 언급했듯이 사람들은 그가 니므롯이라고 말을 한다. 그는 그 정도로 막강한 힘을 가진 사람이었을 것이다.

그런 도시를 건축하려면 수 많은 사람들을 동원해야 하고, 막대한 돈이 들 텐데, 그런데도 도시를 건설하자고 하는 것을 보면 그는 그렇게 할 자신이 있었던 모양이다.

공사 현장을 보신 하나님은 어떤 위기감(危機感)을 느끼신 것 같다. 하나님 말씀은 5절에서 "모두가 한 민족이요, 한 언어" 이것이 문제라는 것이다. 말이 통하고 한 민족이었기 때문에 이런 일을 시작할 수 있었다는 것이다. 이어서 하나님은 그들이 마음만 먹으면 이제는 모든 일을 다 할 수 있다는 것이고 하나님도 막지 못할 지경이라는 것이다. 물론 전능하신 하나님이 막지 못할 일이 없겠지만,

이런 말씀으로 당시 상황이 매우 당황스러운 위기상황임을 밝히시는 것이다. 우리는 아담과 하와가 선악과를 따 먹은 다음 하나님이 느끼셨을 당혹감(當惑感)을 여기서도 느낀다. 그때, 하나님은 아담과 하와를 에덴동산에서 추방하셨는데 여기서도 어떤 조치가 취해질지 모른다.

그러면 도대체 그 곳에서는 무슨 일이 일어나고 있었길래 하나님이 그토록 당황스러워 하시는 것일까?

먼저 생각할 수 있는 것은 폭력적인 억압이다. 성을 쌓기 위해서는 자유로운 분위기에서는 일이 진행되지 않았을 것이다. 강력한 힘을 가진 소수의 사람들이 다수를 다스리고 저들을 부렸을 것이다. 우리는 이런 모습을 이집트의 피라미드에서 연상할 수 있다. 강제노역에 시달렸을 수 많은 사람들, 그 어마어마한 피라미드를 누가 자의로 쌓았다고 할 수 있겠는가. 피라미드는 인간을 압제하고 착취한 역사를 감추고 있다.

하나님은 이 현장을 보시고 중대 결심을 하신다. 하나님은 그 현장으로 친히 내려가셔서 그들이 사용하는 말을 혼잡하게 하려 하신다. 그래서 그들이 서로 상대방 말을 알아듣지 못하게 하려 하신다. 하나님은 이와 같은 인간의 오만(傲慢)함을 도저히 묵과(默過)하실 수 없었던 것이다.

'언어를 혼잡하게 하신다' 는 말은 무엇을 뜻하는가?

이 말은 서로가 알아듣지 못하는 말을 해서 답답해 하고 싸우는 장면을 연상하겠지만, 그 보다 더 깊은 의미를 담고 있다. 즉 단일언

어체계, 일방적인 언어체계가 인간과 사회공동체를 파괴하는 현상
이다. 하나님은 인간을 압제하는 수단으로 사용되는 그 언어를 혼잡
하게 하심으로써, 인간들의 압제 구조를 파괴해 버리신다.

하나님이 바벨현장에 오심으로써 사람들은 그 압제와 착취, 그리
고 강압과 폭력의 현장을 벗어날 수 있었다. 그러므로 그 벗어남, 그
흩어짐은 하나의 해방사건이었다. 하나님은 그들을 그곳으로부터
온 땅으로 흩으신다. 그리하여 결국 그 성(城)쌓기는 중지되고 말았
다. 그곳은 보기 흉한 폐허로 남고 말았다.

그곳은 여전히 그렇게 남아있다. 하나님은 동일하게 오늘도 그
곳에서 말씀하고 있다. 바벨은 옛 이야기가 아니고 지금도 세계 여
기 저기서 세워지는 현실이야기이다. 지금도 바벨은 세워지고 있다.

족장역사

(族長歷史)

No. 19-55

A. 아브라함의 생애

No. 19 ~ 27

Chapter 19

아브람,
애굽으로 내려가다

창세기 12장 (창 12:1~20)

아브라함은 하란에 있기 전에 메소포타미아 우르에 있을 때에 이미 영광의 하나님을 만났고, 고향과 친척들을 떠나서 하나님이 지시하는 땅으로 가라고 하는 말씀을 받았던 것이다. (행 7:1~3) 그런데 아브라함은 가나안 땅을 향하여 가다가 아마도 아버지 데라 때문에 하란에 오래 머물러 있게 되었던 것 같다. 그러다가 아버지 데라가 죽고 난 후에 가나안 땅으로 옮겨오게 되었던 것이다. (행 7:4)

이처럼 믿음의 조상 아브라함의 신앙은 어느 한 곳에 정착된 신앙이 아니라 하나님의 말씀을 붙들고 하나님이 가라고 하면 어느 곳이나 가는 신앙이었다.

그러면 족장들의 시대에 가나안 땅이 갖는 의미는 무엇인가?

그것은 바로 가나안 땅이 하나님의 말씀이 임하는 무대였던 것이다. 그래서 하나님께서는 아브람에게 무슨 일이 있어도 가나안 땅을 떠나지 말라고 명령하신 것이다. 그럼에도 불구하고 아브람은 가나안 땅에 흉년이 들어 먹고 살 수가 없는 지경에 이르자 그만 가나안 땅을 떠나 애굽땅으로 내려가고 말았다.

이때 부인을 '누이' 라고 속여 부르기로 한다. 그 이유는 자기 생명을 보존하기 위해서는 그 방법이 가장 현명하다고 판단했기 때문이다. 이 말에 사래는 순순히 응한다. 하지만 우리로서는 조금 이상하다는 느낌이 든다. 어떻게, 남편이 자기 생명을 지키기 위해 부인을 '누이' 라고 속이겠다는 것인지…. 어쩌면 사래 자신이 자녀를 낳아주지 못한 미안함 때문에 그 말을 받아들였는지도 모른다. 아무튼 사래는 '누이' 라는 입장으로 바뀌었다.

그러나 애굽에 도착했을 때 아브람은 그만 예기치 않은 난국(亂局)에 부딪친다. 일반 애굽인도 아니고 왕(王) 바로는 사래가 '누이' 니까 왕 자기에게 달라는 것이다. 이런 기가 막힌 일이 어디 있는가. 그러나 아브람은 하는 수 없이 노비, 양, 소, 말, 나귀 등 많은 양의 지참금을 받고 그녀를 바로에게 내어준다. 그리하여 어쩔 수 없이 사래는 바로 왕궁으로 들어가고 말았다.

이제 사래는 더 이상 아브람 곁에서 보이질 않는다. '내가 왜 그런 거짓말을 꺼내, 내 아내를 잃고 말았나? 이젠 바로왕의 여자가 되었으니 영영 사래는 내 부인으로는 끝난 것 아닌가, 아! 나의 실수와 착각이 이런 엄청난 결과를 가져오다니…!' '사람 잃고 얻은 이 재물이 무슨 소용이 있단 말인가?

아브람은 재물을 볼 때마다 그런 것들이 원망스럽고 마음은 점점 절망스러워져 갔다. ' 가나안에 기근이 났어도 애굽으로 내려오는 것이 아닌데… 그냥 거기서 버텨 보는 건데… 참 후회막급이로다.' '얼마 지나면 사래는 혹시 바로왕의 아들을 낳을지도 몰라' '그렇다면 어떻게 되는 거지?' '내가 왜 하란에서 가나안까지 사래를 데리고 왔단 말인가' 그는 몰려오는 후회와 죄책감에 휘말려 몸부림친다. '사래를 잃고 나 혼자 가나안으로 다시 들어가면 주위 친척들한테 내 꼴은 또 뭐가 된담….' 아브람은 번민(煩悶)에 싸여 잠을 이룰 수가 없었다.

그 동안 하나님께 여쭤보지 않고 여기까지 내려온 것에 대해 뉘우치기 시작했다. 한참 후 그는 조용히 주님 앞에 무릎을 꿇고 기도하기 시작했다. 비로소 무엇이 진정 소중한가를 깨닫기 시작한 것이다.

그런데 이게 웬일인가? 바로 궁에서 자꾸만 끔찍한 사건이 일어나기 시작하는 것이다. 예상치 않은 재앙이 찾아온 것이다. 바로는 생각하기를 '사래를 왕궁에 들여 놓았기 때문에 이런 일이 생기는 것 아닌가?' 그는 당황하기 시작한다. 마침내 바로는 사래를 풀어주고 만다. 아브람은 바로에게 사래를 누이로 속인 것으로 인하여 호되게 야단을 맞는다. 결국 그녀는 기적적으로 바로 궁에서 풀려나 아브람 품에 안기게 된다.

아브람은 바로의 손에서 극적으로 자기부인을 되돌려 받은 후 '다시는 이런 일을 하지 않으리라'고 마음속으로 굳게 다짐한다. 그리곤 바로의 손보다 더 큰 하나님의 손길과 능력을 체험한다. 이 일로 인하여 아브람은 좀 더 깊은 믿음 속으로 발을 내 딛게 된다. 그리하여 13장에 와서는 롯과 재산 소유권 문제에 부딪쳤을 때 망설임 없이 조카 롯에게 선택의 우선권(優先權)을 준다.

● ○ ○ 묵상

우리 역시 아브라함과 무엇이 다르겠는가. 믿음이 있노라 하면서도 사건 사건에 부딪칠 때마다, 하나님의 손길을 경험하지 않고는, 어찌 하나님의 마음을 알 수 있겠는가. 그리고 믿음은 내가 하나님을 체험한 것만큼 자라게 되어 있지, 머리로 그 분을 믿는다는 것이 무슨 힘이 있겠는가.

그것은 이론일 뿐이다. 믿음의 역사가 일어날 수 없다. 그래서 하나님은 각자에게 정금(正金)같은 믿음을 주시기 위해 이모저모로 훈련시키는 것이다. 이렇게 아브라함은 12장~13장에서 믿음의 행보(行步)를 시작하여 첫 번째 시험을 통과하면서 하나님을 더욱 깊이 알아가게 된다.

다시 찾은 사래의 얼굴을 볼 때마다 얼마나 그녀가 소중하고 하나님의 은혜가 넘쳤을까...?

Chapter 20

아브람과 롯은
무엇이 다른가

창세기 13장 (창 13:1~18)

창세기 12장을 잠시 조명해 보면, 하나님이 아브람에게 하신 첫 말씀은 명령으로서 "…너의 본토, 친척, 아비집을 떠나 내가 네게 지시할 땅으로 가라"(창 12:1)는 것이었다. 이 사람은 혼자가 아니었다. 그에겐 처, 종들, 소유가 있었고 또 무엇보다 젊지 않았다. 그러나 그는 그 모든 것을 버리고 부인 사래와 함께, 약속해 주신 미지(未知)의 땅으로 갔다. 그때로부터 그는 방황하는 삶을 영위(營爲)했고, 거기서 빈곤(창 12:10)과 전쟁(창 14:13~14)에 익숙해져 갔다.

아브람은 하란을 떠날 때 하나님의 약속으로 무장을 갖추었다. 그 약속의 말씀이란 "내가 너로 큰 민족을 이루고 네게 복을 주어…

땅의 모든 족속이 너를 인하여 복을 얻을 것이니라."(창 12:2~3)이다. 이 말씀에 비추어 볼 때 처음부터 하나님은 이스라엘 민족의 소명(召命)이란 자체의 운명을 훨씬 초월(超越)하여 모든 민족의 근원이 될 것을 말씀하시고 있다. 아브람이 "떠나라"는 음성에 반응하려고 애쓰는 모습을 생각해 볼 때 그의 여정의 목적지는 하나의 신비였다. 아브라함 입장에서 보면 "내가 보여주는 땅으로 가거라"는 참으로 불확실하고 막연한 계획이다.

만약, 떠나는 것이 순종의 행위라면 미지의 목적지로 기꺼이 향하는 것은 신뢰의 행동이다. 아브람이 떠나려고 했을 때 어떤 위험에 처할지 누가 알겠는가? 그리고 살아남기 위해 어떤 것들이 필요한지 어찌 알 수 있었겠는가? 그러나 한 음성이 움직이라고 그를 불렀으므로, 길을 인도하는 자도 분명 그 음성이 되어야 할 것이다.

그런데 12장 중반부에 보면 아브람이 애굽으로 내려간 것은 하나님 음성보다 자신의 판단을 앞세워 자기 뜻대로 결정했기 때문이다. 그 후, 기적 같은 은혜로 애굽에서 사래를 도로 찾아 가나안 땅으로 들어섰을 때 그는 가나안에 처음 들어가 단을 쌓았던 곳에서 하나님 앞에 다시 무릎을 꿇었다.

그렇다면 아브람이 애굽으로 내려간 사건은 우리에게 무엇을 말해주고 있나? 성경 계시의 구조상, 삶의 변화는 대부분 점진적으로 이루어지며, 정보의 축적(蓄積)보다는 실패와 실수를 통해 종종 촉진된다는 교훈을 준다.

아브람이 자기고향을 떠날 때는 하나님 음성을 듣고 하나님을 신뢰하긴 했으나 기근 혹은 낯선 땅에서 생존 문제에 부딪쳤을 땐 자신의 생명을 그 분 손에 맡길 정도는 아니었다. 그러므로 아브람에게 있어서 첫 번째 직면했던 시험은 자기 생명 보존에 관한 것이었다. 그리고 13장에 들어와 재물에 관한 건에 부딪친다.

아브람과 롯과의 분리 문제에 있어, 아브람의 목자와 롯의 목자가 다투는 장면이 13장 7절에 나온다. 이 다툼은 단순한 언쟁을 의미하는 것이 아니다. 심하게 다툰 싸움이다. 이와 같은 싸움은 가축이 많아지니까 동거하기가 좁아서 일어난 싸움이다. 그렇다면 롯이 삼촌과 상의해서 굳이 멀리까지 가지 않고도 장소문제를 해결 할 방법은 없었을까?

12절에 보면, 아브람과 롯이 헤어질 때 아브람은 가나안 땅에 거주하고, 롯은 그 지역의 도시에 들어가 거기서부터 점점 장막을 옮기고, 또 옮겨 결국 소돔까지 갔다고 나온다. 롯은 삼촌 곁을 떠난 후엔 아예 점점 더 멀리 간 것을 볼 수 있다. 왜 그랬을까? 롯은 그동안 삼촌 아브람을 좇아, 하란을 떠나 가나안까지 왔다. 그 후에 기근을 만나 살기가 어려워지니까 아브람이 애굽으로 내려갈 때 롯도 함께 따라갔다.

롯은 처음에는 아브람을 따라가면 모든 것이 좋을 줄 알았는데 그것이 아님을 차츰 알게 되었다. 그것은 아브람이 애굽에서 사래를 잃었다가 도로 찾은 사건뿐만 아니라, 다시 가나안으로 되돌아 왔을 때도 정착하기 전, 그 많은 가축을 이끌고 멀리 베델까지 올라가 제사부터 드리는 장면을 보았을 때 조금은 못마땅했던 것 같다. 왜냐하면 가축이 많아져 당장 물도 더 많이 필요하고, 목자들 관리도 해야 하는데 아브람은 굳이 먼 곳 벧엘까지 올라가 제단 쌓는 일에만 열중하는 모습이 롯의 생각으로는 이해가 가지 않았기 때문이다.

롯은 아브람의 실수와 때로 불안해 하며 방황하는 모습을 보면서 '삼촌을 따라다니다가는 망하겠구나' 하는 생각을 했던 것 같다. 롯은 점차 아브람의 신앙에 동의(同意)할 수 없게 되었다. 롯은 말씀에 붙들린 사람은 아니다. 그가 하나님을 전혀 몰랐던 것은 아니지만, 그는 세상적인 기준을 중요시한 현실주의자였다. 롯은 아브람과 달리 지극히 실리적이며 손해보는 일은 하지 않는 사람이다. 그러니까 삼촌 아브람이 롯에게 "네 앞에 보이는 온 땅 가운데 네가 먼저 선택하라"고 했을 때, 그는 주저 않고 요단 계곡을 선택한 것이다. 여호와의 물댄 동산 같고, 애굽 땅과 같은 요단 지역을 갖기로 한 것이다.

여기서 롯이 몰랐던 것이 있다. 그것은 소돔과 고모라는 곧 멸망할 곳이라는 사실이다. 롯의 계산에는 '하나님'과 '죄'라는 요소가 빠져 있었다.(창 13:13) 그러나 하나님의 결정에 있어서 가장 중요한 요소는 바로 '죄'라는 문제이다. 롯은 가축과 장막을 가지고 있었지만 그는 진실로 하나님 앞에 예배 드리는 행위는 소홀했다. 반면 아브람에게는 제단이 있었다.

롯은 조용히 묵상하는 시간을 갖지도 않았던 것 같고, 하나님께 의지하고 기다리는 기간이 없었다. 그는 결과적으로 세상적인 욕망을 좇았다. 그리하여 롯의 아브람과의 치명적인 타협은 마치 솔로몬

왕이 많은 이방여인들과 연애를 하고, 그녀들이 믿던 신들을 좇게 될 때, 여호와께서 진노하셨던 사실(왕상 11:1~8)과 데마가 세상을 사랑하여 바울을 떠났던 경우(딤후 4:10)처럼 롯의 몰락(沒落)을 예고해 주고 있었다. 결국 아브람과 롯이 가지고 있는 신앙관(信仰觀)의 차이가 여기서 드러난다 아브람은 분명히 하나님의 말씀에 붙들려서 하란을 떠났지만, 롯은 아브람이 떠나니까 따라 나섰기에 이런 결과가 나타난 것이다.

롯이 아브람을 떠난 후에, 여호와께서는 아브람을 향하여 이르시되 "너는 눈을 들어 너 있는 곳에서 동서남북을 바라보라"(창 13:14) "보이는 땅을 내가 너와 네 자손에게 주리니 영원히 이르리라" (창 13:15)이어서 "너의 자손이 땅의 티끌처럼 많아질 것이다"(창 13:16) 14절부터 16절까지의 말씀을 살펴보면, 14절에서 하나님은 아브람에게 "너는 눈을 들라"고 말씀하신다. 먼저 고개를 들고, 눈을 들어 땅을 보지 말고 하늘을 보라고 하신다. 믿음을 가지고 새로운 세계를 보라는 뜻이다. 또한 "너 있는 곳에서"라는 이 말씀은 곧 아브람이 있는 바로 그 자리에서 시작하라는 뜻이다. 고통스럽고 답답한 현실을 피하지 말고 바로 그곳에서 시작하라고 하신다. 바로 그 곳에 하나님이 개입하시면 기적이 일어나는 것이다.

본문 15절에서 하나님은 보이는 땅을 모두 아브람과 그 후손에게 주시겠다는 것이다. 이 말씀에서 '땅'은 하나의 단순한 표상에 불과하다. 하나님께서 진정 그에게 보여주시고 싶은 것은 가나안 땅보다 더 영원한 것, 영원한 땅이 있다는 것이다. 앞으로 이어지는 아브람의 생애(生涯)를 보면 알 수 있듯이 하나님께서 아브람에게 주신 것은 실은 눈에 보이는 소유가 아니라 엄청난 영향력을 주신 것이다.

16절의 "너의 자손이 땅의 티끌처럼 많아질 것이다"라는 말씀, 또한 단순히 육체적인 후손이 많아진다는 말씀이 아니다. 장차 아브람의 믿음이 인류역사에 결정적으로 어느 만큼 큰 영향을 주며 얼마나 많은 사람들을 믿음의 바른 길로 이끌 것인가를 예언(豫言)하시는 말씀이다. 그때 상황을 보아서는 아브람의 신앙은 조카 롯에게도 인정받지 못했다. 그러나 하나님께서는 아브람보다 더 큰 영향을 인류에게 미치는 사람이 없을 것이라고 말씀하셨다.(창 12:2~3)

그는 당시 족장으로서 쉽게 롯에게 떠나라고 명령할 수도 있었다. 그런데도 아브람은 평화를 위해서 롯에게 먼저 선택권을 주었고 자신의 권리와 재산을 양보했다. 아브람의 이와 같은 태도를 지켜보고 계셨던 하나님은 롯이 떠나자 기다리셨다는 듯이 아브람에게 말씀하신 약속들을 재확인시켜 주셨다.(창 13:14~17)

롯이 떠난 후에 하나님께서 그를 찾아오셨다는 사실을 자세히 보면 하나님은 이미 아브람 곁에 계셨다는 사실을 알 수 있다. 하나님께서 벌써 전에 기다리고 계셨던 것이다. 여기서 우리는 다음과 같은 사실을 깨닫게 된다. 하나님의 기다림이 하나님의 부재(不在)를 의미하지는 않는다. 하나님이 계시지 않기 때문에 응답이 없는 것이 아니다. 우리가 기근(飢饉)을 만나고 환난(患難)을 만나고 갈등하고 고민할 때 하나님은 바로 그 곳에 계신다. 그리고 당신의 모습을 나타내서야 할 때를 기다리고 계신다. 이것이 하나님의 기다림이다.

하나님은 우리와 함께 계신다. 함께 계시면서 우리의 눈을 보시고 한숨을 아시며 기도를 들으시고 우리의 믿음이 성숙할 때까지 기다리신다. 이 사건을 통해 믿음이 기근을 만나고 갈등을 겪는 것을 보게 된다. 그러나 여기서 승리하면 그 믿음이 우리로 하여금 새로운 세계를 보게 한다.

13장 끝부분 17절에서는 "너는 일어나 그 땅을 종(縱)과 횡(橫)으로 두루 다녀보라"고 하신다. 즉 너는 일어나 걸으라는 뜻이다. 하나님은 아무것도 하지 않는 사람에게 축복을 거저 주시지는 않는다. 아브람은 눈을 들어 사방을 두루 보았고, 그리고 하나님의 음성을 듣고는 일어나 종과 횡으로 걷기 시작했다. 아브람은 12장에서 믿음의 여정을 출발했으며 그로부터 갈등을 겪고 기근을 만나고, 손해를 경험하면서 점점 더 하나님과 가까이 동행하는 사람으로 변화되어 가고 있다.

'고아의 아버지'로 불리는 조지 뮬러는 아브라함과 롯과의 갈등과 분리 사건을 다음과 같이 말한다.

"하나님은 선한 사람의 걸음걸이뿐만 아니라 멈추어 서는 것 조차도 지시하신다."

하나님께서는 아브람이 요단 계곡을 선택하는 것을 놀랍게 막으셨다는 얘기다. 지금까지의 본문 내용으로 보건대 롯도, 아브람도, 소돔과 고모라성을 하나님께서 불로 태우시리라고는 모르고 있었다. 그러나 하나님은 아셨다. 그리고 아브람은 하나님과의 교제를 지속적으로 유지하고 있었기 때문에 하나님께서 그로 하여금 잘못된 선택을 하지 않도록 막아 주셨던 것이다. 이것이 곧 '은혜' 받은 자의 증표인 것이다.

하나님은 롯에게 마지막까지 은혜를 주시고 기회를 주셨는데도 그것을 잡지 않았다. 안타까울 뿐이다. 13장에는 롯에 대한 기사가 다 나와있는 것은 아니지만 왠지 롯의 일생을 더듬어보며 가룟유다가 떠오른다. 하나님은 우리 인간에게 끊임없이 은혜를 내려주시고 세상 쪽으로 나가려는 영혼을 하나님 쪽으로 이끌고자 하신다. 문제는 이 때 인간이 자기의 고집과 교만을 꺾지 못하고 자기 생각대로 나아가는 데에 있다. 그럴 경우 하나님은 어느 시점에서 그 발걸음을 무참하게 무산시켜 파멸로 이끄신다.

이것이 오늘 롯이 우리에게 주는 교훈이다. 당장은 그럴듯하고, 좋아 보이지만 '하나님'과 '죄'라는 요소가 무시될 경우 그 결국은 파멸로 끝난다. 이런 의미에서 '죄'란 행위적이기 전에 하나님과의 관계성(關係性)의 문제이다. 그러므로 하나님과의 어그러짐, 거슬림, 반역, 불순종 등 이 모두가 바로 '죄'라는 사실을 알아야 한다.

아브람과 롯의 재산 분배 과정에서 롯이 자기 쪽에 유리하도록 결정한 것은 어떤 면에서는 이해가 간다. 다만 그가 소돔성 멸망으로 천신만고(千辛萬苦) 끝에 살아남았음에도 불구하고, 창세기 19장에서 딸들과 동침하여 암몬족속, 모압족속의 조상이라는 불명예를 남기고, 역사에서 퇴장하는 장면은 씁쓰름하기 이를 데 없다. 결국 19

장 이후로는 롯에 대한 이야기는 다시는 찾아볼 수 없다.

우리도 롯과 별반 다를 것이 없지 않은가 생각해 본다. 현실적으로 계산에서 합리적인 선택을 할 수 있다. 상황을 보았을 때 먹음직도 하고, 보암직도 하고, 거기다 탐스럽기까지 한데 왜 그걸 마다 하겠는가? 하지만 '믿음'이란 바로 그런 것을 뛰어넘는 것을 말한다. 모든 판단 기준이 하나님 중심적으로 되어서 나아가는 것이 믿음의 훈련인 것이다. 롯은 이런 면에서 실패한 인물이다. 롯은 하나님 음성을 듣지 못했던 것 같다. 아님 그 음성을 무시한 인물이다. 하나님과의 연합이란 매일매일 그 분의 음성을 듣는 훈련이다. 족장 역사 초두에 보면 아브라함과 롯이 대조되는 인물로 나타난다.

왜 롯을 등장시켰는지 이제 좀 알 것 같다. 그것이 곧 우리의 모습이기 때문이다. 내 안에 아브라함의 믿음이 있는지, 롯의 믿음이 있는지 그것부터 점검해 보라는 뜻으로 생각된다. 창세기 1~11장까지의 원(原)역사가 끝나고 족장(族長)역사 출발에 있어 두 인물의 대조는 이와 유사한 형태로 요한계시록까지 이어질 것이다.

그러므로 우리는 이 사실을 분명히 알고, "신앙이란 과연 무엇인가?" 이 문제를 고민해 볼 필요가 있다. 신앙은 은혜의 차원에서 보면, 분명히 하나님으로부터 내게 주어지는 것이지만 인간 편에서 보면 선택의 문제이다. 그래서 족장역사 서두에 이 사건이 등장했다고 본다. 신앙은 선택이다. 또한 신앙은 모험이다.

과연 나는 하나님을 믿고 예수 그리스도를 나의 구주로 받아들이기로 결정했으며 그 길을 걷고 있는 순례자(巡禮者)의 한 사람인가?

Chapter **21**

인류 최초의 중동전쟁의
배경 및 경위

창세기 14장 (창 14:1~24)

'바벨론'이라는 나라가 세워지기 전, 그 땅에는 '엘람'이라는 나라가 있었다. 엘람 왕 중에 '그돌라오멜'은 큰 세력을 펴고 있던 왕이었다. 그는 가나안 땅까지를 그의 통치권 아래에 두었기 때문에 소돔이나 고모라의 왕들은 매년 그 나라에 조공(朝貢)을 바쳐왔다. 그런데 13년째가 되었을 때 소돔과 고모라를 비롯한 주변 나라들이 함께 힘을 합치면 엘람 왕 그돌라오멜을 이길 수 있다고 생각해서 조공 바치던 것을 중단했다.

이를 괘씸하게 여긴 그돌라오멜은 주위의 네 나라(시날, 엘라살, 아리옥, 고임)왕들과 연합군을 창설해 소돔왕을 중심으로 결성된 다섯 나라(소돔, 고모라, 아드마, 스보임, 소알) 왕들의 연합군을 침공했다. 그돌라오멜이 연합군을 조성한 지역은 오늘날 이란, 이라크 지역에 해당되며 소돔의 엘람 왕을 중심으로 연합된 지역은 오늘의 팔레스타인 지역을 말한다. 그러므로 이들 나라끼리의 싸움이란 오늘날로 치면 '중동전쟁'에 해당된다. 이를테면 '고대 중동전쟁'이라 말할 수 있다.

당시 이란, 이라크 지역에 해당하는 곳에는 석유가 많이 나오기 때문에 역청 구덩이가 많았다. 그러므로 팔레스타인 다섯 나라 연합군은 이 전쟁 작전을 짤 때, 그돌라오멜 군사를 이 역청 구덩이로 유인하여 저들을 빠뜨릴 작정으로 함정(陷穽)을 준비해 놓았다. 그러나 이 작전은 실패했다. 도리어 그 구덩이로는 자기들 군사인 팔레스타인 연합군이 빠지고, 나머지 군사들은 패잔병이 되어 산으로 도망했다. 그리하여 결국 소돔왕 동맹군은 패(敗)하고 말았다.

가나안 지역 다섯 나라 왕들의 연합군들은 이 전쟁을 치르는데 있어 하나님에 대한 의식이 없음은 물론, 회개나 영적 깨달음은 더더욱 없었다. 단지 연합군 구성과 군 장비에 대한 준비만 있었다. 그리고 역청 구덩이를 유리하게 활용할 생각만 했다.

그런데 이런 상황 속에서도 오직 두 사람은 하나님을 믿고 있었다. 한 사람은 소돔에서 자기의 가족과 재산에 대해 전전긍긍(戰戰兢兢)하면서, 믿노라 하면서도 타락의 길을 가고 있는 롯이었다. 다른 한 사람은 국제적(國際的) 동란(動亂)이 결국 자신에게 어떤 영향을 미치게 되는지를 살피고 기도하며 믿음을 지키고 있는 아브람이었다.

당시 소돔과 고모라 성은 형언할 수 없을 정도로 사악(邪惡)했다. 그들의 죄는 참을 수 없을 만큼 악취를 풍기고 있었다. 그리하여 어쩌면 그돌라오멜 동맹 군사는 가나안쪽에 있는 부정한 도시들을 징계(懲戒)하시려고 하나님께서 손에 드신 채찍으로 볼 수 있다. 마침내 소돔성이 함락되고, 롯이 재물을 다 빼앗기고 사로잡혀 갔다는 소식이 들려왔다. 아브람은 이 소식을 듣고 헤브론에서부터 멀리 북쪽의 단까지 사병을 이끌고 나가 전쟁을 치렀다.

그는 이 전쟁에서 승리했다. 그는 전쟁 후 두 왕 곧 소돔왕과 살렘왕 멜기세덱의 영접을 받음으로써 한 순간에 왕과 같은 지위에 오르게 되었고, 빼앗은 재물(財物)과 사람들을 다 가질 수 있었다. 그러나 아브람은 이때 아무것도 가지지 않았다.

그러면 아브람은 왜 이 전쟁에서 얻은 모든 것을 포기하고 여기에 손 하나도 대지 않고 고난의 길로 되돌아 갔을까?

살렘왕 멜기세덱은 아브람이 승리하고 돌아왔을 때 그에게 영광을 돌리지 않았다. 다만 그로 하여금 천지의 주재이신 하나님께서 우리 안에 선한 충동을 주셔서 그와 같은 일을 하게 하신 것으로 믿고 하나님께만 영광 돌리게 했다. 그럼으로써 아브람은 분명한 확신이 생겼다. '이 일은 확실히 하나님께서 하셨다는 것을…' 그리하여 아브람은 승리를 주신 하나님께 영광을 돌리기 위해 십일조를 바칠 것을 결심했다. 이 십일조는 이번 전쟁에 대한 하나님의 주권(主權)

을 인정하는 것이었다.

아브람에게는 승리보다 더 값진 것이 있었으니 그것은 멜기세덱의 축복의 설교였다. 이 순간, 사탄의 유혹에 걸려들지 말고 하나님께 영광을 돌리라는 그 설교가 아니었더라면 아브람은 소돔왕의 유혹에 넘어가고 말았을 것이다. 그래서 아브람은 후히 대접 받을 수 있는 기회를 버리고 다시금 무명(無名)의 순례자(巡禮者)로 돌아왔던 것이다. 아브람의 마음 속에는 아직 하나님께서 주실, 그 무엇이 오지 않았다는 확신이 있었다. 즉 그분이 주실 상(賞)은 아직 오지 않았다고 생각했다. 때문에 소돔성 전리품(戰利品)은 그에겐 그렇게 중요하지 않았다.

●○○ 묵상

이 '고대 중동전쟁'은 우리에게 무엇을 말해주고 있나?

첫째, 소돔왕이 이끈 가나안 지역 연합군의 실패를 먼저 살펴본다. 소돔왕은 사람의 지혜를 믿었다. 다섯 나라 군대가 연합군을 형성하면 엘람왕 그돌라오멜 정도는 이길 수 있을 것으로 생각했다. 그래서 역청 구덩이를 마지노선(Maginot 線)으로 쓰기로 했다.

그러나 그의 생각은 빗나갔다. 그의 예상대로 되지 않았다. 그돌라오멜은 그렇게 어리석지 않았다. 그는 오히려 네 나라 동맹군을 결성하여 쳐들어 왔고 저들이 예상한 길로도 오지 않았다. 결과적으로 소돔왕이 생각한 지혜는 사람의 지혜로, 그 결국은 패망(敗亡)으로 끝났다.

둘째, 롯이 망한 이유도 이와 동일하다. 롯도 하나님의 지혜를 버리고 사람의 지혜를 택했다. 롯은 하나님과의 어떤 만남의 훈련도 없이 자기식대로 모든 것을 해결하기를 원했다. 13장에서 롯이 땅을 선택했을 때도 그는 세상적인 안목(眼目)으로 택했고, 우리는 그 선택이 14장에 와서 롯에게 어떤 결과를 가져 왔는지를 알 수 있다.

롯의 이야기는 다시 19장으로 이어져 거기서 끝을 맺는다. 아브람이 말씀을 가지고 계속 헤매면서 가고 있는 동안 롯은 안전한 성에서 잘 먹고, 잘 살고 있었다. 오히려 롯은 아브람이 말씀을 가지고 시행착오(試行錯誤)하는 것을 시간 낭비라고 생각했다. 그래서 그는 말씀을 버리고 세상 기준대로 살았다. 그러나 그 끝은, 그 결국은 완전 멸망으로 끝났다. 그러므로 14장은 롯의 선택과 판단이 얼마나 어리석었나를 말해주고 있다.

셋째, 14장에서는 하나님 앞에서 인간이 베푸는 '인애(仁愛)'가 어떤 것인가를 가르쳐 주고 있다. 본문을 보면 아브람은 전쟁에서 롯이 사로잡혀갔다는 소식을 듣고는 조카 롯을 구출해 내려고 자신이 거느리고 있는 사병(私兵)을 이끌고 즉시 출정(出征)한다. 여기서 '한 골육'이라는 말에는 친척이라는 뜻보다 더 큰 의미가 있다. 아브람은 롯을 단순한 친척으로 생각한 것이 아니라 함께 부름 받은 믿음의 형제로 생각했다. 우리는 이를 일컬어 그리스도인의 '인애'라고 부른다. 이와 같은 맥락의 내용이 여호수아서에도 나온다.

여리고성의 기생 라합이 목숨을 걸고 히브리 정탐꾼을 숨겨 주었을 때, 저들 또한 자신의 목숨을 걸고 라합과 그녀의 가족들의 생명을 지켜 주었다. 이것이 형제애(兄弟愛)이며 바로 인애(仁愛)이다. 아브람과 롯은 함께 하란을 출발해 신앙의 순례 여정을 떠났는데 두 사람은 너무도 다른 길을 가고 있다. 우리는 '롯 사건'의 결말을 알기에 바른 신앙 선택이 얼마나 중요하며, 그렇지 않고 세상적인 기준으로 판단하고 그 길을 갔을 때 그 결과가 어떤 것인가를 더 이상 물을 필요가 없게 된다.

성령은 묻고 있다. '진정 너는 어느 길을 택해 가고 있느냐?'

Chapter *22*

언약의 신실성

창세기 15장 (창 15:1~21)

2월 첫 주 화요일.

이 해 들어 첫 번 '로고스 교육선교회' 말씀 나눔의 시간을 가졌다. 첫날인데 그만 내가 선교회에 늦게 도착했다. 문 앞에서 무려 10명이 먼저 와서 문이 안 열려 기다리고 있었다. 너무 당황스럽고 미안하기 그지 없었다. 무엇보다 동생 친구되는 자매 부부가 오늘 처음 참석하는 날인데 이렇게 내가 늦다니…

코가 시릴 정도로 쌀쌀하고 매서운 바람이 볼을 스쳐, 머리를 제대로 들 수 없을 지경인데다 거북이 빌딩 엘리베이터가 한 개만 움직여 기다리다 보니 시간이 더 지체되었던 것이다. 늦은 것에 대해 긴 변명은 필요 없다. 다음에는 이런 일이 없기를 스스로 다짐해 본다.

오늘은 창세기 15장을 하는 날이다.

아브람이 두려워하고 갈등하고 있을 때. 왜냐하면 14장에서 아브람이 그돌라오멜 및 그와 함께 한 다른 왕들을 쳐 부수고 승리하여 롯을 구해낸 것은 거의 기적과 같은 일이었기 때문이다. 그러므로 만약 저들이 또 다시 쳐들어온다면, 아브람은 전과 같이 이길 수 있는 자신이 없었다. 때문에 자연히 그는 두려워 할 수 밖에 없었다.

이때 하나님은 환상(幻像)중에 아브람을 찾아와 그를 위로해 주고 힘을 주셨다. "아브람아, 너는 두려워하지 마라! 내가 너의 방패(防牌)요, 상급(賞給)이니라."(창 15:1) 이 말은 아브람이 어려움에 직면할 때 하나님이 대신 막아주실 뿐만 아니라 아브람의 기업(基業 Inheritance)이 되어 주시겠다는 뜻이다.

"내가 너의 기업이 되어 주겠다."는 말씀은 에베소서 1장 18~19절에도 나온다. 즉 하나님은 우리 한 사람 한 사람을 큰 상급으로 갚아주시겠다는 말씀이다. 다시 말해 우리를 위해 얼마나 많은 상급이 기다리고 있는지, 또한 얼마나 큰 능력으로 우리를 붙들고 계신지를 우리가 알기를 바란다는 뜻이다. 그 분은 이 세상의 모든 것을 다 우리에게 주실 뿐만 아니라, 나아가 세상의 모든 것 보다 더 큰 것을 주신다. 즉 하나님 자신을 주신다는 뜻이다. 이런 분이 바로 우리의 하나님이시다.

하나님은 자신이 저주 받으며 멸시와 천대를 받는 한이 있어도 가나안 땅 곧 하나님이 약속한 그 땅을 아브람과 그의 후손들에게 주시겠다는 것이다. 그 증표로 하나님은 자신이 쪼갠 짐승 사이로 타는 횃불이 되어 풀무 사이를 지나가셨다.(17절)

하나님의 몸이 쪼개어지고 하나님 자신이 십자가에 달리는 한이 있어도 우리에게 내려 주시기로 한 이 복을 반드시 주시겠다고 약속하신 것이다. 우리는 이 사실을 믿기만 하면 된다. 횃불이 지나갔다는 것은 하나님 자신이 저주받은 짐승 사이를 통과하셨다는 말이다. 이 얼마나 엄청난 사랑인가!

이와 같은 약속된 축복을 받기 위해 아브람이 한 일이라고는 짐승을 잡아놓고 기다리는 것뿐이었다. 그런데 이 기다림조차 힘이 들었는지, 아브람은 기다리다 지쳐 어둠이 찾아왔을 때 잠이 들어버렸다.

그러면 하나님은 왜 아브람을 어둠 속에서 기다리게 하셨을까?
하나님은 이 어둠으로 상징되는 죄의 실체를, 그로 하여금 경험토록 하기 위해 그에게 어둠 속 기다림을 허용하신 것이다. 아브람을 덮친 이 흑암의 세력은 그를 포함해 인간들의 죄에 대한 무지를 알려주려는데 있는 것이다. 더 나아가서 하나님은 당신의 백성인 이스라엘 민족에게도 이 어둠의 세력이 무엇인지, 400년간의 애굽에서의 노예적 삶을 통해 경험케 하셨다. 바로 왕 세력 밑에 눌려 산 수백 년의 세월은 말하자면 그들에게는 죄의 무게에 눌려 살았던 흑암의 시간이요, 무지(無知)의 시간이었다.

어둠, 곧 흑암은 창세기 1장 2절에서만 언급된 단어로 끝나지 않는다. 오늘 하나님의 생명의 참 빛이 들어가지 않은 곳은 어디든 그곳은 바로 어둠, 흑암의 세력이 지배하고 있는 곳이다. 아직까지 죄의 세력이 덮고 있는 어둠의 지역이다. 이와 같이 천지창조는 자연 세계에서만 있어지는 것이 아니라 인간 영혼 속에도 창조되고 있다. 예수를 진정 만나지 못한 그 곳은 오늘도 여전히 죄의 무게에 눌려 어둠이 지배하고 있는 영역이다.

오늘 처음 출석한 부부의 영혼 속에 그리스도의 참 빛이 비춰지기를 진심으로 기원한다. 어느 때인가 그녀의 입 속에서 '할렐루야! 저, 정말 하나님을 만나서 너무 기쁩니다. 저도 모르는 평안이 제게 임했습니다!' 이런 고백이 나왔으면 좋겠다.

그녀의 질문 : 하나님이 아브라함을 선택하셨다고 하셨는데 그 선택의 기준은 무엇인가요?

대답 : "글쎄요. 그것은 하나님만이 아실 테지요. 그 부분은 인간 쪽에서는 알 수가 없는 것 같아요. 우리는 창조자가 아니라 그 분이 만드신 피조물이니까 피조물 입장에서 창조자에게 어떤 조건으로 선택했느냐고 과연 물어볼 수 있는 일일까요?"

그녀는 나의 이런 대답에 제대로 수긍(首肯)을 못했다. 그녀의 입장에서는 그럴 수도 있겠다는 생각이 들었다. 그러나 여기서 중요한 것은 내가 하나님의 손에 붙잡혀 선택된 자녀가 되었다는 사실이다. 이것은 아무리 생각해도 신비(神秘)에 속한다. '어떻게 내가 말씀에

붙들려 하나님을 나의 하늘 아버지로 믿고, 받아들이게 되었는지…'

오늘 그녀의 질문은 '칼빈의 예정론'을 생각하게 했다. 이들 부부에게 하나님께서 은총을 내리사 참 빛이 저들 심령 속에 비춰져 말씀이 말씀되어 영혼이 되살아 나는 역사가 있어지기를 기원한다.

그녀 남편의 질문 : 이스라엘 백성은 무슨 죄를 져서 애굽에 내려가 400여 년간 종살이를 하게 되었나요?

대답 : 그것은 죄 때문에 내려갔다기 보다 야곱과 그의 가족 70여 명이 가나안 땅의 흉년으로 먹을 것이 없어 내려 갔지요. 그곳엔 이미 형들이 팔아 넘긴 요셉이 보디발의 집을 거쳐 억울한 감옥살이를 끝내고 애굽의 총리가 되어 있는 상태였지요. 애굽으로 내려간 야곱 가족들은 고센지방에 머물러 살게 됩니다. 저들은 바로가 이끄는 세상, 그의 통치 속에서 하나님이 누구신지도 모르는 채 무려 400년의 세월을 보내게 되지요. 그 자체가 죄의 세력하에 있었던 시절이었으며 그 시간은 고통의 시간, 절망의 시간, 억압의 시간이었으며 노예적 삶을 산 시간이었지요. 그 어간에 가나안의 아모리 족속의 죄악은 무르익을 대로 무르익어 이제 하나님께서는 저들을 더 이상 가나안 땅에 남겨둘 이유가 없었지요. 죄악의 세력이 관영하여 쓸어버릴 수 밖에 없는 상황이 된 것이지요. 마침내 '하나님의 때'가 되어 이스라엘 백성들은 애굽을 탈출하여 가나안 땅을 정복할 때가 온 것입니다."

내가 전하는 출애굽 역사를 여기까지 듣고 있던 그녀의 남편은 무엇인가 이해가 된 듯 하면서도 아직도 궁금한 부분이 남아있는 표정이었다.

날씨가 무척 춥다. 찬 바람이 칼 바람이 되어 매섭게 머리카락을 휘감고 지나간다. 모두들 덜덜 떨면서 움츠린 모습으로 걷는다. 그러나 복음으로 달구어진 우리의 영혼은 기뻐 뛰기에, 발걸음은 한결 가볍고 기쁨을 감출 수가 없었다. 말씀이 주는 보이지 않는 풍성한 선물을 안고 회원들과 총총히 헤어졌다.

Chapter **23** 🍃

『브엘라헤로이』의
고백이 있기까지

창세기 16장 (창 16:1~16)

창세기 15장에서 하나님은 아브람에게 두 가지 약속을 해 주셨다. 하나는 후손을 주시겠다는 약속이고, 다른 하나는 땅을 주시겠다는 약속이다. "여호와의 말씀이 그에게 임하여 가라사대 그 사람은 너의 후사가 아니라 네 몸에서 날 자가 네 후사(後嗣)가 되리라 하시고"(창 15:4) "…하늘을 우러러 뭇 별을 셀 수 있나 보라 또 그에게 이르시되 네 자손이 이와 같으리라"(창 15:5) 이에 아브람은 다음과 같이 반응했다. "아브람이 여호와를 믿으니 여호와께서 이를 그의 의(義)로 여기시고"(창 15:6)

이처럼 창세기 15장에 아브람은 믿음의 사람으로 나온다. 하지만 창세기 16장에서 아브람은 불신앙과 유혹으로 인해 고민하게 된다. 아브람이 75세에 가나안 땅으로 들어와서 10년이 지났으므로 그의 나이가 85세가 되었다. 그러나 "네 몸에서 후사가 날 것"이라는 하나님의 약속은 아직 이루어지지 않고 있다.

그런데 이제는 아브람도 늙었고 사래도 늙어 생리적으로 잉태가 불가능한 상황이 되었다. 하나님의 약속이 하나님의 섭리(攝理)와 모순된 것처럼 보였다. 사래는 마침내 자신의 임신 불가능을 인정하고 그녀의 종 하갈을 남편에게 들여보내 동침(同寢)할 것을 제의(提議)했다. 이때, 아브람은 별 망설임 없이 이 제의를 받아들였다.(창 16:2)

드디어 아브람은 하갈을 취하게 되고 세상의 편법(便法)이 채택된 후 아브람 가정에는 복과 화합은 사라지고 갈등의 시간이 시작되었다. 하갈은 자신이 임신한 것을 알자 여주인 사래에게 경멸의 눈초리를 보냈다.(창 16:4) 예상치 못했던 하갈의 오만한 모습과 비웃음에 직면했을 때 사래는 자신의 언질(言質)을 후회했다. 그리하여 사래의 마음에 반발이 일어났고 그녀도 하갈을 학대하기 시작했다. 결국 하갈은 구박(驅迫)을 이기지 못해 그 집을 도망치고 말았다.

하갈은 애굽 쪽으로 가고 있었다. 그때 더 늦어 영원히 돌아설 수 없기 전에, 구원의 문이 닫혀지기 전에, 하나님께서는 그녀에게 개입(介入)하셨다.

"사래의 여종 하갈아 네가 어디서 왔으며 어디로 가느냐?"

"나는 내 여주인 사래의 면전에서 도망하나이다."(창 16:8)

하나님께서는 아브람을 머나먼 우르에서 찾아 내셨듯이 하갈을 애굽 국경근처에서 발견하셨다. 하나님은 당신의 주권적인 은혜로 그녀가 넓은 길로 가고 있는 그 길의 방향을 바꾸게 하사 "네 여주인에게 돌아가서 그녀의 손 아래에 네 자신을 복종시키라."(창 16:9)고 말씀하셨다. 이어서 그녀에게 약속과 예언을 주셨다. 결국 하갈은 아브람의 장막으로 다시 돌아가 사래에게 자신을 복종시켰다. 그리고 아브람이 86세가 되었을 때 하갈은 자연적 출생으로 아들 이스마엘을 낳았다.(창 16:15~16)

우리는 16장을 읽으면서 다음과 같은 몇 가지를 묻고 싶어진다.

첫째, 아브람은 어찌해서 큰 고민 없이 하갈과 동침해서 자녀를 갖도록 해보라는 부인 사래의 말에 쉽게 동의했을까?

둘째, 하갈은 아브람과의 동침(同寢)후 임신 했을 때 어찌하여 전과는 전혀 다른 태도로 여주인 사래를 멸시(蔑視)할 생각을 했을까?

셋째, 사래는 어찌하여 남편 아브람을 늘 주(主)로 고백하다가 16장 5절에 와서는 "내가 받는 모욕은 당신이 받아야 옳도다"하면서 남편을 대하는 태도가 달라졌을까?

넷째, 아브람은 16장 6절에서 사래를 보고 "당신의 여종은 당신의 수중에 있으니 당신의 눈에 좋을 대로 하라"고 말하곤 이 모든 사태에 대해 책임질 생각을 하지 않았을까?

다섯째, 하갈이 술 광야 샘 곁에서 여호와의 사자를 만난 후, 다시 사래의 집으로 돌아가기까지 그녀의 심정에는 어떤 변화가 있었을까?

사래의 입장에서 보면 사래가 하갈을 남편에게 들여보내 자식을 얻고자 했던 것은 당시 관행(慣行)으로, 별로 문제가 되지 않는 일반적 방법 가운데 하나였다. 아마도 사래는 다음과 같은 생각을 했을 것으로 본다. '하나님이 남편 아브람을 통해서 아들을 주신다고 했지, 꼭 나를 통해서 아들을 주신다고 하지는 않았지 않나. 첩을 통해서 준다는 말인데 내가 모르고 미련하게 아무 일도 하고 있지 않는 것은 아닌가?' 그래서 그녀는 생각 끝에 하갈을 아브람과 동침토록 했던 것이다.

여기서 사래의 결정에 대해 생각해 볼 부분이 있다. 우리는 이 세상에 살면서 사회의 일반적인 관습을 전적으로 무시할 수는 없다. 그러나 하나님의 구원과 관계되는 부분에 있어서는 하나님은 세상적인 방법을 완강(頑强)히 거부하신다. 구원은 인간이 이루는 것이 아니다. 구원에 관계되는 모든 부분에 있어서는 성령 하나님이 기름을 바르셔서 인간이 침범하지 못하게 하신다.

그러므로 아브람이 아들을 갖는 부분에 있어, 하나님은 이 일에 기름을 부으셔서 절대로 인간적인 방법으로 아들을 낳도록 하지 않으셨다. 그렇기 때문에 하나님은 여종 하갈을 통해 아들을 얻게 되는 것을 기뻐하지 않으셨다. 그 결과 이 가정에 성령이 떠나고 하나님의 징계(懲戒)의 손길이 나타나기 시작했다.

우리는 그와 같은 사실을 몇 가지 사건에서 발견할 수 있다. 우선,

여종이 자신이 임신한 것을 알고는 감히 여주인 사래를 업신여기기 시작했다. 이는 하나님이 하갈의 마음 속에 여주인을 두려워하는 마음을 제거해버리니까, 여종은 자기가 여주인인 것처럼 착각해 그때로부터 사래를 멸시하기 시작한 것이다. 이것은 인간적인 편법으로 자식을 얻고자 했던 사래에 대한 하나님의 징계이다.

이어서 사래 또한 아브람을 무섭게 공격한다. 평소에 사래는 남편 아브람을 '주'라고 불렀지 '당신'이라고 부른 적이 없다. 지난날 애굽에 내려갈 때도 아브람이 자신을 사람들 앞에서 '누이'라고 부르자고 했을 때, 그대로 그에게 순종하던 사래였다. 그런데 지금에 와서는 다른 모습이다.

사래는 남편도, 여종도, 자아상(自我像)도 다 잃고 말았다. 모든 것이 엉망이 되어 버렸다. 그 이유가 어디 있을까? 그것은 사래가 하나님의 말씀을 끝까지 믿지 못한 나머지 인간적인 편법(便法)을 썼기 때문이다. 따라서 이런 현상은 인간적 방법을 쓴 결과 나타난 일종의 하나님의 징계였다.

한편 아브람의 반응을 볼 때 아브람은 자신이 갖고 있는 리더십을 포기한 것으로 보인다. 그랬기 때문에 사래가 하갈을 학대했을 때 그녀는 급기야 임신한 채로 도망치고 말았다. 상식적으로 볼 때 어찌 감히 여종이 주인의 명(命)도 없이 집을 나갈 수 있단 말인가!

이는 집안에 있는 종도 아브람의 지도력을 인정하지 않는 지경에 이르렀다는 의미다. 이런 일련의 사실을 볼 때 아브람의 가정은 하나님의 축복이 떠나버린 무너진 가정이 되고 말았다.

하나님이 축복하시지 않았을 때, 이 작은 하나님의 나라는 스스로 복종하고 섬기는 관계가 아니라 서로 업신여기고, 판단(判斷)하고, 불순종(不順從)하고, 지도력을 포기하게 되고, 급기야는 여종이 도망치는 사태로까지 변질되고 말았다.

그러나 사건이 터졌을 때 하나님은 사래나 아브람을 책망하는 대신 도망가는 하갈을 잡으셨다.

여호와의 사자는 하갈에게 나타나 이렇게 물으셨다.

"하갈아 네가 어디서 왔으며 어디로 가느냐"(창 16:8a)

"나는 내 여주인 사래를 피하여 도망하나이다."(창 16:8b)

"하나님은 그녀에게 이렇게 말씀하셨을 것이다.

"네가 사래에게 한 짓에 비하면 그 학대(虐待)는 별 것 아니지 않니?"

"그래요, 저는 더 괴롭혔어요."

"그런데 지금 어디로 가고 있느냐?" "이대로 가면 죽는다." "돌아가서 복종하거라." "그것이 너도 살고 네 뱃속에 있는 아기도 사는 길이란다."(창 16:9 참조)

뒤이어 하나님은 하갈이 낳을 아이의 이름을 가르쳐 주셨고, 장차 그 아이가 어떤 위치에서 살아갈 것인가도 알려 주셨다.

이때, 하갈은 자신에게 나타나신 여호와의 사자의 말을 믿고, 받아들임으로써 구원을 받았다. 하갈이 취한 행동 이면에는 다음과 같은 보이지 않는 결단이 따른 것으로 볼 수 있다. 무엇보다 그녀가 바로 응답하기 위해서는 그녀는 사래 앞에서 자신을 낮추어야 하는 일이 있어야 했고, 하나님 앞에 기꺼이 복종해야 하는 일이 남아있었다. 어쩌면 하갈에겐 이 보다 더 어려운 일도 없었을 것이다. 왜냐하면 사래가 그녀를 다시 보았을 때 어떤 반응을 보일지 하갈로서는 두려운 일이었기 때문이다.

이처럼 우리가 하나님의 백성이 된다는 것은 내 기질을 꺾고, 말씀의 멍에를 메는 것이다. 즉 내가 하나님 앞에 죄인임을 인정하고, 남을 나보다 낮게 여길 뿐만 아니라 자존심 상하는 모든 일을 받아들이는 것을 말한다.

하갈은 지금까지 인격적인 신에 대한 인식(認識)이 없었다. 그러나 하나님이 보내신 사자(使者)가 자기의 모든 것을 다 알고 있는 것을 알고는, 하나님은 나를 '감찰(監察)하시는 분'이라고 고백한다. 이와 같은 고백은 이방인의 신앙고백으로서는 놀라운 고백이 아닐 수 없다. 마치 수가성 우물가의 사마리아 여인이 예수를 만나고 나서 동네로 들어가 자신이 만난 그리스도를 고백하는 장면과 같다고 할 수 있다.

16장 11절 말씀으로 짐작해 보건대 하나님은 하갈의 고통의 소리를 들으셨다. "내 주인 아브람의 하나님! 만일 당신이 살아계시다면 나를 이 고통에서 건져 주십시오." 이때 하나님은 그녀의 호소를 들으셨다. 하나님은 하갈을 안심(安心)시키고 태어날 아이의 이름을 '이스마엘'로 알려주셨다. 그 이름은 "여호와께서 네 고통을 들으셨다"는 뜻이다.(창 16:11) 하갈에게 가장 두려웠던 것은 뱃속 아기가 죽임을 당하는 것이다. 그러나 하나님은 아기를 안전하게 지켜주실 뿐만 아니라 그 후손이 번창(繁昌)하도록 해주시겠다고 약속하셨다.(창 16:10) 이처럼 하나님은 이 세상에 있는 모든 사람들을 사랑하신다.

그렇다면 이만큼 놀랍게 이스마엘을 축복해 주시는 하나님의 사랑을 볼 때, 앞으로 태어날 이삭을 향한 사랑과는 어떤 차이가 있는가? 아브람이 낳은 아이라고 하더라도 하나님의 말씀 없이 낳은 아이는 하나님과는 상관이 없는 경우가 있다. 하나님이 아브람에게 주시려는 아이는 이삭이다. 이삭은 하나님께서 말씀으로 약속하신 아들이고 그 말씀이 있었기 때문에 태어난 아들이다. 도저히 아이를 낳을 수 없는데도 말씀이 어떤 신체의 변화를 일으켜 임신하게 되고 출산케 한 아들이 이삭이다.

그러나 하갈을 통하여 태어난 아이는 하나님의 말씀과는 아무 상관이 없다. 그 아이는 단지 인간적 방법에 의해 태어난 아이다. 때문에 이와 같은 경우 하나님은 다음과 같은 메시지를 우리에게 주고 계신다. 아무리 좋은 신앙을 가진 사람이 낳은 아들이라 하더라도 그 아이는 일단 인간적 편법에 의해 출생했을 뿐이다. 그런데 그 인위적인 출생 자체만으로는 하나님의 백성이 될 수 없다.

그러면 어떻게 하나님의 백성이 될 수 있는가?

하나님의 말씀으로 다시 태어나야 한다. 다시 말해 하나님의 백성이 되려면 기적적으로 다시 태어나야 한다. 그와 같은 의미를 보여주는 사건이 이삭 출생이다. 요한복음에서 니고데모와 예수님 대화의 초점도 바로 이 부분이다.(요 3:3~8) 이처럼 이삭의 출생은 하나님의 말씀으로 '거듭나는 것'(born again)을 상징적으로 보여준다.

이삭과 이스마엘은 구원론적 측면에서는 전혀 다른 아이로 태어났다. 그러나 일반 은총적 측면에서는 하나님은 이스마엘을 사랑하시듯이 이 세상에 있는 모든 사람을 사랑하신다. 따라서 이삭을 향한 하나님 사랑과 이스마엘을 향한 하나님 사랑은 비교할 성질의 것이 아니라 다른 차원(次元)의 것이다.

●○○● 묵상

하갈이 아브람 집으로 다시 돌아가기 까지 그녀는 상당한 갈등의 시간을 가졌을 것이다. '한번 싫다고 나온 집을 어떻게 또 다시 들어갈 수 있단 말인가?....' 하지만 하갈은 지금 헤브론으로부터 약 160km나 떨어진 먼 길을 걸어와 애굽으로 가는 길목에 있는 수르 광야의 샘물에 주저앉아 있다. 막막한 벌판에 당도해서 날씨는 덥고 가까스로 우물 곁에 이르렀으니 배도 고프고 얼마나 괴로웠을까? 그녀는 하는 수 없이 도움을 청하기 위해 샘물에서 사람들을 기다리고 있었다.

이 순간, 갑자기 들려온 여호와의 사자의 음성 앞에 그녀는 얼마나 놀랐을까? 이 하늘의 음성은 하갈의 인생이 가장 최저점에 도달

했을 때 들려온 음성이다. 이 음성은 마치 바울이 로마로 압송될 때, 배가 풍랑을 만나 모든 이들이 다 죽게 될 형편에 이르렀을 때 "바울아 두려워하지 말라 네가 가이사 앞에 서야 하겠고 또 하나님께서 너와 함께 항해 하는 자를 다 네게 주셨다."(행 27:24)라고 바울에게 들려오던 그 음성과도 같다.

이를 경험한 하갈은 자신이 만난 하나님을 이렇게 고백한다. "나를 감찰(監察)하시는 하나님!" 그리고 그 분을 만난 샘을 '나를 살피시는 살아계신 이의 우물' 이라 해서 '브엘라헤로이' 라고 불렀다.

신앙은 지식이 아니다. 신앙은 그 분과의 만남이다. 삶에서 만나는 하나님과의 교제이며 그분을 향한 공경(恭敬)과 신뢰이다. 15장에서 '의(義)'로 여긴 아브람의 믿음은 16장에 와서 한 번의 큰 걸림돌을 만나게 된다. 바로 이스마엘 사건이었다.

왜 아브람은 사래의 제의를 큰 고민 없이 그대로 수락(受諾)해 하갈을 취했을까? 사래의 제의를 듣는 순간, 아브람의 마음속엔 잠깐 이성을 작동시키는 사탄의 음성이 들려왔을 것이다. 마치 창세기 3장 1절에서 뱀이 하와에게 "하나님께서 동산 모든 나무의 열매를 먹지 말라 하시더냐?"라고 물었을 때 하와의 머리 속엔 하나님의 말씀 대신 자신의 생각이 떠올랐던 것처럼, 아브람도 사래의 말을 들으면서 '그래 자식을 얻는데 꼭 사래여야 한다는 법은 없잖아. 하나님도 그렇게는 말씀하시지 않았지. 나의 씨만 받은 아이가 태어나면 내 자식이 될 수 있잖아…' 라는 생각이 들면서 스스로를 합리화하기 시작했을 것이다.

우리는 이처럼 종종 하나님의 뜻을 기다리다가 이와 같은 그럴듯한 생각이 고개를 들 때가 있다. 아브람은 '네 몸에서 날 자'가 반드시 사래를 통해서라야 한다는 사실에 대해 의심하기 시작했다. 불신앙은 이처럼 의심(疑心)에서 출발한다. 지금까지는 분명히 '사래의 몸을 통해 날 자'라는 생각을 해오다가 사래의 편법(便法) 제의에 아브람의 신앙이 한 순간 흔들리고 말았던 것이다.

이처럼 믿음은 현재적이다. 오늘 나의 믿음이 어떠하느냐에 따라 내 삶의 방향이 달라진다. 이런 경우를 보면서 믿음이란 점진적으로 사건 속에서 성숙되는 것이고, 믿음은 사건마다에서 하나님의 뜻을 물으며 가는 것이다. 아주 작은 일부터 세세히 그 분의 뜻이 어디 있는지를 물으며 가는 길이다. 그 길은 좁은 길이지만 생명의 길이다.

아브람과 사래 부부는 비로소 진지하게 기도했을 것이다. '집 나간 하갈이 어떻게 되었을까?' 내심 걱정하며 간절히 기도했을 것이다. 왜냐하면 어쨌든 아브람의 씨가 하갈의 몸에서 자라고 있지 않은가! 다른 한편 아브람과 사래도 이 아기 낳는 문제를 한번 크게 터뜨리고 나서야, 하나님의 약속의 때까지 기다릴 수 있었을 것이다. 하나님은 기다린 모든 시간을 상급으로 갚아주셨다.

우리의 신앙생활에서 가장 어려운 것이 있다면 그것은 하나님의 때를 기다리는 일이다. '남들은 다 되는데 왜 나만 안 되는 것일까?' 이는 하나님이 나에 대한 '남다른 계획'을 갖고 계시며, 다른 사람과 나를 다르게 보고 계시기 때문이다.

하나님은 '이스마엘 사건'을 통해 아브람, 사래, 하갈의 기질을 바꾸어 나가시고 있다. 결국 성령의 열매는 기질의 변화로 나타난다. 아브람은 한 낱 여종에 불과한 하갈을 돌보시는 하나님의 손길을 보며 많은 것을 생각했을 것이다. 사래 또한 다시는 인간적인 편법을 써서 자녀 낳는 문제를 해결하려고 하지 않았을 것이다. 하나님의 징계의 손길이 너무 따갑다는 것을 깨달았기 때문이다. 하갈은 이 사건을 통해 자신이 여호와 하나님 앞에 얼마나 소중한 존재이며 감찰하시는 그 분의 손길 속에서 구원의 감격을 안고 살아갔을 것이다.

16장은 성부 하나님, 여호와 사자이신 성자 예수님, 그리고 성령 하나님의 일하심을 분명히 만나볼 수 있는 삼위일체의 귀한 장(章)이다. 또한 16장에서 얻을 수 있는 소중한 메시지가 있는데 그것은 특별히 믿는 가정에 해당된다. 믿는 가정에 뜻 밖의 안 좋은 사건이 터지고 그로 인해 가족간에, 친척간에 반목(反目), 질시(嫉視), 갈등(葛藤)등이 번지고 있을 때에는 반드시 점검해 볼 필요가 있다.

지금껏 없던 정신적, 영적, 인간관계에 지각변동이 생겼을 때에는 그 문제가 어디서부터 발생했나를 곰곰이 생각해 보아야 한다. 이는 대체적으로 어떤 문제에 대해 말씀의 소리 대신 인간적인 편법을 썼을 경우 성령이 떠나갔기 때문에 나타난 현상이다. 아브람과 사래 가정에 성령이 떠났을 때 얼마나 안 좋은 상황이 벌어졌는가를 보면 알 수 있다. 그러므로 다시금 말씀에 비추어 그 사태(事態)를 조명해 볼 필요가 있다. 우리의 진정한 회개(悔改)가 따를 때 주님은 다시 우리를 찾아오실 것이다.

Chapter 24

할례의식 속에 숨겨진
메시지

창세기 17장 (창 17:1~27)

　아브람은 나이가 점점 많아져 감에 따라 자식 낳는 문제는 자기능력 밖의 일임을 알아가기 시작했다. 그래서 이젠 그 문제를 접기로 했다. 그래서 이스마엘이 자라는 것을 보면서 어쩌면 하나님과의 교제도 소원(疏遠)해져 간 것 같다. 그런데 13년이 지난 어느 날, 하나님은 뜻 밖에 그에게 나타나시어 "나는 전능한 하나님이라. 너는 내 앞에서 행하여 완전하라."(1절)고 말씀하신다. 마치 모세가 호렙산에서 떨기나무의 불꽃을 보고 다가 갔을 때 "모세야 네가 선 곳은 거룩한 땅이니 네 발에서 신을 벗으라"고 말씀하시는 것처럼…(출 3:5)

그리하여 하나님께서는 창세기 17장 1절부터 8절까지에서 일방적으로 아브람과 언약을 세우시곤, 그에게 새 이름 곧 '열국의 아비'란 뜻의 '아브라함'이라는 이름을 주신 후 그 분 앞에서 완전하라고 명령하신다. 이는 그에게 회개를 촉구하는 말씀이다.

하나님은 아브람이 하갈을 통해 이스마엘을 얻은 후 긴 시간을 그가 하나님을 다시 찾기를 기다리셨다. 그러나 아브람에게서는 아무런 기적이 없었다. 드디어 하나님께서는 1절에서 "나는 전능한 하나님이라. 너는 내 앞에서 행하여 완전하라."고 말씀하신다. 그리고 나서 아브람과의 약속에 대한 확실성을 가시적(可視的)으로 인(印)쳐 주시기 위해 10절부터 13절까지에서 할례의식(割禮儀式)을 행하도록 명령하셨다.

그렇다면 여기서 말하는 할례의식은 어떤 뜻을 갖고 있는 것일까?

'할례(割禮)'란 남성의 성기표피를 가로질러 베어버리는 것을 말한다. 아브라함에게 '할례'를 명령하셨을 때는 그에게 기대하시는 삶이 따로 있다는 뜻이다. 좀 더 구체적으로 말하면 아브라함이 아들을 얻는 것은 자연적 출생과는 다르다는 말이다. 즉 육신적인 방법으로는 결단코 아들을 얻을 수 없다는 것이다. 이는 마치 표피를 베어내는 고통스러운 과정을 겪고 할례의식을 치르듯이 아브라함 역시 자연적인 출생에 의한 모든 가능성을 잘라 버리는 아픔을 겪고 나서야 비로소 하나님의 방법대로 아들을 얻게 된다는 사실을 암시(暗示)하고 있다.

나아가 '할례'의 또 다른 깊은 뜻은 그리스도의 십자가를 상징한다고 볼 수 있다. 인간의 모든 자연적 가능성을 잘라내어 버리고 그리스도 안에서 거듭나는 순간 참 구원을 얻게 되듯이 할례 역시 같은 의미를 담고 있다고 하겠다.

24~25절을 보면 아브라함이 자신의 표피를 벤 때는 99세였고 아들 이스마엘이 표피를 벤 때는 13세였다. 이제 이 할례의식을 행함으로써 약속의 자녀 '이삭'이 태어나기 전 아브라함이 할 수 있는 모든 작업은 끝난 셈이다. 결국 아브라함은 이삭이 태어나기 전, 믿음으로 '할례'를 행함으로써 온전히 하나님을 믿는 믿음으로 거듭나게 된다. 그러므로 약속의 자녀 이삭은 믿음에 기초하여 태어난 아들이다.

26~27절에서, 아브라함은 모든 것을 내려 놓고 믿음대로 할례를 행하였다. 이제부터 하나님은 아브라함 생애의 전 주도권을 당신 자신이 잡으시고 그를 움직이기 시작하신다. 마침내 이삭은 태어날 준비가 다 되어가고 있다.

◐ ○ ○　묵 상

할례의식은 세상 사람과 하나님 백성을 구별시키는 의식이다. 할례의 '베어버린다'는 말 속엔 자신이 일단 죽는 것을 상징한다. 십자가 역시 죽음을 상징한다. 그러므로 할례란 십자가와 일맥 상통한다. 나의 시기, 질투, 증오, 억울함 등이 다 죽는 것을 말한다.

아브라함이 받았던 할례의식은 일차적으로 아브라함의 기존 틀을 깨는 것을 상징한다. 그가 20여 년간 가지고 있던, 자기집착(自己執着)에서 벗어나는 행위를 상징화하고 있다. 참 진리를 향해 버려야 할 것들, 바로 비 진리를 벗는 과정이라 하겠다. 그러므로 아브라함이 할례를 행하였을 땐, 이미 그의 속에는 죽음에서 삶으로의 변화가 일어났다고 볼 수 있다. 그러지 않고서는 하나님의 말씀 명령이 떨어진 바로 그날, 그렇게 본인과 온 가족이 할례를 받기가 쉽지 않았을 것이다. 아브라함의 보이지 않는 믿음이 보이는 믿음의 행위로 나타난 것이 바로 '할례의식'이다. 하나님은 그 믿음을 보시고 믿음의 선물로 이삭을 주신 것이다.

오늘의 할례는 내가 십자가 속에서 내 살이 찢기는 과정이다. 왜냐하면 나 또한 십자가 과정을 거치지 않고는 내 안에 거듭남의 실체는 존재 할 수 없기 때문이다. 십자가의 궁극적 진리 앞으로 내가 인도함 받기 위해 때로 내게 죽을 뻔 했던 사건이 있었고, 내 힘으로는 어쩔 수 없는 절체절명(絕體絕命)의 시간이 있었으며 크고 작은 아픔과, 슬픔과, 고뇌의 순간들이 있었음을 이제야 알 것만 같다.

아브람이 이스마엘을 낳고 하나님 음성을 못 들었던 13년 세월은 아브라함 자신의 껍질이 벗겨지는 시간이었다. 씨가 땅 속에 묻혀 습한 물기를 머금었던 시간, 그 시간이 아브라함에겐 영적 표류(漂

流)의 시간일 수 있지만 어쩌면 영적 도약(跳躍)의 준비기간 일 수도 있다. 그것은 마치 나비가 화려한 비상(飛上)을 하기 위해선 여러 해 동안 어두운 땅속에서 번데기로 있어야 하는 시간과도 같은 것이었을 것이다.

　나 또한 하나님이 말씀을 주시지 않았던 침묵의 시간들은 내가 하나님을 만나기 위한 갈망의 시간이었는지도 모른다. 마치 누에고치가 누에 실을 뽑아 내기 전 고치 속에서 자라고 있는 시간이 어쩔 수 없이 있어야 하는 것처럼….

　죄의 끈질김이 내 안에 얼마나 강한 자석처럼 붙어있는 줄 미처 몰랐다. 자기신화(自己神話) 벗겨 내기가 이토록 어렵고 긴 시간이 필요한지 전엔 알지 못했다. 나는 그것이 '죄' 라고 여기지도 않았다. 아브라함도 역시 그랬을 것 같다.

　너무 늦은 나이에, 이제 나는 내가 하나님 앞에 얼마나 죄 된 존재인지 조금씩 알아가기 시작한다.

Chapter **25**

마침내 얻게 되는
복된 소식

창세기 18장 (창 18:1~33)

18장 2절에서 8절까지 보면, 아브라함이 손님대접을 극진히 잘하는 모습이 나온다. 이 모습은 아브라함이 하란을 떠나 가나안 땅에 들어와 그가 행한 일 가운데 특별히 두드러진 장면이다. 그처럼 친절하게 아브라함이 손님대접을 하는 모습을 보면 아마도 하나님께서 내려주시겠다고 약속하시곤 마침내 허락하신 큰 믿음의 선물을 받고 나서 너무 기쁜 나머지 그렇게 행동한 것 같다.

큰 선물이란 전장 17장 19절에서 하나님께서 아브라함에게 말씀하시기를, 사라가 아들을 낳게 될 터인데 그 아이의 이름은 '이삭'이며, 뿐만 아니라, 그 아이가 태어나는 시기는 '내년 이맘때' 라는 것이다. 얼마나 긴 세월 기다리던 아들이었는데 그 아들을 내년 이맘때 주시겠다고 하셨으니 오죽이나 기뻤을까? 오히려 상상이 안 갈 정도다.

물론 그는 평소에도 남에게 잘 베푼 것을 알 수 있다. 즉 14장 24절에서, 아브라함이 조카 롯을 구하기 위해 그는 자기의 사병을 이끌고 전쟁이 터진 그 밤에 적진을 향하여 쳐들어 갔다.

그돌라오멜과 적의 다른 왕들과 싸워 이긴 후 자신은 전리품 중 아무것도 가지지를 않았지만 그날 함께 전쟁에 참여한 자기 편 젊은 이들에게는 먹을 것을 주었으며 장수들에게는 전쟁의 공로를 치하하기 위하여 분깃을 나누어 주었다.

다시 한번, 본문 18장 6절부터 8절을 살펴보면, 아브라함은 어느 날 낮에 그 곳을 지나가는 '사람 셋' (18:2)을 불러 쉬어 갈 것을 간곡히 권유하며 저들에게 지극 정성으로 음식을 대접한다. 아브라함은 그 나그네를 '천사'로 볼 수 있었던 것이다. 10~12절에서 보면, 그때 천사들은 아브라함에게 다시 한번 내년 이맘때, 사라가 아들을 낳게 될 것을 말해 준다. 그 순간 사라가 장막 뒤에서 이 소식을 듣고는 피식 웃는다. '하나님은 어떻게 사라가 장막 뒤에서 웃는 모습을 보셨을까? 사람이면 벽 뒤에서 웃는 모습을 볼 수 없을 텐데 …'

아무튼 사라는 웃지 않았다고 말하고, 하나님은 '네가 웃었노라' 말씀하신다.(15절) 이 얼마나 정겨운 모습인가. 하나님께서는 사라에게도 이 엄청난 기쁨의 소식을 알려주고 싶으셨던 것이다. 그리하여 하나님께서는 아브라함과 사라 두 사람에게 분명히 '내년 이맘때' 아들을 얻게 될 것을 알려주시고, 저들을 떠나 소돔성을 향하여 가고 계셨다. 그 사이에, 소돔성 멸망에 대해 아브라함과 수 차례 대화를 주고 받으신 후 결국 소돔성의 최후를 보시기 위해, 아니 참담한 심정으로 그 곳 소돔성을 멸하시기 위해 아브라함 곁을 떠나가셨다.

●○○ 묵상

하나님은 아브라함에게 고향을 떠날 때 아들을 주시겠다고 오래 전 약속하시곤(창 12:2), 그 약속은 25년 만에 이루어진다. 하나님께서 정말 늦게 주고 싶으셔서 그렇게 하셨을까? 그것이 아닌 것 같다. 아브라함이 그 아들을 받을 준비가 아직 안되었기 때문이다. 아브라함이 기다린 것이 아니라 하나님께서 기다리신 시간이 25년이다. 인내는 그 분이 오히려 감당하셨던 몫이다.

나에게도 이 현상은 적용되는 것 같다. 내가 붙들고 있는 문제들, 그것은 내가 아직 받을 수 있는 준비가 안되어서 하나님이 그 일을 못 이루어 주심을 본문 17장과 18장 묵상에서 깨닫게 되었다.

아들 '이삭'은 하나님이 내려주신 기적의 선물이다. 하나님의 주도적 역할이 작동하기 시작한 것은 결국 아브라함이 쥐고 있던 그 끈이 풀어질 때이다. 이쯤에서 하나님은 비로소 핸들을 잡으시고 아브라함을 이끌어 가실 수 있는 경지에 이른 것이다.

나의 믿음은 지금 어디쯤 와 있을까? 하나님은 내가 어떻게 하나님 앞에서 걸어가기를 원하시나?

마침내 아브라함과 사라의 동역에 의해 기적의 역사는 이루어졌다. '내년 이맘때' 이삭은 태어날 것이다. 두 사람은 믿고, 그 믿음으로 순종했다. 하나님께서는 인내와 열심을 품고 이렇게 구원 역사를 이루어 가신다. 그런데 아브라함은 잘 따라와 주는 듯 하다가 이따금 하나님을 실망시켰다. 그 실망의 뒤끝에, 인간적 편법을 써서 이스마엘이 태어나게 된 것이다. 그러나 이스마엘에게도 큰 복을 내려주셨다. 이처럼 하나님의 사랑의 그 깊이와 폭은 우리의 생각을 초월(超越)하여 나타난다.

아브라함은 이스마엘을 얻기 전, 여러 번 하나님을 만나는 체험을 했다. 그러나 그는 안타깝게도 사래의 말을 듣고는 하갈을 취해 이스마엘을 얻게 된다. 이 일은 하나님 마음을 몹시 섭섭하게 해드렸고 성령은 잠시 이 가정에서 떠난다. 성령이 떠난 가정에는 반목(反目)과 질시(嫉視), 불화(不和)가 잦아져 하갈은 학대에 못이겨 도망갔다가 하나님의 도우심으로 다시 아브라함 집에 돌아와 이스마엘을 낳게 된다.(16장)
그리고는 이어서 17장, 18장을 거치면서 아브라함의 믿음은 완전히 한 차원 높은 믿음으로 승화된다. 그러면 어떻게 아브라함의 믿음이 승화(昇華)된 것을 알 수 있을까?

하나님은 17장에서 아브라함에게 사라를 통하여 아들을 주실 것과 그 시기까지 알려주셨다. 그러할 때, 아브라함은 이 말씀을 믿고 그 믿음의 표시로 자신과, 이스마엘과, 집안 권속뿐 아니라, 돈으로 산 타국인 모두에게도 할례를 행한다. 여기서 아브라함의 이와 같은 할례 행위는 이제는 하나님 앞에 자신은 죽고, 하나님이 하시는 모든 일을 온전히 따르겠다는 믿음의 고백이다.

18장에서는 아브라함은 할례 후 거듭난 기쁨을 안고 손님대접을 자원하는 마음으로 한다. 이것은 아브라함이 하나님의 말씀을 영으로 받고 믿음으로 행동에 옮긴 또 하나의 증표이다. 진정, 속에서 우러난 기쁨으로 그는 정성껏 세 천사를 대접했다. 이 일 후 아브라함은 여호와 하나님(세 천사 중 한 사람)으로부터 17장에서 들었던, 사라가 아들을 낳게 될 시기를 또 한번 확인 받게 된다.

하나님은 나에게도 나의 믿음을 성숙시키기 위하여 아브라함에게 하셨던 그 열심을 가지시고, 졸지도 않고, 주무시지도 않고, 일하시는 하나님이시다. 이삭은 기쁨을 상징한다. 고뇌 끝에, 포기 끝에 얻은 아들인데 왜 기쁘지 않겠는가!

나의 방황, 나의 갈등, 나의 번민 끝에 만나게 된 예수 그리스도. 그 분 안에 들어감은 곧 이삭을 얻는 기쁨과 맞먹는다. 그래서 이 사건이 그렇게 중요한 것이다.

소돔성 멸망과
롯의 종말

창세기 19장 (창 19:1~38)

●

●

　창세기 19장에서 모세가 성적인 관계기사로서 이토록 끔찍한 역사를 기록한 데에는 반드시 이유가 있다. 그는 왜 이런 기사를 여기에 썼을까?

　지금 이스라엘은 애굽에서 막 탈출하여 광야생활을 하면서 가나안을 향하여 가고 있다. 그런데 그 땅에는 그들보다 신앙이 훨씬 뒤진, 모압과 암몬 족속들이 이미 정착해서 잘 살고 있다. 여기서 모세는 비록 이스라엘 백성들이 노예생활에서 해방된 지는 얼마 안되지만, 그리고 아직 가진 것도 없지만 그들이 모압, 암몬 족속들 보다는 훨씬 존귀한 존재(存在)라는 것을 깨달으라는 의미에서 이 말씀을 기록한 것으로 본다. 또한 이스라엘 백성들이 애굽으로부터의 구원의 의미를 제대로 깨닫지 못하고 자기 문제에만 빠져버린다면 롯이나 두 딸과 마찬가지로 차라리 멸망 당하느니만 못한 경우가 생길 수도 있다는 것을 경고하고 있다.

모세의 이런 우려는 결국 현실이 되었다. 이스라엘 백성들은 가나안에 들어가 더 이기적이고 부도덕한 욕망에 사로잡혀 살았기에 결국 백성 전체가 가나안 땅에서 쫓겨나 바벨론 포로로 붙잡혀 끌려가 노예생활을 하게 된다.

하나님께서는 소돔성을 멸망시키기 전 왜 소돔성의 타락한 모습을 이처럼 구체적으로 보여주시는 것일까?

하나님은 사람이 사람 되기를 거부하는 가장 무서운 죄는 바로 성(性)적인 방종(放縱)이라고 생각하셨다. 따라서 인간에게 가장 중요한 도덕적 기준은 다름아닌 성(性)적인 기준이라는 것을 알리고 싶으신 것이다.

하나님은 이와 같은 사실을 이미 창세기 6장에서 밝히신 바 있다. 창세기 6장 2절을 보면 "하나님의 아들들이 사람의 딸들의 아름다움을 보고, 자기들이 좋아하는 모든 여자를 아내로 삼는지라" 이어서 3절에서는 하나님께서 "나의 영(靈)이 영원히 사람과 함께하지 아니하리니 그들이 육신(肉身)이 됨이라"라고 말씀하고 있다. 이처럼 하나님은 대홍수 심판사건에 대한 근본 이유를 이 두 절에서 분명히 밝히고 계신다.

그렇다면 하나님께서 마지막 내리시는 종말적 재앙도 결국은 성적인 문제라는 것을 우리는 미루어 알 수 있다. 마찬가지로 19장도

앞부분부터 이 문제를 다루고 있다. 본문에서는 소돔을 방문한 자가 여호와의 두 천사라고 명명되고 있다. 이들 천사는 이미 18장에서 아브라함을 방문한 세 사람 중 두 사람을 일컫는다.

19장에서는 소돔을 방문한 그 두 사람을 천사(天使)라고 부르고 있다. 한 분 하나님은 아브라함과 소돔성 멸망에 대해 대화를 나눈 후 떠나신 분이다. 18장에서 하나님은 아브라함을 친구로 여기시고 (창 18:17) 19장에서 일어날 심판에 대해서 미리 말씀하고 계신다. 이때 아브라함은 내심 소돔성에 살고 있는 조카 롯을 살리기 위해 수 차례 하나님께 간구하는 장면이 나온다.

19장에서 전개되는 소돔성의 죄악은 우리가 상상하는 그 이상이었다. 그것은 천사에 대한 성폭력으로써, 통상적으로 생각해 온 동성연애보다 더욱 더 심각한 상황이다. 때문에 이는 창세기 6장 1~4절이 증언했던 "하나님의 아들들과 사람의 딸들의 결합"이 초래한 그 죄악과 상응(相應)을 이루는 죄악으로 간주(看做)할 수 있다. 다시 말해 노아 홍수 심판의 동기와 소돔성의 불 심판 동기는 평행선 상에 있다고 할 수 있다.

신(神)의 아들들과 사람의 딸들의 한계선의 붕괴(崩壞), 그리고 이제는 사람들이 도리어 천사들에게 선제공격(先制攻擊)하여 성폭행을 한다는 것은 우주적 질서의 붕괴라 할 수 있다. 마치 노아 홍수가 하나님 창조질서의 전면적 붕괴였던 것처럼……

19장에 나타난 성적 사건을 보면 이는 성적인 총체적 아노미 (anomie) 현상이 표출되는 현상이다. 4절에는 "…소돔 백성들이 노소(老少)를 막론하고 원근에서 다 모여…" 즉 젊은이, 노인까지도 성폭력에 가담하고 있다. 7절을 보면 롯은 문 밖의 무리들을 보면서 "형제들아!"라고 부른다. 이는 소돔의 타락한 부도덕이 롯의 가치관을 이 정도까지 왜곡시켜 놓았다는 얘기다.

8절에 가서는 롯은 방어할 자신이 없고 두려운 나머지 저들에게 자기의 딸들을 내 주겠다고 말하고 있다. 이처럼 소돔의 남자들은 감히 누구도 간섭하지 못할 정도로 호전적(好戰的)이며, 공개적(公開的)이고, 적극적(積極的)이었다.(9절)

마침내 천사들은 롯을 집안으로 끌어들이고 무리들의 눈을 멀게 했다. 그러나 이들은 여전히 문 입구를 찾느라고 헤매고 있었다. 저들의 정욕은 이처럼 그칠 줄을 몰랐다. 롯은 천사들의 말을 듣고 딸들과 사위 될 사람들에게 서둘러 소돔성을 떠날 것을 일렀으나 사위들은 그 말을 농담으로 여겼다. 롯의 아내 역시 천사들의 말을 무시하고 뒤를 돌아보다가 소금 기둥이 되었다. 불과 유황이 하늘에서 비처럼 쏟아지고 있을 때, 그 대 재앙의 끝자락에 서있던 그녀는 소금기둥으로 변하고 말았다. 성경은 이 사실을 우리 모두에게 경고해 주기 위해 그녀를 영원히 말씀으로 보존하고 있다.

롯의 두 딸도 소돔 죄악에 젖어 전혀 성도덕 관념이 없었다. 딸들은 영적으로 죽어 있었다. 때문에 소돔에서 건짐 받은 그녀들이었지만 마치 자신들의 행동이 완전히 정상적인 것처럼 노골적인 불의를 자행했다. 그 결과로 모압과 암몬이 태어났다. 후에 모압족속은 이스라엘을 대적하는 적의(敵意)에 찬 이웃이 되었고, 암몬족속은 끊임없이 떠도는 유목민이 되어 이스라엘을 대적하는 편에 서서 항상 기회를 엿보았다.

그렇다면 소돔의 멸망은 우리에게 무엇을 말해주나? 이 재앙과 연관하여 롯의 비극적 종말은 또 어떤 의미로 다가오는가?

롯은 천사들이 소돔의 멸망에 대해 알려 주었을 때 '설마 이 성(城)이 한꺼번에 망하기야 하겠는가?' 라고 생각했다. 때문에 롯은 소돔성을 나갈 준비가 되어있지 않았다. 롯은 소돔이 언제나 여전할 것으로 여겼다. 그래서 그는 소돔을 믿었고 소돔에 자신의 모든 것을 투자했다. 롯의 사위들도 같은 생각을 했을 것으로 본다.

그러나 성경은 그렇게 말하지 않는다. 이 세상은 언제든지 붕괴할 수 있다는 것이다. 언제든지 지진이 일어날 수 있고, 화산이 터질 수 있고, 때로 홍수나 산 사태가 날 수 있다. 확실하고 불변한 것은 하나님의 말씀 밖에 없다. 이 사실을 단적으로 말해주는 것이 소돔성 멸망이다. 이 소돔의 멸망은 하나님이 전쟁을 억제하던 손을 거두셨기 때문에 일어난 것이 아니다. 하나님은 적극적으로 불과 유황을 퍼부어서 완전히 그 땅을 덮어 버리셨다. 그 분의 적극적인 심판 행위다. 마치 노아 홍수가 우주의 전면적 붕괴인 것처럼, 세계 역사 속에서 어떠한 대 재앙보다도 소돔의 멸망은 다가올 세상에 대한 심판의 대표적 예(例)다.

예수께서도 말씀하셨다. "롯의 때에 있었던 것과 같으리니 사람들이 먹고, 마시고, 사고, 팔고, 심고, 집을 짓더니 롯이 소돔에서 나가던 날에 하늘로부터 불과 유황이 비 오듯 하여 그들을 멸망시켰느니라. 인자가 나타나는 날에도 이러하리라"(눅 17:28~30)

소돔의 멸망은 불변의 원칙에 근거하여 유사한 사건을 우리로 하여금 눈여겨 보도록 제시하고 있다. 동일한 상황이 앞으로 주어진다면 하나님께서는 전에 소돔성 멸망 때 행하던 것과 같은 방법으로 행하실 것이다. 그러므로 소돔의 운명과 롯의 일촉즉발(一觸卽發)의 상황에서의 탈출은 다가 올 세상의 운명과 교회의 아슬아슬한 긴박한 탈출을 예시(豫示)해 주고 있다.

●○○ 묵상

롯의 이야기는 창세기 12장, 족장 역사로부터 출발한다. 롯과 아브람은 하나님이 아브람을 갈대아우르에서 불러 가나안 땅으로 가도록 명령한 그 때로부터 연결이 된다. 하나님의 부르심을 받은 아브람은 조카 롯을 데리고 고향을 떠나 하란을 거쳐 가나안으로 들어간다. 말하자면 롯은 아브람의 신앙여정에 따라 나선 것이다. 그랬기 때문에 어쩌면 롯의 신앙은 아브람의 신앙을 보고 따라가는 형편이다.

창세기 12장 이후 13장, 14장, 18장, 19장까지 이어지는 롯 이야기는 이렇게 해서 시작되었다. 그런데 19장까지 오면서 롯에 관한 기사에서 주목할 부분이 있다. 그것은 롯이 하나님의 음성을 직접 듣고 그 음성을 따라 믿음의 여정을 걷게 된 부분을 거의 찾아볼 수 없다는 것이다.

그가 하나님께 간절히 기도한 부분은 19장 중반부에서 소돔성을 극적으로 탈출한 후, 그것도 천사의 손에 이끌리어 끌려가다시피 그

성을 빠져 나온 후, 17~20절에서 생명보존을 위해 소알성에 보내달라고 기도하는 장면이 전부이다. 이처럼 롯은 아브람 곁에 있었지만 그가 진정으로 하나님을 만난 장면은 보여지지 않는다. 그리고는 19장에서 롯의 비참한 종말을 끝으로 롯의 기사는 성경에 더 이상 구체적으로 나타나지 않는다.

그러면 '롯'에 관해 19장이 들려주고 싶은 핵심적 메시지는 무엇인가?

롯은 아브람을 따라 나섰지만, 그는 믿음과는 거리가 먼 부끄러운 삶을 살았다. 그가 그렇게 살 수 밖에 없었던 근본적 이유는 그는 진정으로 하나님을 못 만났기 때문으로 본다. 아브람의 신앙여정은 시간이 흐를수록 하나님의 음성을 더 가까이 들으며 한 걸음, 한 걸음 걸어가는 삶이었다. 그러나 이와는 대조적으로 롯은 비록 아브람과 함께 살고는 있지만 그는 인격적, 실제적 하나님의 음성을 못 듣고 살아가고 있었다.

오늘 우리에게도 이 말씀은 무서운 경고의 말씀이다. 오늘 나는 과연 하나님의 음성, 곧 말씀을 들으면서 그 말씀과 함께 가고 있는 진정한 신자인가? 아님 주일에 교회만 출석하는 교인인가?

혹시라도 우리 가운데 '교인'으로서 수십 년간 교회는 다녔지만 하나님의 음성을 못 듣고 살아가는 사람이 있을 수 있다. 그러할 때 그의 인생 마지막은 어떻게 끝날지 모른다. 그러므로 믿음 생활이란 참으로 두렵고 떨리는 삶이다.

그렇다면 하나님의 음성을 들으며 신앙의 모험을 하고 있는 아브람의 삶은 어떠한가?

그의 삶에서 그는 계속적으로 롯을 돌보려 하고 있다. 그 구체적인 사건이 13장에서는 롯과의 재산 분배 문제이고 14장에서는 전쟁터에서 롯을 구해내고 그의 재물도 도로 찾게 해 주는 사건이다. 몇 가지 예를 더 든다면 18장에서는 하나님께 소돔성 멸망에 앞서 롯을 살려내기 위해 수 차례 중보기도를 드린다. 마침내 19장에서 소돔성이 굉음과 함께 파멸될 때 아브람의 중보기도는 헛되지 않아 롯의 생명을 구해낸다. 이것이 믿는 자의 삶의 자세라고 본다. 남을 위해 자신을 기꺼이 희생시키는 삶! 우리는 아브람의 삶의 모습에서 이런 부분을 발견할 수 있다.

반면에 롯은 자신의 재물에 연연(戀戀)하여 가축을 위해 땅을 넓히려고 요단 계곡의 눈에 보이는 좋은 땅을 고른다. 그것도 모자라 재물에 욕심이 나서 더 좋아 보이는 소돔성 쪽으로 점점 깊숙이 들어간다.

천사들이 롯의 생명만은 건져내 주려고 소돔성에서 서둘러 나가자고 재촉해도 그는 선뜻 따라나서지를 않았다. 마침내 불과 유황불이 하늘로부터 비 같이 내리는 가운데 소돔성의 모든 사람이 다 성 안에서 죽어가고 있는데, 하나님은 그 가운데에서도 롯에게 긍휼을 베풀어 그를 살려 내신다. 아브라함의 중보기도가 하나님 심정을 움직였기에 하나님은 다시 한번 은혜를 베풀어 주셨다.

소돔 멸망 후 구사일생(九死一生)으로 살아난 롯이건만 그는 참으로 여전히 하나님의 음성을 못 듣는 자로 나온다. 그리하여 보내달라고 간청한 소알성에서도 그곳이 안전치 않을 것으로 여겨 목숨을 위해 산 속 굴로 들어가고 만다. 소알성 사람이야 죽든 말든 자기 가족만 살자고 그 성을 떠나버린다. 이때 하나님 마음을 조금이라도 헤아릴 줄 아는 롯이었다면 어찌 자기만 살겠다고 그곳을 떠날 수 있었겠는가. 오히려 그가 니느웨성에서 외쳤던 요나처럼 되기를 하나님은 바라시지 않으셨을까?

그러나 그는 죽을까봐 두려워서 두 딸을 데리고 산속 굴로 들어간다. 그리고는 그 곳에서 패륜아(悖倫兒)적 행동을 저지른다. 그것도 두 번씩이나. 성경은 이 부분을 롯이 술에 취해 몰랐다고 나온다. 정말 그럴까? 이는 롯의 마지막까지의 타락 장면을 이렇게 표현했다고 본다.

그렇다면, 롯은 정말 베드로후서 2장 7절의 "무법한 자들의 음란한 행실로 말미암아 고통 당하는 의로운 롯을 건지셨으니"라는 말씀에 비추어 볼 때 진정한 의인이라 할 수 있을까? 롯의 결국은 부끄럽고 비참하게 끝난다. 이것이 바로 믿음을 가졌노라 하면서 그 믿음이 나를 확고히 붙잡아 주지 못할 때 보여질 수 있는 현상이다. 그러므로 바른 믿음이란 매일매일 하늘의 음성을 들으며 그분을 믿고 따라가는 순종의 삶, 바로 그것인 것이다.

롯의 삶은 어쩌면 오늘을 사는 우리와 너무 흡사한 것 같다.
재물이냐, 하나님이냐, 하나님 자리에 재물이 들어와 하나님을 대신할 때가 있다. 손에 쥐어지는 재물의 위력은 하나님보다 더 크

게 보일 수도 있다. 그러나 오늘 말씀은 재물에, 향락에, 사치에, 성
적 쾌락에 연연했던 결과들이 어떤 것으로 끝나는 가를 솔직하게 표
현해 줌으로써 소돔성에 살고 있던 롯 이야기는 오늘 우리에게 실제
적이고 충격적인 사건으로 다가올 수 밖에 없다.

Chapter **27** 🍃

사라의 잉태와
하나님의 열심

창세기 20장 (창 20:1~18)

아브라함이 그랄 땅에 이르렀을 때 그는 창세기 12장에서처럼 또다시 부인 사라를 누이라고 속였다. 그래서 그랄 왕 아비멜렉은 아무런 주저함 없이 사라를 부인으로 맞이한다. 하나님은 이때 아비멜렉의 꿈에 나타나 "네가 사라를 취하면 너는 반드시 죽게 된다"고 엄히 경고하신다.(창 20:3) 이는 사라가 아브라함의 부인인 것을 강력하게 아비멜렉에게 가르쳐 주시기 위함이었다.

그 꿈 이후 바로 다음날, 아비멜렉은 아브라함을 불러서 그를 책망하고, 자신이 죄질 뻔 한 것에 대해 호되게 문책(問責)한다. 그리곤 그에게 양과 소와 종들을 주고, 사라에게는 그녀의 수치를 가리게 하려고 아브라함에게 전하라고 은 천 개를 주어 돌려보낸다.

한편, 하나님은 이 같은 사건이 벌어지고 있는 동안 아비멜렉 집안의 모든 여인의 태문을 막으셨다. 그것은 사라의 연고(緣故) 때문이다. 다시 말해 하나님은 사라를 통하여 이삭을 태어나게 할 계획을 갖고 계셨기에 다른 태의 문이 열리도록 하는 것을 일단 막으셨다.

사라의 몸은 하나님께서 그녀의 태문을 열어 아들 이삭을 낳게 할 몸이다. 따라서 아비멜렉이 여기에 관련되면 혼선(混線)이 오기 때문이다. 하나님은 이 일에 대해서는 오직 아브라함과 사라만을 관련시켜 약속의 씨를 잇게 하려는 계획을 갖고 계셨기 때문이다. 이것은 하나님의 일방적 약속이요, 전적으로 하나님의 주권적 언약이다. 하나님은 또 한번의 아브라함의 잘못에도 불구하고 사라를 아비멜렉으로부터 무사히 빼내시고 아브라함에게는 많은 재물과 종들을 얻게 하셨다.

위의 사건 과정을 거치면서 아브라함은 자신이 얼마나 이기적이며 실수가 많고, 하나님의 은혜를 망각(忘却)하는 존재일뿐더러 하나님을 온전히 믿지 못하는 죄 된 존재임을 깊이 자각하게 된다. 때문에 그는 하나님 앞에 얼굴을 들 수 없는 부끄러운 존재임을 통감(痛感)한다.

이 일 후에 즉 사라를 다시 찾은 후 아브라함은 아비멜렉을 위하여 중보기도할 마음을 갖게 된다. 아브라함은 진정한 자신의 나약한 모습과 허물 많음을 절감(切感)하며 아비멜렉을 위하여 중보기도를 시작한다. 아브라함은 아비멜렉 집안의 태의 문이 열려지도록 간절히 기도한다. 그 기도를 들으시고 하나님은 드디어 그 집안의 태문을 여시사 자녀를 잉태케 하신다. 즉 아비멜렉과 그의 아내와 여종을 치료하사 불임의 상태를 풀어주시어 임신케 하신다. 이것이 중보기도의 위력이다. 이런 자세가 중보기도자의 자세이다.

우리는 이 사건에서 생명의 태어남은 오직 하나님의 손 안에 있음을 고백하지 않을 수 없다. 이런 일련의 사건들이 벌어진 다음, 21장에서 이삭이 출생하게 된다. 그러므로 20장에서 사라의 태(胎)와 관련해서는 인간은 누구도 관여할 자격이 없다. 하나님은 아무도 사라에게 손을 못 대게 하시곤, 오직 당신만이 그녀를 지키시고 간섭하신다. 이 일을 일컬어 20장 18절에서는 '사라의 일'이라고 말씀하신다.

드디어 21장에 와서 사라를 권념(眷念)하사 말씀으로 손을 대시기 시작하여 언약하신 대로 이삭을 태어나게 하신다. 우리는 여기서 다시금 하나님께서 구원의 핵이 되는 씨를 사라를 통해 기필코 주시고자 하는 하나님의 집념과 열심을 만나게 된다. 그 열심 때문에 그분은 아들까지도 이 땅에 사람으로 내려 보내셨다.

●○○ 묵상

아브라함이 겪는 경험에 나를 비추어 볼 때, 하나님 앞에 내가 얼마나 귀한 존재인가를 새삼 깨닫게 된다. 그런데 그렇게 사랑 받는 존재임을 잊어버린 채, 어떻게 하면 오늘 이 세상에서 살아 남을 수 있는가를 고민하며 내 의지로 여러 편법을 써 적응해 보려고 애를 쓴다. 그러나 하나님께서는 그러한 편법 대신 본래의 나 자신의 모습을 되찾으라고 말씀하신다.

아브라함이 이렇게 퇴보하는 장면은, 롯을 구원하는 일에 중요한 역할을 했던 그의 중보기도 모습(창 19:23-32)과는 상당히 대조가 된다. 때문에 인간은 누구나 완벽할 수 없다는 생각이 든다. 믿는다고 하면서도 상황에 따라 자신의 믿음이 흔들릴 수 있다. 아브라함은 사라를 아비멜렉으로부터 도로 찾고, 받은 소유물을 챙겨 궁전을 나오면서 자신이 얼마나 왜소(矮小)한지를 느껴야 했다.

그렇지만 여기서 아브라함의 진정한 영적 위대함이 드러났다. 즉 아브라함은 아비멜렉에 대해 분개하는 마음을 품는 대신 이 모든 슬픈 사건에 대해 책망 받아야 할 사람은 바로 자신인 것을 인정했다. 그 후 아브라함이 하나님께 기도했을 때 하나님께서는 아비멜렉과 그의 아내와 그의 여종들을 치유해 주셨다. 다시 말해 하나님은 아브라함의 진정한 참회의 모습을 보시고는 그를 제사장으로서의 사역을 성공시키셨던 것이다. 이 부분은 제사장(선지자)의 자세가 어떠해야 하는지를 잘 말해주고 있다.

하나님께서는 사라를 다시 구해내실 때까지 아비멜렉 집안의 모든 여인의 태를 닫아 불임케 함으로써 마귀를 당황케 하고, 좌절케 하셨다. 그리고 그 불임의 저주는 아브라함의 중보기도가 있기 전까지는 그대로 남아 있었다. 오늘 우리도 마귀로 하여금 힘을 못 쓰게

하려면 이처럼 하나님의 능력이 함께하는 중보기도를 꼭 해야 함을
깨닫게 된다.

하나님은 19장에서 롯을 구원하셨듯이 20장에서는 자초(自招)한
위기로 절망에 빠져있는 아브라함을 구하심으로써 당신이 얼마나
세심하게 우리를 위해 일하고 계심을 자상하게 보여주고 계신다.
20장 전장에 걸쳐 아주 자세하고 깊이 있게 하나님의 개입하심을
보여주는 것은 오늘 우리에게도 하나님은 동일하게 위로와 안도(安
堵)를 주고 계심을 알려주시려는데 있다. 따라서 근심과 두려움과
좌절은 하나님 앞에는 금물이다.

또한 하나님의 말씀을 따라간다는 것은 반복적인 불안이다. 아무
것도 보장된 것이 없는 삶이다. 바로 아브라함 삶이 그것을 말해주
지 않는가. 하지만 어떤 어려움이 와도 하나님께서는 우리를 지켜주
실 것을 믿는다. 이것이 진정한 신앙이라고 생각한다.

족장역사

B. 이삭의 생애

No. 28–31

이삭이
태어나기까지는

창세기 21장 (창 21:1~3)

창세기 21장은 창세기 12장부터 50장까지의 족장(族長)역사(歷
史)에 있어 하나의 분기점을 이루는 장(章)이다. 그것은 이삭의 출생
기사가 나오기 때문이다. 이제 다시금 창세기 12장부터 살펴보기로
한다.

하나님께서 아브람에게 약속하셨던 후손에 관한 언약은 창세기
12장부터 시작된다. "내가 너로 큰 민족을 이루고 네게 복을 주어
네 이름을 창대(昌大)하게 하리니 너는 복(福)이 될지라"(창 12:2) 에
이어 "내가 네 자손이 땅의 티끌같이 하리니 사람이 땅의 띠끌을 능
히 셀 수 있을 진대 네 자손도 세리라"(창 13:16)라고 약속을 주셨
다.

14장에 와서는 아브람이 롯을 구하기 위해 전쟁에 참여해 승리를

거두고 돌아 온 후, 그는 적들이 다시 쳐들어 올지도 모른다는 생각에 두려움에 떨고 있었다. 이 때 여호와의 말씀이 다시 들려온다. "아브람아 두려워 말라. 나는 네 방패요 너의 지극히 큰 상급이니라"(창 15:1)

이때 아브람은 "여호와여 무엇을 내게 주시려 하나이까? ……나는 자식이 없사오니 나의 상속자는 이 다메섹 사람 엘리에셀이니이다."(창 15:22)라고 응답한다. 이어서 다시금 하나님의 말씀이 들려온다. "…그 사람이 네 상속자가 아니라 네 몸에서 날 자가 네 상속자가 되리라 하시고"(창 15:4)

이렇게 해서 다시 자녀문제가 거론된 부분이 16장의 이스마엘 출생사건이다. 이때 아브람은 인간적 편법을 써서 하갈을 취해 이스마엘을 얻는다.

그 일이 있은 후, 하나님께서는 17장에서 아브람과 사래의 이름을 바꾸시어 아브람은 '열국의 아비'란 뜻으로 '아브라함'이 되고 사래는 '열국의 어미'란 뜻으로 '사라'가 된다. 그러나 아직까지 저들은 한 명의 자녀도 낳지 못했다. 하지만 17장 7~8절에서 하나님은 후손과 땅을 주시겠다는 언약을 재 확인해 주신다. 뿐만 아니라 이 일에 대해 더욱 분명하게 하는 뜻에서 사라에 대해 언급하신다. "네 아내 사라가 네게 아들을 낳으리니 너는 그 이름을 '이삭'이라 하고 내가 그와 언약을 세우리니 그의 후손에게 영원한 언약이 되리라." (창 17:19)

나아가 하나님은 아들을 낳게 될 시기까지 말씀해주신다. "내 언약은 내가 내년 이 시기에 사라가 네게 낳을 이삭과 세우리라"(창 17:21) 이처럼 하나님께서는 자녀문제를 아브라함과 사라에게 거듭 알려주신다. 그리하여 18장 10절에 와서는 "내년 이맘때 내가 반드시 네게 돌아오리니 네 아내 사라에게 아들이 있으리라 하시니…"

그리고 난 후 18장 중반에 와서는 아브라함과 하나님 사이에 소돔성 멸망에 관한 대화내용으로 긴긴 아브라함의 중보기도가 나온다. 아브라함은 소돔성 멸망에서 롯을 구해내기 위해 하나님께 간절히 중보기도를 한다. 이때 점점 의인의 수를 줄여서 간구할 때마다 아브라함의 심정은 낮아질 대로 낮아진다. 기도를 마치고 하나님과 헤어져 돌아간 후 19장에서 소돔성은 다음날 아침 말씀대로 완전히 불과 유황불로 뒤덮이고 만다.

소돔성이 불에 타면서 연기가 옹기점 연기처럼 피어 오를 때 아브라함은 멀리서 이 광경을 바라보며 하나님께 올렸던 중보기도를 기억하고 그 자리에 서 있었다. 그리곤 롯이 살아난 것에 대해 어찌 감사기도를 드리지 않을 수 있었겠는가. 소돔성 멸망 후 얼마 지나지 않아, 즉 두 달이 채 안된 어느 날 아브라함은 또 다시 아비멜렉에게 사라를 누이라 속여 그녀를 도로 빼앗길 뻔했다. 아브람은 어찌하여 다시금 이런 실수를 했는지 알 수가 없다.

20장에서의 아브라함의 신앙은 18장에서 하나님과 대면하여 중보기도하던 모습과는 사뭇 다르다. 20장에 들어서서 그 믿음이 상당히 흔들리고 있는 것을 볼 수 있다. 그러나 20장 끝에 와서 사라를 다시 찾은 후, 그의 신앙은 한층 더 하나님과 깊이 만나 성숙되어 있다. 그것은 그가 아비멜렉의 가정을 위해서 중보기도 하는 모습에서 알 수 있다.

아브라함은 극적으로 사라를 도로 찾았을 때 자신의 허물과 실수에도 불구하고 하나님께서 그것을 선으로 바꾸사 회복시켜 주신 것에 대해 말로 다 할 수 없는 고마움을 느낀다. 그는 왕궁을 나오면서 감사한 마음을 안고 아비멜렉 가정을 위해 간절히 간구 기도를 올린다. 말하자면 진정한 중보기도를 드린다.

왜냐하면 사라의 연고로 아비멜렉 가정의 여인들 모두에게 태문이 닫혀버렸기 때문이다. 하나님께서는 아브라함의 기도를 들으신 후 아비멜렉 집안 여인의 태문을 다시 열어 주셨다. 그리고는 아브라함은 하나님의 약속의 말씀을 기억하고 사라 그녀와 동침하게 된다. 그 후 말씀대로 사라는 이삭을 낳았다.

그렇다면 사라가 마침내 이삭을 낳았다는 사실은 구원 맥락에서 볼 때 어떤 의미를 갖고 있나?

무엇보다 구원과정엔 하나님의 부화(孵化)작업(作業)이 따라야 한다는 것이다. 암탉이 병아리를 까기 위해서는 둥지에서 20일 이상의 부화과정이 있어야 하듯이 하나님께서도 사라의 몸을 통해 이삭을 낳게 하시기까지 생명 잉태과정을 위한 부화작업을 진행하셨다는 사실이다.

즉 하나님은 창세기 12장부터 아브라함에게 말씀하신 언약을 이루시기 위해 13장을 거쳐 20장까지 긴 구원 과정을 이끌어 오셨다. 이 과정에서 하나님의 지속적인 간섭과 보호하심이 있어오는 동안 인간 아브라함은 때로 믿음이 성장되다가 다시 추락하고, 또 다시 일어서는 일을 반복한다.

하지만 하나님은 끝내 아브라함의 믿음을 키우사 마침내 이삭을 얻는 기쁨을 주신다. 이 과정 속에서 우리는 하나님의 구원을 위한 그 분의 열정을 발견할 수 있다. 그 열정과 사랑의 극대화(極大化)가 드디어 모리아 제단에 이삭을 바치는 사건으로 나타난다. 만약 우리가 12장부터 21장까지 이어지는 그 긴 터널 속에서 우리를 향한 하나님의 집념과 사랑을 만나지 못한다면 22장을 이해할 수 없다. 인간에게 부활 생명을 주시기 위해, 결국 그 귀한 아들 이삭을 제물로 바치라고 명령하시는 하나님의 마음을 알 수가 없게 된다.

역설적(逆說的)으로 그토록 우리를 향한 하나님의 사랑이 크기 때문에 22장에서 하나님은 죄로 인해 죽어가는 우리 영혼을 건지기 위해 아들까지 아끼지 않고 내어주신 것이다. 그 아들의 예표가 곧 이삭인 것이다. 이삭을 죽이는 아브라함의 마음이 곧 하나님 아버지의 마음인 것이다.

Chapter 29

모리아 제단 앞에서

창세기 22장 (창 22:1~19)

모리아 제단에 이삭이 제물로 바쳐지는 사건은 하나님이 아브라함에게 주신 가장 어려운 시험이었다.

우리는 본문을 통해 먼저 다음과 같은 몇 가지 점을 생각해 보게 된다.

첫째, 하나님께서는 도대체 왜 아들을 바치라는 이토록 엄청난 요구를 아브라함에게 하시는 것일까? (이 일은 하나님의 거룩한 성품과 맞지 않는 것 아닌가?)

둘째, 아브라함은 하나님의 이 같은 명령에 어떻게 따를 수 있었을까? (따져보지도 않고, 거부하지도 않고 어떻게 이 길을 떠날 수 있었을까?) 이삭은 그의 미래요, 그의 전부라 해도 과언이 아닌데 어떻게 아들을 죽음의 길로 데려갈 수가 있었을까?

셋째, 모세는 이런 사건을 성경에 기록함으로써 당시 이스라엘 백성들과 오늘 우리들에게 무엇을 알리길 원했을까?

창세기 22장 1절에서 하나님은 아브라함을 시험하기 위해 이 일을 하셨다고 나와있다. '시험'이란 시험 받는 사람 속에 들어있는 생각이나 태도를 알아내기 위해 상대방이 어떤 어려움을 주는 것을 가리킨다. 그렇다면 하나님께서도 아브라함 속에 갖고 있는 생각과 믿음이 과연 어떠한 것인가를 알아내기 위해 이 시험을 주신 것임을 알 수 있다.

현재로서는 아브라함의 믿음의 깊이가 과연 어떠한지가 아직 검증되지 않은 상태이다. 그리하여 그에게 진정 믿음이 있는지의 여부를 테스트(시험)해 보기 위해 아브라함으로 하여금 그 믿음을 사용하도록 그에게 어려운 시험을 주신 것이다.

우리는 평소에 믿노라 하면서도 어떤 상황에 부딪치면 참으로 믿음을 사용하지 못하는 경우가 종종 생긴다. 즉 인간적 본능이 발동해 화를 내든지, 거부하든지 할 수 밖에 없을 때가 있다. 바로 이것이 시험이다. 아브라함은 바로 이 시험에서 하나님을 배반하고 관계를 끊고, 자신이 하고 싶은 대로 자기 길을 가겠다고 할 수도 있었던 상황이다. 그런 의미에서 지금 아브라함은 정말 시험이 될 수 있는 경우에 이른 것이다.

그런데 아브라함의 마음속에는 한 가지 뜨거운 확신이 있었다. '이삭은 죽지 않는다. 죽어도 산다. 그 방법이나 과정은 모르겠지만 이삭은 분명히 살게 되어 있다.' 왜냐하면 "이삭에게서 나온 자라야 나의 씨라 칭하리라"라고 말씀하시지 않았던가. 아브라함은 "이삭에게서 나온 자라야 네 후손이라 칭하리라"는 이 한 말씀으로 부활의 신앙을 찾아냈다.(히 11:18~19) 결국 아브라함은 눈에 보이는 아들과 말씀 중에서 어떤 것을 택할 것인지 고민을 하다가 하나를 택해야 했다. 그는 말씀을 택하고 아들을 포기하고 말았다.

하나님이 우리에게 질문하시는 것 가운데 가장 중요한 것은, 우리의 모든 미래와 꿈과 가능성을 말씀 안에 제한할 수 있느냐는 질문이다. 현실적으로 우리가 누리는 축복 가운데 결혼, 자녀, 미래의 비전 등이 있을 때 그 모든 것과 말씀 가운데 어느 것을 택할 것인가를 물으실 때가 있다. 나아가 나의 죽음 앞에서, 혹은 내 자식의 죽음 앞에서 무엇을 택하겠느냐고 물으실 때가 있다.

본문 말씀이 궁극적으로 우리에게 들려주는 메시지는 자신의 모든 비전과 가능성 앞에서 그것들을 다 제쳐놓고, 먼저 말씀을 붙잡을 때 하나님께서는 그를 반드시 붙들어 주시고 멸망시키지 않으신다는 것을 보여주고 있다.

우리들이 당하는 대부분의 시험들은 환경에서 오는데 반해 아브라함은 하나님이 직접 찾아오셔서 주신 시험이다. 아브라함이 당한 시험과 유사한 시험이 있다면 그것은 예수의 모친 마리아가 당한 시험일 것이다. 그러나 이보다 더 큰 시험이 있는데, 그것은 자신의 십자가를 지기 위해 예루살렘으로 올라가시는 예수님에게 닥친 시험이다. 예수님은 십자가를 져야 할 이유가 없다. 그 분은 죄가 없기 때문이다. 그러나 그 분은 하나님의 뜻을 믿고, 자발적으로 십자가를 향하여 나아가셨다.

지금 창세기 22장을 듣고 있는 이스라엘 백성들은 '믿음'이라는 것이 어떤 것인지 그 개념을 잘 모르고 있다. 그런 그들에게 '믿음이란 과연 어떤 것인가?'를 가르쳐 주기 위해 모세는 아브라함의 믿음을 소개하고 있는 것이다.

첫째, 최고의 믿음이란 많은 시련에서 승리한 믿음이라기 보다 자기에게 최고로 귀한 것을 하나님 앞에서 포기할 수 있는 믿음을 말한다. 아브라함에게 가장 귀한 것은 아들 이삭이었고, 마리아에게 가장 귀한 것은 처녀성이며, 예수 그리스도께 가장 귀한 것은 그의 신성과 생명과 영광과 능력이다.

반면, 하나님이 우리에게 주시려고 하는 것, 그것 또한 우리로서는 도저히 이해할 길이 없는 터무니없이 풍성하고 귀하고 소중한 것이다. 그렇기 때문에 아브라함에게는 말도 되지 않는 시험을 주셨고, 마리아에게도 있을 수 없는 명령을 하셨으며, 하나님의 아들 예수 그리스도를 사람으로 이 세상에 보내셔서 도무지 납득할 수 없는 엄청난 고난을 당하게 하신 것이다. 이것이 말하자면 '복음'이다.

하나님께서 우리를 위해 당신 아들을 죽게까지 하신 사랑, 그 사랑을 우리에게 쏟고 계시다는 것을 우리는 사실 믿지 않는다. 말로는 하나님을 사랑한다고 고백하지만 실제로는 말도 되지 않는다고 생각한다. 그 분이 우리를 위해 독생자를 주셨다는 것이 무슨 뜻인지 모른다. 그러기에 앞으로 우리에게 주실 그 모든 영광이나 축복도 이해하지 못한다.

결국, 신앙은 너무도 엄청나서 우리의 이성적 판단이나 사고로는 도저히 이해할 수 없는 것이다. 그래서 하나님은 그 한 부분을 우리에게 보여주시기 위해 아브라함에게 이성으로 납득이 안 되는 일을 명령하신 것이다.

둘째, 자기 아들을 죽이기 위해 산으로 데려가는 아버지의 심정이 어떠했겠는가 짐작이 가는가!

한 손에는 불을 들고 다른 한 손에는 칼을 잡고 산을 향하여 오르고 있다. 아버지의 얼굴에는 말로 다 할 수 없는 고민(苦悶)과 갈등(葛藤)의 표시가 역력하게 떠올랐다. 그는 통곡할 만큼 번민하고 있다. 할 수만 있으면 아들을 살리고 싶다. 이것이 바로 하나님 아버지의 심정이다. 자기를 태울 나무를 등에 지고 산으로 올라가는 아들 이삭의 모습을 보면서 우리는 누구를 연상하게 되는가?

바로 예수 그리스도의 모습이다. 이처럼 아브라함과 이삭의 순종은 하나님 아버지와 그의 아들 예수 그리스도의 모습을 생생하게 보여주고 있다. 이 세상에서 가장 엄숙한 요청은 자기 아들을 죽여놓고 죄인들을 초청하는 아버지 하나님의 부르심이다. 그것이 곧 '복음(福音)'이다. 아들을 자기 손으로 죽임으로써 다른 사람을 용서하는 이 놀라운 복음의 부르심을 진정 누가 이해할 수 있겠는가!

아브라함과 예수! 이들은 말이 안 되는 하나님의 요구를 이루어드리기 위해 자신의 온 삶을 드리며 온 힘과 뜻과 열정을 기울였다. 이것이 참 신앙이다. 내 마음에 들면 기뻐하고 조금만 불편하면 원망하는 것은 온전한 믿음이라고 할 수 없다. 신앙의 초보단계이다.

하나님께서는 우리가 드리는 예배를 통하여 그 십자가 사건의 천분의 일, 만분의 일이라도 체험하고 나누기를 바라신다. 이것이 모리아산에서 아브라함이 드린 제사를 통해 나타나고 있다. 우리 모두는 하나님 앞에 죄인이기 때문에 우리가 죽어야 하는데, 우리 대신 짐승을 죽게 하신 것이다. 그런데 이번엔 아들을 번제로 바치라고 하셨다. 결과적으로는 숫양을 잡아서 드렸다. 이 말은 아들 이삭은 죽지 않았지만 아브라함의 심정으로는 아들이 죽은 것과 똑같은 제사를 드렸다.

이때 아브라함은 비로소 깨달았다. '지금까지 제사에 바쳐온 양한 마리, 소 한 마리의 죽음이야 말로 내가 가장 사랑하는 아들, 나아가 나 자신을 대신하는 죽음이었구나.' '마찬가지로 하나님께서는 나에게 새로운 생명을 주시기 위해, 내 죄를 용서해 주시기 위해, 당신의 가장 존귀한 아들을 희생시키셨다.' '진정 희생당한 제물은 짐승이 아니라 하나님의 존귀한 아들이었다.' 라는 사실을.

오늘날에도 하나님께서는 우리가 드리는 예배가 십자가 사건의 재연(再演)이기를 원하신다. 하나님께서는 사랑하는 아들의 손에 못을 박게 하시고, 그 옆구리에 창을 찌르게 하시고, 차마 그 아들의 얼굴을 볼 수 없어서 대낮에 하늘이 캄캄해지고 땅도 울었던 것이다. 이와 같은 그리스도의 희생을 가장 잘 나타내기 위하여 하나님은 이삭을 제물로 바치라고 하신 것이다.

하나님이 원하셨던 것은 아브라함으로 하여금 이삭을 바치게 한 후에 다시 살려 도로 주심으로써 이제는 이삭은 아브라함의 아들이 아닌 하나님의 아들이 되게 하신 것이다. 마치 모세의 어머니 요게벳이 모세를 나일강에 띄웠을 때, 그가 다시 살아서 돌아왔다. 바로 공주의 아들로 입양되어 더 안전하게 돌아온 것과 같은 이치다.

하나님께서 아브라함에게 주신 시험은 너무나 어려워서 도저히 감당할 수가 없었다. 그러나 그가 믿은 것이 있었다. 그것은 하나님께서 자기에게 어떤 어려움을 주실 때에는 반드시 그 안에 답이 있다는 것과 자신은 그 답을 모르지만 하나님은 알고 계신다는 믿음이었다.

하나님께서는 그가 너무 순종을 잘해서 이삭을 죽이기라도 할까봐 두 번씩이나 다급하게 아브라함을 부르고 계신다. 오히려 하나님의 사자가 더 당황해 한다. 그러므로 하나님께서 우리 죄를 책망하시고 낭패를 겪게 하실 때 불평하거나 반항하지 말아야 한다.

그 분은 우리의 모든 죄를 책임질 수 있는 방법이 있으시다. 따라서 아브라함에게 이삭을 바치라고 하셨을 때 하나님께서는 이미 대책이 있었다. 그 대책은 숫양이 아니다. 숫양 한 마리 믿고 그런 엄청난 요구를 하신 것이 아니다. 하나님의 대책은 그 분 자신의 아들이었다. 숫양은 그 대책을 보여주는 상징(象徵)일 뿐이다.

창세기 22장 본문이 보여주는 또 다른 메시지는 다음과 같다.
여호와 하나님은 '여호와이레'로, 참으로 우리의 필요를 채워주시는 하나님이시다. 모리아산은 전혀 불을 구할 수 없는 곳이었다. 그래서 아브라함은 이 모든 것을 준비해 가지고 올라갔다. 그러나 제물은 하나님이 준비해 놓으셨다. 만일 숫양이 없어 아브라함이 제사를 드리지 않고 돌아온다면 그것은 시험이 연기(延期)된 것 밖에 되지 않는다. 그러면 이삭은 하나님께 바쳐지지 못한 것이 된다. 그러나 아브라함은 거기서 하나님께서 준비하신 제물이 있었기에 그것으로 제사를 드렸다. '여호와이레' 이다. 따라서 아브라함은 이삭을 온전히 바친 것이 된다. 그는 시험에서 승리한 것이다.

하나님께서 나의 모든 것을 다 빼앗아 가시고 실패와 절망의 수렁에 빠뜨리시는 그곳이 곧 하나님의 산이다. 하나님은 바로 거기에서 나를 영광스럽게 하실 것이며 아무것도 없는 그 곳에서 나의 삶 전부로 영광스럽게 제사를 드리게 하실 것이다.

이처럼 '믿음' 이란 하나님의 신실하심을 붙드는 것이다. 하나님이 이 세상 모든 만물을 주관하고 계시며, 나에 대해 선한 뜻을 갖고 계신다는 것을 어떤 형편이나 처지에도 붙들고 믿는 것이다. 이때 시험은 우리가 과연 하나님의 신실하심을 붙들고 사는지를 테스트해 보는 기회이다.

아브라함은 이삭이 다시 살 것을 믿었다. 이삭은 죽더라도 다시 살아서 하나님께서 약속하신 그 약속을 성취해야 한다는 것이다. 그는 이 시험을 통과한 후 '부활(復活)' 이라는 것을 생각하게 되었고, 그것을 자신의 신앙으로 받아들이게 되었다.

욥의 신앙도 바로 그런 것이다. 욥은 의인이 이 세상에서 꼭 잘 사는 것은 아니라는 사실을 알았다. 악인이 잘 사는 경우도 많다. 세상은 공평하지 않았다. 그런데 하나님은 공평하신 분이다. 이 미스터리를 어떻게 풀어야 하나? 이것이 욥이 풀어야 할 신앙의 관건(關鍵)이었다.

결국 욥은 '부활'이 있어야 한다는 결론을 내리지 않을 수 없었다. 이 세상은 모든 것의 끝이 될 수 없으며 이 세상 이후에 다른 세상이 있어야 한다는 것이다. 욥은 자신의 시험을 통하여 다른 세상을 내다보게 되었고, 그것을 자기 신앙으로 붙들었다. 그래서 그는 환란 가운데서도 "나의 이 가죽, 이것이 썩은 후에 내가 육체 밖에서 하나님을 보리라."(욥 19:26)고 말할 수 있었다. 결국 하나님께서는 욥의 신앙이 옳다는 것을 욥의 친구들 앞에서 인정해 주셨다.

결론적으로, 그렇다면 우리의 시험은 무엇인가?

오늘 이 세상의 한계와 풀리지 않는 미스터리를 어떻게 뛰어넘느냐 하는 것이다. 이에 대한 답은 이 세상이 전부가 아니라는 점이다. 부활이 있으며 하나님의 약속은 죽음 이후까지 적용된다는 점이다. 이럴 때 상식적으로는 도저히 이해할 수 없는 하나님의 말씀에 순종할 수 있게 되며 그런 자는 면류관을 쓰게 된다.

하나님께서 아브라함에게 약속하신 말씀을 자세히 살펴보면 하나님께서 아브라함에게 주시려고 하는 후손은 단순히 많은 후손이 아니다. 한 사람 안에 들어있는 많은 후손이다. 이는 석류 열매 안에 많은 씨가 들어있는 것과 같은 이치이다. 마치 석류 열매 안에 많은 씨가 들어있는 것처럼 한 사람이 이 많은 사람들을 싸고 있고, 이들을 대표하고 있으며, 이들을 영원히 지키고 있다. 그러므로 아브라함 이후 그의 수많은 후손들은 자연상태로 아브라함한테서 태어나기만 하면 되는 것이 아니라, 어찌하든 그 한 후손 안에 들어가야 한다. 이와 같은 형태가 하나님께서 아브라함에게 주시려는 축복이다.

이 아브라함의 축복은 신약에 와서 예수 그리스도를 통하여 구체화된다. 그 후손이란 사망권세를 깨뜨린 부활하신 예수 그리스도이다. 이삭이 죽은 자 가운데서 살아나서 하나님의 약속을 성취한 것처럼 죽은 자 가운데서 다시 살아나 하나님의 약속을 성취한 분은 예수 그리스도이다.

그러면 아브라함이 한 일이란 무엇인가? 그는 그리스도를 밝혀주는 등대로서 영원히 죽지 않는 하나님의 아들을 안내하는 등대 역할을 하여 하나님의 나라가 임하게 하는데 있어 구약시대의 초석(礎石)과 같은 역할을 감당했다.

22장의 또 다른 의미의 메시지

창세기 22장은 '갈보리'란 이름이 하나님 아버지께 어떤 의미를 갖고 있는지를 선명하게 보여주는 장이다.

아브라함에게 모리아산이 의미하는 것은 고뇌와 가슴 찢어지는 슬픔과 고통이다. 그러나 갈보리 산이 하나님께 의미하는 것은 그보다 천 배, 만 배가 넘는다. 이삭이 모리아산을 오르는 것을 보면서 예수께서 갈보리의 비탈길을 오르시는 장면을 연상해 보면 조금은 알 수 있다.

"이삭에게서 난 자라야 네 씨라 칭할 것이다."

그러므로 이삭이 결혼하여 아이를 갖기도 전에 죽는다는 것은 생각할 수 없었다. 때문에 아브라함은 이삭이 죽게 되더라도 하나님께서 그를 죽음에서 일으키셔야 할 것이라고 판단했다. 결국 이 사건에서 아브라함은 십자가의 길을 배웠다. 아브라함이 이삭과 함께 걷고 있는 길은 십자가의 길을 밟는 예행연습(豫行演習)이다.

아브라함은 종들에게 자신이 돌아올 때까지 그리고 어린 아들이 돌아올 때까지 산 밑 거기서 기다리라고 명령했다. 이것은 갈보리를 위한 예행연습(豫行演習)이다. 우리는 주께서 행하신 이와 유사한 일을 마가복음 14:33~35에서 보게 된다.

"…내 혼이 죽음에 이르도록 매우 슬프니 너희는 여기서 머물러 깨어 있으라. 그리고 그분은 조금 앞으로 나아가시어 땅에 엎드려 기도하시니라."

예수께서는 제자들과도 더 이상은 함께 넘어갈 수 없는 지점에 이른 것이다. 예수께서는 홀로 앞으로 나아가셨고 하나님 아버지와 대화를 나누셨다. 얼마나 고통스러운 대화가 아버지와 아들 사이에 있었겠는가?.....

우리는 종종 겟세마네 동산에서 기도하시던 예수에 대해서는 많은 생각을 한다. 그러나 겟세마네가 하나님 아버지에게는 무엇을 의미하는지 생각해본 일이 거의 없다. 우리는 아브라함의 영혼이 흐느끼고 있을 때 그 내면의 신음소리를 들을 순 없을까? '내 아들 이삭

아! 너 대신 내가 죽을 순 없을까?'

우리는 어둠이 깔린 겟세마네에서 하나님 아버지가 느끼셨던 것을 느낄 순 없을까? "나의 아버지여!" "내 아들아 내가 여기 있다." "저 잔을 보시옵소서. 가능하시면 그 잔을 내게서 지나가게 하옵소서. 그러나 내 원대로 마옵시고 아버지의 원대로 하옵소서."(막 14:36)

아버지께서 하실 수 있는 유일한 대답은 십자가를 가리키는 것이었다. 하나님의 아들을 위해서 아무런 어린 양도 발견할 수 없었다. 그래서 두 분은 함께 가셨다. 폭도(暴徒)들의 손 안으로, 제사장들과 총독과 헤롯왕 앞으로, 조롱받는 제단을 향해 침뱉음과 채찍질과 비웃음을 향하여 가셨다. 그 언덕을 향하여 세상 죄의 무게로 비틀거리며 그곳을 향하여 두 분은 함께 가셨다.

아브라함은 마침내 십자가의 길을 경험하게 된다. 아브라함은 제단을 쌓고, 나무를 가져오고 희생물을 묶고 칼을 든다. 하나님께서는 그 분의 아들이 도살장에 끌려가는 어린양 같이 나무 위에 올려 못질 당하는 것을 보고 계셨다. 하나님께서는 골고다 언덕에서 벌어진 어둡고 두려운 일 전체를 보셨다.

이 일은 아브라함에 의해 모리아 땅에 있는 외로운 산 위에서 모형(模型)으로 행해졌으며, 갈보리라고 불리운 곳에서 실제로 행해졌다. 하나님께서 아브라함 손에 쥐어진 칼을 멈추게 하셨던 것은 결국 이삭이 아니라 예수께 떨어질 칼이었기 때문이다.

이와 같이 성령께서는 갈보리에 대한 아주 위대한 그림 중의 하나를 우리를 위해 성경에 그려주신 것이다. 아브라함과 이삭이 모리아 산에서 겪은 잊지 못할 경험은 아브라함과 그의 씨에게 이미 주신 모든 복을 재확인케 하는 것이 된다. 이 두사람은 새로운 다짐을 가슴 깊이 새기며 산 아래에서 기다리고 있던 종들에게 돌아온다.

Chapter **30**

사라가 죽다

창세기 23장 (창 23:1~20)

창세기 23장 1절을 보면 "사라가 백이십칠 세를 살았으니 이것이
곧 사라가 누린 햇수라." 라고 나와있다. 말하자면, 그녀는 이 땅에
서 127세를 살고 죽었다는 얘기다. 그런데 성경에서 여인이 살다가
몇 세에 죽었다는 기사가 나오는 곳은 여기 밖에 없다.

그렇다면 사라의 죽음이 의미하는 것은 무엇인가?

이는 사라가 자신의 영적 싸움을 다 싸우고 하나님 앞에서 영원히
안식(安息)하기 위해서 제대(除隊)했다는 것이다. 사라의 영적 싸움
은 끝까지 기다리는 것이었다. 그녀가 모든 믿는 자의 어머니가 된
것도 그녀가 끝까지 말씀을 붙잡고 그 말씀으로 이삭을 낳았기 때문
이다.

아브라함은 사라의 죽음을 귀하게 여겼다. 그는 사라의 죽음을, 앞으로 태어날 수많은 이스라엘 백성들이 가나안 땅으로 돌아올 때 이정표(里程標)로 삼고자 했다. 다시 말해 사라의 무덤이 장차 400년 후에 약속의 땅으로 돌아올 후손들의 징검다리 역할이 되기를 원했다. 그래서 기어이 에브론의 막벨라굴이 있는 밭을 돈을 주고 사서 가족묘지로 삼은 것이다. 아브라함이 사라의 장지(葬地)로 에브론 소유의 막벨라굴이 있는 땅을 사겠다고 말했을 때, 에브론은 그 땅을 그냥 주겠다고 제안했다. 그런데도 아브라함은 굳이 그것을 거절하고 그 땅을 돈을 주고 사겠다고 주장했다. 왜 그랬을까?

그는 이미 헷사람의 기질을 알고 있었기 때문에, 아브라함은 이와 같은 에브론의 제안은 일시적인 충동에 의한 것으로 생각했다. 그렇게 했을 경우 얼마 지나 이야기가 달라져 도로 무르고 싶다고 고집을 부릴 수 있음을 아브라함은 벌써부터 알았기 때문이다. 또한 아브라함에게는 정당한 대가를 지불하겠다는 철칙(鐵則)이 있었다. 그것은 창세기 14장에서 그가 그돌라오멜로부터 소돔과 고모라 사람들의 재산을 도로 다 찾아왔을 때 일체 손을 안 댔던 것으로도 짐작할 수 있다. 23장 15절에서 에브론은 그 땅 값을 사백 세겔이라고 말한다. 말하자면 굴 하나에 그와 같은 값을 부른 것이다. 당시 이런 굴은 은 4세겔만 주어도 살 수 있었다. 여기서 에브론의 이중성을 알 수 있다.

그런데 놀랍게도 아브라함은 그 돈에서 단 한 푼도 깎지 않고 즉시 지불한 후, 그 굴에 사라를 장사 지냈다. 이는 이 무덤이야말로 아브라함과 사라가 하나님 약속을 믿고 가나안에 살았다는 가장 중요한 증거였기 때문에 어떤 대가를 지불하고서라도 그들의 것으로 남기기를 원했기 때문이다. 그가 사라의 무덤을 그토록 비싼 가격에 산 것은 귀에 들리지는 않지만 무언(無言)의 설교이다. 그는 이 무덤을 통해서 자신과 사라가 끝까지 그곳에서 살다가 죽었으며 죽음까지도 하나님의 말씀을 막을 수 없다는 것을 증거하고 남겼다.

하지만 생각해 보면 아브라함의 후손이 이 땅을 얻는다 한들 그와는 아무 상관이 없다. 그럼에도 불구하고 그가 이 땅에 대한 약속을 붙들었던 이유는 무엇일까?

아브라함과 그 후손들은 이 땅을 공통분모로 해서 같은 믿음을 나누었고 그 믿음을 가지고 서로 교제했던 것이다. 즉 아브라함과 그의 후손들이 같은 믿음을 가지고 있다 하더라도 믿음을 나눌 수 있는 공통된 장(場)이 없다면 어떻게 그 믿음이 전수될 수 있겠는가? 때문에 아브라함은 기필코 가나안 땅을 차지하려고 했던 것이다.

그렇다면 오늘 우리들은 무엇을 매개체로 하여 지상에 있는 수 많은 성도들과 믿음의 교제를 나누게 되는가? 그 매개체는 바로 기록된 말씀인 성경이며 나아가 선포되는 하나님의 말씀이다. 바른 말씀의 선포와 또 그 말씀에 대한 믿음의 반응은 시대와 지역을 초월하여 우리를 하나되게 할 수 있다.

사라는 영적 전쟁을 다 치르고 마침내 영원한 안식(安息)에 들어
갔다. 바로 '죽음'이라는 관문을 통과하고 그리스도의 품에, 하나님
의 품에 안겼다. 여인이 죽은 나이가 기록된 곳은 여기 밖에 없다.
그만큼 사라의 죽음은 의미가 있다는 것이다.

사라는 살아있을 동안 아브라함의 아내로서 끊임없는 영적 전투
를 지속했다. 그녀는 아브라함을 "주(主)"라 불렀다. 그것은 하나님
께서 아브라함과 함께 하시는 것을 계속 보아왔기 때문이다.

아브라함은 직접 하나님의 음성을 들으면서 믿음의 순례를 지속
했지만, 사라는 아브라함을 통해 하나님을 만나고 있었다.

이제 사라의 믿음의 영적 투쟁의 이모저모를 살펴보기로 한다.

그녀는 아브라함 때문에 '누이'라는 칭호를 갖고 두 번이나 바로
왕과 그랄왕 아비멜렉에게 취해질 뻔 했다. 그 때마다 기적적으로
하나님께서 간섭하사 구출될 수 있었다. 어느 해 그녀는 아들을 기
다리다 10년을 기다려도 얻지 못하자 그녀의 여종(몸종) 하갈을 아
브라함에게 넣어주어 이스마엘을 얻는 실수를 저지르기도 한다. 또
한 이렇게 해서 태어난 이스마엘이 다 큰 청년이 되었을 때 이삭을
성(性)희롱(戲弄) 하는 장면을 보고는 단호히 아브라함에게 이스마
엘을 내쫓으라고 명령조로 말하기도 한다.

마지막 사라의 가장 큰 시험은 이삭이 모리아산에 바쳐질 때이
다. 아브라함은 이삭을 데리고 모리아산으로 가서 그를 제물로 바치

라는 하나님의 명령을 듣고는 아침 일찍 아들 이삭을 데리고 산을 향해 떠난다. 불과 칼은 자신이 들고 이삭에게는 나뭇짐을 지게 하고 두 사람은 사흘 길을 떠난다. 이 사실을 아마도 사라는 이삭이 돌아와서야 자세한 내용을 알게 되었을 것이다.

그렇다면 아들 이삭과 남편 아브라함이 집에 없는 3일 동안 사라는 무슨 생각을 했을까?

'왜 그토록 아침 일찍 자기에게 알리지도 않고 두 사람은 제사를 드리러 떠났을까?'

'제사 드리러 나간다고 했다면서 왜 집에 있는 양은 데리고 가지 않았을까?'

'무엇 때문에 불과 칼과 나무만 준비해 갔을까?'

'저들 두 사람에게 도대체 어떤 일이 생기고 있는 것일까?'

사라는 궁금증을 넘어서 초조하며 답답해서 견딜 수 없었을 것이다. 어쩌면 사라는 이 3일 동안이야말로 거의 죽음의 시간을 가졌을 것으로 추측된다. 마침내 이삭과 아브라함이 사흘길을 다녀서 집에 돌아왔을 때 그녀는 십년감수 했는지도 모른다. 이 부분이 사라에게는 가장 큰 시험이었을 것 같다.

그리고 그녀가 겪은 또 하나의 시험은 이삭의 결혼문제였다. 사라가 90세에 이삭을 낳고, 그녀가 127세에 죽었다면 아들 이삭은 이미 37세가 된다. 그렇다면 이삭이 30세가 넘고 점점 나이가 들어갈수록 사라의 마음은 얼마나 초조했을까? '언제 나는 이삭을 장가보내 손주를 얻을 수 있을까?' 이 문제 역시 사라에게는 무거운 짐으로 남아 있었을 것 같다. 결국 그녀는 이삭이 장가가는 것을 보지 못하고 숨을 거둔다. 마지막 순간까지 사라는 기다림의 연속으로 이삭의 결혼문제를 놓고 기도하다 갔을 것 같다.

이런 일련의 여러 사건을 거치고 영적 전쟁을 치른 후 사라는 이 땅에서의 모든 믿음의 여정을 마치고 이 세상을 떠나게 된다. 아브라함은 사라의 죽음에 애도(哀悼)를 표하고는 그녀를 장사 지내려고 묘지를 구하려 한다. 마침, 에브론과의 흥정 끝에 은 400세겔을 주고 막벨라굴이 있는 밭을 산다. 은 400세겔은 상당히 높은 가격이다. 아브라함은 사라의 무덤을 막벨라굴에 만들어서 후손들과의 믿음의 징검다리를 놓을 심산으로 에브론에게 기꺼이 깎지 않고 그 땅을 매매계약한다. 하나님께서는 아브라함과 사라에게 반드시 주시겠다고 약속하신 자녀를 결국 아들 이삭을 주심으로써 그 약속을 지키셨다. 그리하여 이 이야기는 창세기 22장에서 일단락 났다.

이제 창세기 23장부터는 주신다고 약속(창 13:21~25)하신 땅 문제가 대두된다. 이런 맥락으로 23장을 읽어보면 헤브론의 막벨라굴이 있는 밭을 산 일은 땅 약속을 실현한 최초의 사건이 되는 셈이다. 따라서 22장 까지는 주신다고 약속하신 믿음의 씨(자녀)와 연관되고, 23장은 약속하신 땅과 연결된다. 헤브론은 가나안에 있는 땅으로서 아브라함은 이 땅을 죽음을 넘어서까지 지키려고 떠나지 않는다. 그래서 사라를 가나안 땅에 묻기로 한 것이다. 가나안 땅에 무덤을 사서 그녀의 시신을 넣음으로 인해 그곳은 믿음의 후손들의 근거지가 된다. 다시 말해 징검다리 역할을 하게 된다. 아브라함, 이삭, 야곱 등으로 이어지는 영적 유산이 헤브론 땅 막벨라굴로 인하여 공통분모가 생김으로써 그 굴은 후손들과 믿음의 조상 사이에 연결 다리로 남게 된다.

오늘날 믿음의 후손을 위한 연결다리는 무엇인가?

그것은 '하나님의 말씀'이다. 이 말씀은 곧 조상과 후손들의 공통분모 역할을 한다. '죽음'의 원어적 의미를 풀어보면, 죽는다는 것은 '장막을 거둔다'는 의미이다. 야영(野營)에서 텐트를 거둔다는 뜻이다. 배가 닻을 풀고 바다로 나간다는 뜻도 된다.

그러므로 육신의 장막을 거둔다는 것은 바로 육신의 죽음을 말한다. 장막(텐트)을 거두면 자기 집으로 가듯이 이 땅에서 육신의 장막을 거두면 믿는 자들은 본향(本鄕)으로 돌아가게 되어있다. 이 본향이 다름아닌 영원한 하늘나라이다. 사라는 이제 이 땅의 나그네 삶, 거류자(居留者) 삶을 끝내고 본향 곧 하나님 나라(천국)로 돌아간 것이다.

우리는 이 땅에서 끝까지 믿음으로 살았다는 증거를 남겨야 한다. 죽는 순간은 그 사람의 모든 믿음의 싸움의 결산을 계수하는 순간이다. 하나님이 보시는 것은 이 세상에 살면서 얼마나 많은 사람들을 복되게 했으며, 얼마나 많은 사람들에게 은혜를 끼쳤느냐 하는 것이다. 하나님은 그에 따른 상(賞)을 주실 것이다. 본향에 다다랐을 때……

Chapter 31 🍃

이삭의 결혼 이야기

창세기 24장 (창 24:1~67)

　　창세기 24장은 창세기 50장 가운데 가장 긴 장(章)이다. 이 장(章)
은 일명, '창세기의 아가서' 라 불린다.

　　그러면 왜 그렇게 긴 장으로 쓰여졌을까? 여기엔 '이삭의 결혼'
이야기가 나오기 때문이다. 이삭의 결혼은 단순한 일반적 결혼이 아
니다. 이 결혼은 하나님의 특별한 약속이 있는 결혼이며, 이 결혼을
통하여 하나님의 약속하신 후손이 태어날 것이기 때문이다. 그러므
로 만약 이삭이 결혼하지 않으면 약속하신 후손이 오지 않을 것이며
하나님의 나라도 실현되지 못할 것이다.

　　그런데 아브라함은 아직까지 이삭이 결혼하여 아들을 낳는 것을

통해 하나님의 약속이 구체적으로 실현되는 것을 보지 못하고 있다. 때문에 이제껏 20년 가까이 조용하게 이삭의 결혼을 기다려오던 아브라함은, 자신이 죽기 전에 이삭이 '믿음'으로 결혼할 수 있도록 방침을 정해주고 도와주어야겠다고 생각해 드디어 행동을 개시한다. 그것이 늙은 종을 자신의 고향으로 보내 이삭의 신부를 구해오는 일이었다.

한편 하나님의 이삭을 향한 결혼진행의 구체성은 단순히 이삭 한 사람만으로 그치는 것이 아니라, 나아가 선택된 이스라엘 백성 모두를 향해 하나님께서 큰 은혜를 베풀어 주시고 함께 하심을 보여주고 있기 때문에 백성들은 이 기사를 좋아하며 관심을 갖고 읽게 되는 것이다. 그러므로 이 결혼 이야기는 당연히 길고도 상세하게 기록될 수 밖에 없다.

아브라함이 여호와 하나님께 지켜야 할 언약은 두 가지이다.
하나는 가나안 땅을 떠나지 말 것과 다른 하나는 이방 신을 섬기지 않는 일이다. 이 두 가지만 지키면 하나님은 그에게 씨를 주실 것이며, 그 씨를 통하여 가나안 땅을 주시리라는 것이 아브라함의 '믿음'이었다.(창 24:7) 그래서 그는 늙은 종에게 이삭의 아내를 구해오라는 막중한 임무를 맡기고는 그에게 아브라함 자신의 환도뼈 밑에 손을 넣고 맹세토록 했다.

그러면 이와 같은 행위는 어떤 의미를 갖고 있나?
이 행위는 성기 근처에 손을 넣고 하는 맹세를 완곡(婉曲)하게 표현한 것으로서 간접적으로는 할례(割禮)란 의미를 갖고 있다. 이스라엘 백성들은 할례를 함으로써 하나님의 소유가 되었다는 표시를 갖게 된다. 따라서 이 할례를 통한 하나님과의 언약은 자손대대로 유효하다고 보았다.

그러므로 '할례'와 연관해서 볼 때 이 맹세는 반드시 이루어져야 하며 설사 아브라함이 죽는다 해도 아브라함과 늙은 종 사이에 맺은 이삭의 결혼 문제는 반드시 늙은 종이 해결해야 하며 그 일이 이루어질 때까지 그는 돌아올 수 없다는 뜻이다.

그런데 24장 2절을 보면 이 늙은 종의 이름이 나와있지 않다. 다만 '늙은 종'이라고만 표기되어 있다. 왜 성경기자는 그의 이름을 밝히지 않고 그대로 늙은 종이라고만 했을까?

여기엔 하나님의 깊은 뜻이 내포되어 있다. 하나님께서는 이름을 밝히지 않고 침묵하고 계신다. 이런 침묵은 이름을 알려주실 때보다 더 중요할 수 있다. '늙은 종'은 24장 전 장을 통해서 볼 때 성령님의 모형(模型)으로 간주된다. '늙은 종'의 이름은 우리가 생각할 때 엘리에셀이 될 수도 있다. 그러나 성경은 그 이름을 밝히지 않고 있다. 이때 만약 늙은 종의 이름이 누구라고 분명히 명시(明視)되면 성령님일 수도 있다는 가정을 주장할 수 없게 된다. 중요한 것은 늙은 종의 이름이 아니라 그의 역할이다. 왜냐하면 그의 역할은 24장 전 장을 통하여 나타나고 있기 때문이다.

늙은 종의 역할 내지 사역(使役)이란 곧 성령님의 대역(代役)이라 말할 수 있다. 그만큼 24장에는 성령님의 성향 및 활동이 지속적으로 드러난다. 때문에 우리는 여기서 성령님의 돌보심, 인도하심, 이끄심이 어떠한 것인지를 알 수 있다. 성령님의 활동은 리브가가 하란(밧단아람)에서 가나안의 헤브론(브엘라헤로이)까지 오게 되는 경위에서 잘 드러나 있다.

그러면 이삭의 결혼 과정의 모든 사건들이 과연 성령님의 역사하심이란 것을 무엇으로 알 수 있나? 이제부터 우리는 그 증거를 몇 가지 사항을 통해 짚어보기로 한다. 리브가가 과연 아무런 의심도 없이 이삭을 남편으로 맞아들일 수 있었을까? 그 부분부터 먼저 찾아보기로 한다.

첫째, 이삭과 리브가는 나이 차이가 무려 20년 가까이 된다.
둘째, 리브가는 이삭의 얼굴을 본 일이 없다.
셋째, 리브가는 늙은 종을 한번도 전에 본 일이 없는데 어떻게 종의 말을 다 믿을 수 있을까?
넷째, 하란(밧단아람)에서 가나안까지는 거리가 너무 멀다. 수백 km가 넘는다.
다섯째, 한번도 가 본일이 없는 전혀 다른 문화권에 무엇을 믿고 간단 말인가?

이상의 의문점이 있는데도 불구하고 대체 리브가는 늙은 종의 말만 듣고 어떻게 결혼할 생각을 하고 따라 나설 수 있었을까? 그것도 지체치 않고 즉각적으로 따라갈 수 있었을까?
이는 일차적으로 늙은 종이 정직하게 사실대로 모든 것을 진정성

있게 말했기 때문이다. 그는 아브라함의 종으로서 그의 주인의 아들 이삭의 결혼 문제는 대단히 중차대(重且大)한 일이며 그 일 때문에 이곳까지 오게 된 경위를 가감삭제(加減削除)하지 않고 진실되게 전했다. 이때 성령님이 역사함으로써 저들 마음, 곧 리브가의 가족 마음을 움직였기 때문이다.

이것이 성령님이 하는 주된 업무이다. 성령님은 강요하지 아니하고 억압하지 않고 선택권을 상대방에게 주어 자율적으로 결정케 한다. 이것이 성령사역의 본질이다.

늙은 종은 기도하는 가운데 이 결혼은 성사(成事)될 것을 확신하고 음식 대접도 사양하고 먼저 리브가 가족 모두에게 이번 결혼에 대한 상황을 구체적으로 사실대로 다 말했다. 이때 듣고 있던 모든 가족은 이 일은 여호와 하나님으로 말미암았으므로 가고 말고가 없고 그대로 순종할 수 밖에 없다고 고백한다. 리브가는 계속적으로 종의 말을 듣는 가운데 남편 될 사람인 '이삭'을 향해 처음엔 궁금했고, 점차 이해할 수 있게 되며 연이어 말을 듣는 가운데 만나고 싶은 마음과, 기대심과, 나중엔 보고 싶어지는 마음까지 생겼던 것이다.

우리 역시 하나님 말씀을 처음 읽거나 들을 때에는 모든 것이 낯설게 느껴지다가 점점 말씀에 이끌려 말씀 속에서 하나님을 만나게 되는 것과 유사하지 않는가. 오늘날 우리는 이 일을 성령께서 이루신다고 알고 있다. 창세기 때에 살았던 리브가는 곧 오늘날 교인 한 사람, 한 사람을 말할 뿐만 아니라 교회 자체를 모형화 시켜 놓았다고 보면 된다.

곧 사라의 장막 안에서 사라는 죽고 이제 리브가가 대신 이어서 그 자리에 들어가게 된다. 다시 말해 이제는 리브가가 사라 대신 그 주인공으로 들어온다. 따라서 리브가는 곧 교회의 모형이라 할 수 있다. 리브가는 하나님의 예정된 계획 속에 있어온 존재이다. 곧 이삭의 결혼을 위해 하나님이 예비해 놓으시고, 키우시고, 준비시켜 이삭과 결혼이 성사되도록 이끌어온 존재이다.

이것이 이삭과 리브가의 결혼이며 이삭은 예수 그리스도의 모형이라 할 수 있고, 그리스도의 신부로서의 리브가는 이미 하나님 계획 속에 있어온 여인으로 간주할 수 있다.

여기서 하나님의 구원의 일방적 절대성을 알게 된다. 구원은 오직 그 분의 전적인 간섭하심과 역사하심으로 이루어진다. 인간의 공로는 전혀 개입되지 않는다. 이로써 이삭과 리브가의 결혼은 곧 "이삭을 통하여 날 자라야 네 씨라 칭하리라" 말씀하신 하나님의 구체적 계획이 리브가의 자원하는 마음을 통하여 이루어진 구원 계획의 성취인 것이다.

창세기 24장은 하늘의 계획이 땅의 계획 속에서 실현된 예이다.

여기서 리브가는 사라의 뒤를 이어 '열국의 어미'란 칭호를 물려받게 된다. 이삭의 아내가 됨은 그리스도의 신부가 되는 것으로 그 지위가 왕후의 자리와 같은 것이다. 이처럼 하나님은 당신의 백성을 낮추시기도 하고, 때로 높이시기도 하며 인도해 가신다. 리브가는 아주 존귀하고 영광스러운 이삭의 신부가 된다.

리브가는 먼 길 곧 하란에서 가나안까지 길고도 긴 여행길을 믿음 하나 갖고 떠난다. 그러나 무사히 가나안에 도착한다. 모든 위험한 여정 길에서 돌봐주는 이는 바로 성령님이시다. 이처럼 늙은 종의 행로를 통하여 우리는 성령님의 간섭하심과 인도하심을 만나게 된다. 리브가가 '이삭'이라는 인물을 만나기 전 그를 마음속에 품고 기대하고 사모했듯이 우리 역시 천국에 소망을 두고, 천국을 품고 미래 지향적으로 오늘을 살아가고 있는 것이다.

이처럼 창세기 24장은 예수그리스도께서 우리의 신랑 예수가 되시고 우리는 그의 신부가 되는 것을 이삭과 리브가의 결혼 이야기를 통해 우리에게 알려주는 복음의 장(章)이다. 이삭이 결혼할 신부를 기다리며 들에서 묵상하는 가운데 리브가가 멀리서 오는 것을 보고 그는 기쁨을 감추지 못한다. 그녀를 만난 후, 이삭은 아무 말이 없이 그대로 신부 될 리브가를 데리고는 어머니 사라의 장막 안으로 들어간다. 그리곤 새로운 주의 가정, 작은 하나님 나라를 만들게 된다.

이와 같이 내가 예수님을 마음속에 '주님'으로 영접하는 순간 나 또한 예수의 신부가 되는 격이다. 이제부터 나를 책임지고 이끌어 가시는 분은 내 안에 계신 성령 하나님이시며, 나는 그리스도의 신부로서 내가 그 분께 순종하며 살아갈 때 그 분은 신랑예수로서 나의 전 삶을 책임져 주실 것이다. 때문에 주님과 사랑의 환희를 이루는 이 장을 일명 '창세기의 아가서'라 부르기도 하는 것이다.

족장역사

C. 야곱의 생애

No.32-44

Chapter 32

장자권에 얽힌
사연

창세기 25장 (창 25:1~34)

창세기 25장 전반부에는 아브라함이 후처 그두라를 얻는 장면이 나온다. 아브라함은 사라가 죽은 후 그두라를 다시 아내로 맞아들이고 자녀 여섯 명을 낳았으며 손자를 일곱 명이나 둔다. 고대에는 하나님의 축복이 자녀를 통해 가시적인 것으로 표현되었다. 고대인들은 많은 아들과 많은 가축, 긴 수명(壽命)등 구체적으로 눈에 보이는 것들을 하나님의 축복으로 여겼다. 그래서 아브라함에게 이삭 외에 다른 많은 아들을 주신 것도 하나님이 참으로 아브라함을 사랑하셨고, 그의 삶을 축복하셨다는 사실을 아브라함 자신이나 다른 사람들로 하여금 깨닫게 하시기 위해서였다.

우리 또한 비록 하나님을 알고 구원을 받았다 하더라도 이 땅에 사는 동안 구원만으로는 우리의 삶이 풍성해지지 않는다. 그러하기 때문에 하나님께서는 또 다른 많은 것을 우리에게 허락해 주심으로써 우리의 구원이 단순히 말만으로 이루어진 것이 아니라는 것을 알게 하시며 구원이 얼마나 풍성한 것인지 체험케 하시고 누리게 하신다.

창세기 25장에는 그두라의 아들 족보와 이스마엘 족보가 나란히 이어져 나온다. 그렇다면 이 둘의 족보는 어떤 차이점이 있는가?

그두라의 아들과 이스마엘은 그 위치가 다르다. 그두라의 아들은 하나님이 아브라함을 축복해서 그의 말년에 선물로 주신 자녀들이고 아브라함은 그 아들들을 낳으면서 점점 하나님과 더 가까워져 갔다. 그러나 이스마엘은 하나님의 구원역사에 전혀 등장해서는 안 되는, 일종의 아브라함에게는 우상과 같은 존재이다. 아브라함은 이스마엘을 낳고 나서는 13년 가까이 하나님과의 관계가 소원(疏遠)해져 하나님 음성을 듣지 못한다. 이스마엘은 아브라함이 자의(自意)로, 자연발생적 방법으로 얻은 아들이므로 하나님은 당신의 구원 계획과는 상관이 없기에 그에게는 영적 축복을 내리지 않는다. 다만 큰 민족을 이루어 창대(昌大)하리라 하셨지만, 이스마엘은 구원과는 상관없는 존재로 이 땅에서 세력을 누리며 살다가 죽는 것으로 끝난다. 더 이상 영원한 세계와는 관련이 없다.

그 증거는 다음과 같은 상황에서도 드러난다. 이스마엘은 말하자면 이복 동생인 이삭을 마음내켜 안했다. 오히려 자신이 쫓겨나기 전까지 이삭을 종처럼 부렸던 것 같다. 그런 이스마엘이기에, 이삭을 적대한 나머지 그의 족보를 따라 내려가 보면 결국엔 마호메트란 인물로 예수를 대신하려 했다. 다시 말해 그리스도 예수로 예표되는 이삭 대신 다른 인물을 등장시켜 이슬람 세력을 키워갔다. 마호메트는 이스마엘을 비유해서 내세운 인물로 이슬람교의 교주가 된다. 그러기에 하나님은 이때부터 '이슬람'의 위험을 예견하고 아브라함과 사라 부부에게 경고(警告)하려는 뜻이 계셔서 사라의 권고대로 아브라함으로 하여금 이스마엘을 추방시키도록 하신 것으로 볼 수 있다.

오늘날 소위 아랍 민족을 결성한 '이슬람' 세력은 오일머니(oil money)라는 것을 갖고 세계를 장악하려고 힘을 과시하고 있지 않는가! 무슬림 세력으로 불리우기도 하는 이 이슬람 세력은 오늘날 아프리카와 유럽을 포함한 주변의 교회세력을 말살하려 하고 있다. 이와 같은 이스마엘 족보에 반(反)해 하나님은 이삭 족보를 내세워 당신의 구원역사의 계보를 보여주시고자 하신다. 그래서 25장에서 그 인물로 이삭과 리브가가 등장한다.

24장에서 이삭과 리브가는 결혼했다. 그러나 20년이 넘도록 자녀를 낳지 못하고 있다. 이때 이삭이 하나님께 기도하여 비로소 자녀를 얻게 된다. 즉 리브가의 불임은 이삭과 무관하지 않다. 다시 말해 자연발생적으로는 리브가는 자녀를 낳지 못했다. 그 자녀는 하나님이 개입함으로써만 가능했다. 곧 이삭으로 대변(代辯)되는 그리스도가 관여함으로써 기적적으로 잉태가 가능해졌다.

오늘날도 동일하게 우리 안에는 구원을 가능케 하는 어떠한 요소도 없다. 다만 예수가 찾아옴으로 즉 하나님 말씀을 만나 구원의 빛을 받을 때만이 새 생명으로 태어날 수 있다. 25장 본문은 바로 그 말씀을 하려고 리브가의 불임사건을 등장시키고 있다. 이때 리브가는 쌍둥이를 낳는다.

왜 하필 하나님은 그녀에게 쌍둥이를 낳게 하셨을까? 그것은 쌍둥이라도 누구는 하나님께 선택을 받고, 누구는 버려지는 것을 보여주기 위한 하나님의 숨은 계획이 있었기 때문이다. 그러면 어찌하여 쌍둥이 중 하나만 선택 받게 되나? 그것은 하나님의 절대주권(絶對主權)일 뿐이다. 인간 누구도 이에 이의를 제기할 수 없다. 그 분께서는 그 분만이 선택할 권리가 있다. 만약 그가 반드시 의무적으로 둘을 다 선택해야만 한다면, 구원받음에 있어 은혜는 적용될 수 없다. 그리고 그 분은 그렇게 해야 할 의무가 없다. 그 분의 예정(豫定)이요, 그 분의 선택은 그 분의 권리일 뿐이다. 칼빈은 이를 일컬어 '하나님의 절대주권' 이라고 말한다.

다만 내가 선택되어 말씀 속에 거한다면, 그것이야 말로 은혜요, 은총인 것이다. 나의 공로, 나의 노력과는 아무 상관없는 전적인 은혜일 뿐이다. 이것이 구원이 보여주는 특징이다. 구원 이후에는 인간의 노력이 따르면서 성화과정(聖化過程)은 진행되지만 출발은 전적으로 하나님 편에 있다.

왜 쌍둥이는 뱃속에서부터 싸우고 있나? 하나님께서는 리브가에게 그녀의 태중에서부터 두 국민이 나뉜다고 말씀하셨다. 그것은 같은 어머니의 태 안에 있지만 그들은 근본적으로 합할 수 없는, 그리하여 갈라질 수 밖에 없는 분리된 본성을 갖고 있다는 얘기다. 일컬어 옛 본성(에서로 상징), 새 본성(야곱으로 상징)이 서로 세력을 펴려고 다툼이 일어난다는 것이다.

그 다음은 리브가의 뱃속에서는 비밀스런 투쟁, 즉 보이지 않는 투쟁이요, 이 세상에 태어나면서부터는 보이는 투쟁으로 나타난다. 그러므로 에서와 야곱의 대결은 인간에서 출발한 것이 아니라 하나님의 예정 속에 이미 뱃속에서부터 정해져 있음을 알 수 있다. 때문에 태어나기도 전, 리브가에게 들려오는 음성은 "두 민족이 네 복중에서부터 나누이리라. 이 족속이 저 족속보다 강하겠고 큰 자가 어린 자를 섬기게 될 것이다."(창 25:23)라는 말씀이며, 그 말씀은 예언의 말씀이었다.

우리는 이에 대해 하나님께서 왜 그렇게 하시느냐고 물을 권리가 없다. 그것은 그분의 심오한 계획에서 온 것이기 때문이다. 토기(土器)가 어떻게 토기장이에게 '왜 나를 이렇게 만들었느냐'고 말할 권리가 있겠는가?(렘 18:6)

태어날 때 에서와 야곱은 아주 다르게 태어난다. 에서는 몸이 붉고 털이 많았다. 몸이 붉다는 것은 옛 아담을 상징한다. 아담의 뜻은 붉다는 뜻을 갖고 있다. 털이 많다는 말은 자연인으로 보기에 멋있고 야성미 넘치게 태어났다는 뜻이다. 자라면서 에서는 들로 나가 사냥을 즐겼고, 야곱은 장막에 주로 거하였다. 이 말은 에서는 직업이 사냥꾼으로 그 명성과 인기가 꽤 있었고 사냥을 하고 돌아오면 바로 환영을 받았다는 말을 내포하고 있다. 에서는 즉흥적이고 세상 인기에, 사람들 칭찬에 주목했다. 하나님 축복은 그에겐 별 관심거리가 되지 못했다. 에서는 현실적이고 쾌락을 즐기고 사냥해온 고기로 음식을 해서 아버지에게 갖다 드려 사랑을 받으려 했다.

반면, 야곱은 목축업을 주로 하고 장막에 거했다는 말은 아브라함(구약) 교회로 상징되는 장막에서 주로 예배에 참석했다는 뜻을 담고 있다. 그리하여 야곱은 예배를 통해 조상들의 이야기를 많이 들을 수 있었다. 할아버지 아브라함과 아버지 이삭과 함께 하셨던 하나님에 대해 이야기를 듣는 기회가 많았다. 그 가운데서 장자권(長子權)의 소중함과 그 가치에 대해 듣고 알게 되었다.

그러나 에서는 늘 밖에 나가 있었기 때문에 예배 드리는 생활과는 거리가 먼 생활을 했다. 이때 야곱은 어떻게 하면 그 좋은 장자권을 자신이 얻을 수 있을까 하여 항상 그것을 갈망하고 기회를 찾고 있었다고 볼 수 있다. 오늘날로 치면 그 장자권이란 영적으로 그리스도를 얻고자 함이요, 그것에 전 가치를 두는 것을 말한다.

그러나 에서는 장자권에 소홀했다. 오늘 당장 좋은 음식 먹고, 인기 누리고, 잘 먹고 잘 살면 되는 것이었다. 그러다가 어느 날 그가 몹시 배고파 사냥에 아무런 수확 없이 돌아왔을 때 마침 야곱이 팥죽을 쑤고 있는 것을 보게 된다. 그는 그것이 먹고 싶었다. 오직 그것만 보였다. 이것이 에서이다. 그래서 그는 가볍게 장자권을 야곱에게 팔게 된다.

장자권을 가지면 그는 그 가문의 제사장 격이 되고, 재판권을 갖게 될 뿐만 아니라 가족에게 하늘의 축복을 선포할 권한을 갖게 된다. 하나님의 말씀의 통로가 된다. 유산(遺産)을 다른 자녀들보다 배나 더 받게 된다. 에서는 이 모든 권한을 포기한 셈이다. 그러나 야곱은 오늘보다 미래를 향해 하늘의 소망을 갖고 산 사람이기에 장자권을 얻고자 전심전력(全心全力)했다.

●○○ 묵상

우리는 위에서 에서의 특징과 야곱의 특징을 살펴 보았다. 이는 오늘을 살아가는 인간의 유형을 두 가지로 대변하고 있는 격이다. 에서 형(型)은 보이는 것, 현세적인 것, 정복하는 일을 좋아하는 형이다. 세상적으로 비유하면 권력, 부(富), 명예와 같이 보이는 것에 가치를 두고 사는 형이다. 반대로 야곱 형(型)은 영원을 사모하는 자, 조건 없는 그리스도의 사랑을 갈망하는 자, 신령한 것에 가치를 두고 사는 자를 말한다.

그런데 여기서 야곱이 몰랐던 것이 하나 있다. 그것은 다름아닌 장자권에 관한 인식이다. 그 좋은 장자권은 애초부터 하나님께서 야곱에게 주기로 작정하셨기에 그는 기다리면서 갈구했더라면, 때가 되면 저절로 받게 되었을 텐데… 그것을 몰랐기에 투쟁으로 얻으려 했으므로 갖은 술수를 다 썼던 것이다. 그리하여 결국엔 간교한 자,

교활한 자, 속이는 자라는 불명예스런 이름을 얻게 된다.

이 부분은 야곱이 태어나자마자 리브가인 엄마가 아들인 야곱에게 장자권은 그에게 예정된 축복으로 내려진 것임을 들려주었어야 했다. 그리하여 형 에서에게 오히려 늘 베풀고 잘해 주라고 가르쳤어야 했다.

아버지 이삭 역시 사냥 고기로 만든 음식만 받아먹고 에서만 좋아할 것이 아니었다. 그랬기 때문에 야곱은 늘 아버지 사랑을 받지 못하고 있다고 여겼으므로 아버지를 속여서라도 장자권을 따내려고 했던 것이다. 아버지 이삭은 에서를 향해 이렇게 말했어야 했다. "너는 좋은 은사를 갖고 태어났는데 그것으로 남을 위해 봉사해야지 그것 가지고 권력을 휘두르고 지배해서는 안 된다. 네가 형이지만 동생 야곱을 따라야 네가 받을 축복을 누릴 수 있단다"라고…

에서와 야곱에 대한 합당한 말씀을 갈라디아서 5장 17절에서는 다음과 같이 말하고 있다. "육체의 소욕은 성령을 거스르고 성령은 육체를 거스르나니 이 둘이 서로 대적함으로…" 즉 성령과 육체의 소욕은 서로 대적(對敵)할 망정, 협력할 수 없다는 것이다.

따라서 에서는 귀중한 장자권을 팥죽 한 그릇에 팔아버린다. 그는 하나님의 왕권적 축복을 세상 것, 지극히 작고 허무한 것에 팔아넘기고 만다. 팥죽 한 그릇이란 곧 이 세상의 가치 기준의 척도가 된다. 가롯 유다 역시 그의 은 30세겔은 에서의 팥죽 한 그릇에 비유되며 그는 그 돈을 받음으로 해서 예수의 제자 반열(班列)에서 영원히 제해진다. 하나님의 무한한 축복의 반열에서 어이없이 제하여 버려졌다.

그렇다면, 오늘 우리는 하나님의 백성으로 무엇에 가치 기준을
두고 살아야 할 것인가! 보이지 않는 그것을 위해 어떤 자세로 기다
려야 하는 것인가! 어떻게 삶을 살아내야 하는 것인가!

Chapter 33 🍃

이삭과 우물

창세기 26장 (창 26: 1~35)

창세기 26장은 이삭의 우물 사건이 주요 핵심이다. 그러면 이삭의 우물 사건은 어떻게 해서 시작되나?

창세기 21장 33~34절을 보면, 33절 "아브라함은 브엘세바에서 에셀나무를 심고 거기서 영원하신 여호와의 이름을 불렀으며" 34절 "그가 블레셋 사람의 땅에서 여러 날을 지냈더라"

아브라함이 에셀나무를 심고, 거기서 여호와의 이름을 부르고 여러 날을 지냈다는 말은 그곳 브엘세바에서 아브라함은 100세에 낳은 이삭과 함께 그를 키우면서 여러 해를 보냈다는 뜻이다.

그 동안에 이삭은 아버지를 따라 다니며 아버지 아브라함이 파는 우물에 대해 많은 것을 익히게 된다. 후에는 이곳에서 판 우물을 놓고 아브라함과 그랄왕 아비멜렉 두 사람은 화친(和親)하는 맹세를 하고는 맹세한 그 장소를 브엘세바(맹세의 우물)라고 이름 지었다.

그런데 26장에 와서 아들 이삭도 아브라함 때처럼 기근을 만난다. 그는 이 기근을 피하려고 애굽으로 내려가고자 한다. 이때 하나님은 이삭에게 애굽으로 내려가지 말고 하나님이 지시하시는 땅으로 가서 거기 거주하라고 말씀하셨다. 왜 그렇게 하셨을까?

당시 가나안 사람들의 죄악은 도를 넘어서서 저들은 미신 행위와 성적인 퇴폐행위를 일삼았다. 하나님께서는 이 같은 가나안의 죄를 징계(懲戒)하시려고 기근을 내리셨으며, 이스라엘 백성까지도 함께 이 환란(患亂)에 밀어 넣으셨다. 따라서 이삭을 애굽으로 보내지 않으신 것은 "이 흉년은 이삭 너의 믿음을 시험하기 위해 내가 너에게 준 것인데, 어찌하여 너는 시험을 치르지 않고 도망치려 하느냐"는 것이다.

또한 하나님께서는 이 흉년을 통해 이삭에게 "이 가나안 땅을 떠나지 말거라. 이 가나안 땅은 내가 직접 다스리며 모든 죄인을 용서하고 치료하는 나라니라." "그러니 너는 이곳에서 지금 고생하고 있는 사람들의 비참한 현실을 똑똑히 보아야 한다."고 말씀하시는 것이다.

그리하여 이삭은 하나님의 말씀 때문에 애굽으로 내려가지 못하고 그랄 지방에 머무르게 된다. 그러나 그랄 사람들이 하나님을 모른다는 사실은 이삭을 몹시 불안하게 했다. 그리하여 그랄 사람들에게 자기 생명을 보존하기 위해 아내를 누이라고 속였다. 이때 하나님께서는 이삭이 스스로 거짓말을 포기할 것을 기다리셨기에 그 거짓말은 오래도록 드러나지 않았다. 그러나 어느 날 이삭은 자신도 모르게 아내를 껴안는 장면을 그만 아비멜렉에게 들키고 말았다. 아비멜렉은 이삭의 거짓말을 맹공격했고 그를 호되게 야단쳤다. 그리고 왕은 그랄 지방 모든 백성에게 누구도 절대로 이삭 부부에게 손을 대지 못하게 함으로써 저들 부부를 보호해 주었다.

이 일련의 일들을 보면 하나님께서는 이삭 부부에게 얼마나 많은 관심을 갖고 계시며 저들의 행보(行步)를 지켜보고 계시는지 알 수 있다. 하나님은 이삭이 애굽을 바로 눈 앞에 두고도 그 곳 애굽까지 가지 않고 발걸음을 뒤로 하여 애굽을 등지고 그랄 지방에 머무는 것을 지켜 보셨다.

또한 이삭이 아내 리브가를 '누이'로 속이고 살다가 그것이 발각되었을 때 깨끗이 그 죄를 자복하고, 인정하는 모습도 보셨다. 마침내 하나님은 이삭에게 그 해 소산(所産)을 100배 이상 거두게 하셨다. 양 떼도, 소 떼도 엄청나게 불어나도록 하셨다.

이 광경을 보고 있던 블레셋 사람들은 시기와 질투가 나서 저들에게 시비를 걸며 싸움을 걸어오다가 급기야는 아브라함이 팠던 우물을 메꾸어 버린다. 아비멜렉은 이삭에게 "네가 우리보다 크고 강성한즉 이곳을 떠나라"(창 26:16)고 명령을 내린다.

이 순간 이 말을 듣고 있는 이삭을 한번 생각해 보았는가?

농사는 그랄 사람들이 지으라고 해서 지은 것이다. 그리고 그 땅도 자기네들은 사용치 않는 땅이다. 그랄 땅은 원래 농사가 잘 안 되는 곳이다. 이삭은 도둑질을 해서 부자가 된 것이 아니라 하나님이 복을 주셔서 부자가 된 것이다. 우물 역시 아버지 아브라함이 판 것이다. 그랄 사람들은 그 때로부터 거저 그 우물물을 먹어왔다. 그런데 저들은 이제 와서 시비 끝에 모든 우물을 막고 흙으로 메워버렸다.(창 26:15)

다시 말해 평소엔 버려진 땅, 관심도 없던 땅을 이삭이 갈고 가꾸어 농사를 지은 결과 뜻밖에도 놀라운 수확을 거두었다. 그것도 100배 이상의 수확을 거두어 기쁨을 감출 수가 없었다. 그런데 갑자기 청천벽력(靑天霹靂)같은 명령이 떨어진 것이다. 거기다 양떼, 소떼에게 먹였던 우물들을 막아버리다니…. 이삭은 기가 막혔다. 이삭은 이럴 수도 저럴 수도 없게 되었다. 그는 애굽으로 내려갈 수도 없고 그랄 땅에서는 쫓겨날 형편이 되었다. 이삭은 이때 하나님께 물었다. '하나님 이렇게 엄청난 곡식을 추수하게 하시더니 왜 블레셋 사람들은 이제 와서 저를 이토록 괴롭히는 것입니까?' '하나님 어떻게 하면 좋을까요?'

그는 하나님께 간절히 기도했다. 기도 가운데 이삭은 지난날 기근으로 애굽으로 내려가려고 했을 때, 하나님께서 애굽으로 내려가지 말고 하나님이 지시하는 땅으로 가라고 하시던 그 음성을 다시금 상기(想起)하면서 이런 생각이 떠 올랐다. '하나님이 지시하신 땅은 분명 가나안 땅인데…. 내가 그곳에 가지 않아서 이런 일을 당하나?' '이 많은 곡식과 양떼를 다 가지고 갈 방법도 없고, 우물은 흙으로 메워 버렸고, 다시 판다고 한들 저들이 또 막아버릴 것 같고….' 이삭은 진퇴양난(進退兩難)에 빠졌다. 그의 마음은 두려움에 싸이기 시작했다.

여기서 생각할 점은, 이 시험은 하나님이 허락하신 시험이라는 것을 알아야 한다. 그러므로 일단 두려워해서는 안 된다. 이 시험은 때로 당한 자에게 두려움을 줄 수 있지만 그러나 결코 그 두려움이 그를 완전히 지배하지는 못한다. 이럴 때, 이 문제를 푸는 길은 오직 기도 하는 일뿐이다. 기도하는 가운데 하나님의 지혜를 얻는 일이다. 그리할 때 하나님은 새로운 발상을 주실 것이다. 기존의 생각이 바뀔 수가 있다.

'아버지가 판 우물이 여기가 전부는 아니잖아. 그러니 그것을 찾아 또 파면 될 것 아닌가!' 이런 생각이 떠오르면서 이삭은 그 동안 우물 때문에 고민했던 것을 놓아 버릴 수 있었다. 그에게 사고(思考)의 전환(轉換)이 일어난 것이다. 이삭은 만약 자신이 그 땅과 우물을 지키기 위해 혈기를 부리고 싸운다면 분노와 좌절만 일어날 것을 알았다. 마침내 이삭은 100배 이상 수확을 거둔 땅을 내려 놓았다. 땅과 우물을 포기했다. 그리고는 그랄 평지를 떠나 골짜기로 들어갔다. 그곳에 들어가 가축들에게 물을 먹이기 위해 다시 아버지가 팠던 우물을 찾아 파기 시작했다. 다행스럽게 우물이 발견되었다.

그러나 블레셋 사람들은 또 다시 그곳까지 쫓아와 그곳 우물이 자기들 것이라고 떼를 쓰며 그 우물을 차지해 버렸다. 그리하여 이삭은 그곳 우물 이름을 '에섹(다툼)' 이라 불렀다. 이삭은 다시금 이 우물을 포기하고 다른 우물을 팠는데, 이제는 그 우물을 두고 다툼을 넘어서서 증오(憎惡)하는 관계까지 되었다. 그랄 목자들은 이삭의 목자들에게 경멸(輕蔑)하는 태도까지 보였다. 결국 이삭은 그 우물을 또 포기했다. 그리하여 그 우물 이름을 '싯나(경멸)'라고 불렀다. 이삭은 하는 수 없이 여기서 또 다시 옮겨 다른 우물을 팠다. 그런데 그곳에서도 기적적으로 물이 솟았다. 이제는 공간이 넓어져 더 이상 다툼이 일어나지 않았다. 그러므로 그곳 우물을 '르호봇(공간)'이라고 이름지었다.

우리는 위의 장면을 보면서 '어떻게 이삭은 이 우물 파는 사건에서 이렇게 양보할 수 있었을까?'를 생각하게 된다. 그런데 23절에 보면 이삭은 그와 같이 넉넉한 우물을 얻고 나서 그 장소에 오래 머무는 대신 그곳을 떠나기로 결심한다. 이제 살만한데 왜 그런 생각을 했을까? 이삭은 그 동안 우물 사건을 겪으면서 '르호봇'이라는 우물을 얻긴 했지만 그것도 안전할 것 같지 않았다. 만약 그랄 사람들의 마음이 변한다면 그땐 얼마든지 우물을 다시 빼앗길 수도 있고 또 물도 언제 마를지 몰랐다.

그렇다면 이제 어떻게 해야 하나?
가나안 땅에는 아직 흉년이 끝나지 않았다. 하지만 이삭은 하나님의 약속의 말씀만을 의지하기로 했다. 이삭은 마지막으로 붙들고 있던 '르호봇'도 포기한 채 물도 없고, 아는 사람도 없는 브엘세바로 올라가기로 결심한다. 그는 하나님의 말씀 하나 붙들고 가나안 땅 더 안쪽으로, 흉년이 더 심한 곳으로 깊이 들어갔다.

이삭이 이렇게 할 수 있었던 이유는 그는 그랄 지방에서 하나님의 능력을 체험했다. 농사를 지었을 때 100배나 수확을 거두었고, 우물을 팔 때마다 물이 나왔다. 이것은 기적이었다. 이런 크고 작은 체험들을 통해서 그는 깨달았다. '하나님께서 나와 함께 하신다면 한번 가 보는 거다.' '그 분은 분명히 나를 붙잡아 주실 것이다.' '그 분은 내게 약속하시기를 내가 그 땅에 거류하면 우리 조상 아브라함에게 약속하셨던 그 복을 주시겠다고 하시지 않았던가'

그리하여 이삭은 그랄 지방을 떠나 브엘세바로 올라갔다. 그런데 바로 그날 밤에 여호와께서 나타나사 두려워하지 말라고 하시며 아브라함에게 주시겠다고 약속하셨던 그 복을 이삭에게 다시금 내려 주시겠다고 약속해 주셨다. 그랄과 브엘세바는 거리가 그리 멀지 않다. 그런데도 하나님은 이삭의 결단하는 중심을 보시고는 드디어 침묵을 깨시고 곧바로 그를 찾아와 "두려워 말거라 나는 흉년보다 크니라."고 말씀하셨다.

이때 이삭은 말씀을 들었던 그곳에 제단을 쌓고 예배를 드렸으며 종들을 시켜 우물을 파게 했는데 또 한번 기적적으로 우물물이 터졌다. 이 우물은 이삭이 하나님을 뜨겁게 만나고 나서 자신의 능력으로 처음 얻게 된 우물이다. 하나님께서는 저들에게 가장 필요한 것이 무엇인지 아셨기에 그 우물을 선물로 내려주신 것이다.

26장 후반부에 가면 이삭이 하나님의 말씀에 순종하여 브엘세바로 올라간 후, 하나님께서는 그 주위에 있는 자들에게 두려움을 주서서 그를 해치지 못하게 하셨고 오히려 저들이 이삭을 찾아와서 화해를 청하게 하셨다. 즉 이삭을 미워하고 시기하여 내쫓았던 그랄왕이 신하와 군대장관을 대동하고 그를 찾아와서 사죄하며 화해를 요구했다. 그리고는 맹약(盟約)을 맺고자 했다. 하나님이 이삭의 권위를 세워주신 것이다. 그리하여 종들이 판 우물이 있는 성읍은 '브엘세바'로 명명되게 된다.

한편 에서는 40세에 헷족속인 유딧과 바스맛 두 여인과 결혼함으로써 이삭과 리브가의 근심거리가 된다. 이 말씀이 26장 끝 마무리를 장식하는 데는 어떤 뜻이 암시되어 있나? 이 말은 이방인인 아비멜렉 조차도 하나님의 능력과 베푸신 은혜를 보고는 화친을 요구하고 나오는데, 아들 에서는 오히려 헷족속 여인을 아내로 삼아 하나님과는 점점 멀어지는 쪽을 택하고 말았다는 얘기다.

그렇다면 이는 에서가 스스로 하나님을 떠나는 삶을 살고자 함을 보여주고 있다. 오늘의 현실이 좋고, 현재적 삶을 즐기는 자에게는 미래란 있을 수 없다. 하나님도 그런 자에겐 관심을 가지지 않으신다. 왜냐하면 그는 자기 좋을 대로 살다가 자기 길을 갈 것이기 때문이다.

● ○ ○ 묵상

이삭은 나름대로 믿음 생활을 한다고 했지만 흉년이 들자 애굽으로 내려가려고 했다. 그러나 하나님께서 막으셔서 그랄 땅에 주저

앉게 된다. 그러자 하나님께서는 그랄 사람들의 마음을 강퍅케하사 그로 하여금 많은 시련을 겪게 하셨다.

이삭은 아내 리브가를 '누이'로 속여 그랄 땅에서 오랫동안 살아 오다가 어느 날 그랄 왕에게 들켜 혼쭐이 난다. 그러나 하나님의 은혜로 풀려나게 되고 그 해 백배나 되는 소산을 얻게 된다. 그러나 블레셋 사람들의 시기, 질투 때문에 급기야 땅과 우물을 다 빼앗기는 신세가 된다. 그 후 몇 번의 우물을 애써 더 팠지만 그때마다 저들이 일방적으로 권리행사를 함으로써 어이없게 그 우물을 빼앗기고 만다.

이런 일련의 사건들을 만나면서 이삭은 이 모든 것이 하나님께서 이삭 자신을 향하여 내리시는 징계요, 훈련이요, 환란임을 깨닫는다. 그리고 그 근본이유는 자신이 하나님이 원하시는 길, 바로 가나안 땅으로 가라는 그 명령을 어겼기 때문에 겪어야 했던 일임을 깊이 자각했다.

결국 이 모든 사건들은 하나님이 자신을 연단시키는 훈련코스임을 분명히 알아차렸다. 이제 이삭은 결심한다. 그랄 땅에 더 머무를 이유가 없다는 것을…. 블레셋 사람은 하나님이 쓰시는 도구일 뿐이고 정말로 중요한 것은 자신이 생각을 바꾸어 하나님을 향하여 온전히 나아가야 한다는 사실이었다.

마침내 이삭은 믿음의 결단을 내린다. 그는 그랄 땅을 떠나 브엘세바로 올라간다. 그곳은 아브라함과 아비멜렉이 맹세의 서약을 했던 곳이다. 이름하여 '브엘세바'이다. 이삭은 그곳에 오르면서 생각한다. '누군가가 나를 힘들게 한다면, 그를 미워하기 전, 그것은 아직 내가 하나님과 바른 관계에 있지 못하다는 것을…. 그리고 그 일을 통해 나를 정신차리게 하고 교만을 낮추시고, 나를 당신의 뜻대로 걸어가게 하시려는 것임을….' 이삭은 마음 깊이 이 사실을 되새기기 시작한다.

이삭의 우물 사건은 단지 며칠 동안에 일어난 사건이 아니다. 우리는 성경에서 우물 사건이 연이어 터지니까 마치 며칠 사이에 이 사건이 연속적으로 일어난 것으로 생각할 수 있지만 적어도 '에섹'에서 '싯나', '싯나'에서 '르호봇'까지는 꽤 많은 시간이 흘러갔을 것으로 본다. 때문에 한번의 우물 사건이 터질 때마다 이삭은 죽었고, 그 이후 다시금 죽는 경험을 여러 번 했을 것이다. 무엇보다 리브가가 그랄왕을 통해 자기 아내로 밝혀지는 순간 그는 얼마나 큰 죽음을 경험했겠는가.

그럴 때마다 이삭은 점점 하나님과 가까워지고 있었다.

어릴 때는 아버지 아브라함의 믿음을 따라가던 이삭이었지만, 이삭이 성장하여 청년이 되고 어느 날 모리아 제단에 자신이 바쳐지는 순간에 그는 생애 처음으로, 진정 죽는 것이 어떤 것인지를 경험한 끝에 마침내 살아 남았다. 그리고 두 아들 야곱과 에서가 커가는 몇십 년 동안(이는 에서가 40세에 결혼했다는 기사가 그것을 말해주고 있다.) 이삭은 하나님의 음성을 듣는 훈련을 하게 된다. 좌절과 고난 속에서 이삭은 점점 크게 들려오는 하나님의 음성 앞에 영혼의 무릎을 꿇게 된다. 그러므로 이삭은 우물을 한 번씩 포기할 때마다 하나님과 더욱 친밀해져 갔다. 때문에 그는 혈기와 분노 대신 소유한 것들을 기꺼이 내려놓음으로써 하나님의 사람으로 커가고 있었다.

마침내 때가 되었을 때 그는 결단하고, 그 넓은 르호봇 우물을 포기하고, 아무것도 보장되어 있지 않은 브엘세바, 곧 가나안 땅을 향해 의연히 발걸음을 옮겨 올라가게 된다. 이렇게 하나님은 조용히 이삭의 믿음을 키워 가셨다. 이삭의 생애를 더듬어 보면서 지나간 나의 삶이 오버랩 되는 것은 무슨 연고(緣故)인가…?

창세기 26장은 이삭에게만 할애되어 있는 유일한 장이다. 이 장(章)은 이삭이 믿는 자로서 홀로 이루어낸 진전을 평가하고 있다. 이 장은 수십 년 전에 이삭이 모리아 산에 갔을 때, 영성(靈性)에 있어이미 절정에 다다랐던 한 인간이 세월이 흐르는 동안 여기저기서 넘어지면서, 하지만 하나님을 향해 앞으로 나아가는 모습을 이야기 해준다.

이삭은 단지 아브라함과 야곱 사이의 연결고리일 뿐인가? 그렇지 않다. 이삭의 중요성은 '축복의 통로'가 되는데 있다. 이삭 기사(記事)에는 파란만장한 무용담(武勇談)도 모험여행도 나와있지 않다. 그는 그저 묵묵하게 살아 하나님의 약속을 이어받은 자이다. 그는 허락하신 약속의 땅에서만 자신의 삶을 살아간 사람이다. 그런데 이 사실이 이삭이 부여(附與)받은 가장 커다란 축복이요, 그의 특징이다.

아담, 노아, 아브라함, 야곱, 요셉 및 그의 형제들을 포함한 창세기의 족장에 해당하는 모든 인물들은 그것이 자신의 죄 때문이건, 혹은 천재지변(天災地變)의 재난 때문이건 자신이 살던 땅으로부터 뿌리가 뽑혔다. 그러나 오직 이삭 만큼은 그 어떠한 악조건 속에서도 움직이지 않고 약속의 땅에 든든히 뿌리를 내렸다. 그리고 하나님께서 내려주시는 모든 축복을 누리며 하나님의 백성이 동경하는 전형적인 삶을 살았다.

이삭이 이와 같은 축복을 누릴 수 있었던 이유는 바로 아브라함의 절대적인 순종과 헌신의 삶의 결과이다. 다시 말해 아브라함의 믿음의 순종이 그의 아들 이삭이 복을 누리게 되는 소중한 길을 제공했기 때문이다.(창 26:5) 그러나 여기서 중요한 것은 이삭이 축복을 저절로 누리게 된 것이 아니라 아버지 아브라함이 보여준 믿음을 실천함으로써 풍성한 축복의 열매를 맛보고 누릴 수 있었다는 사실이다.

한편 창세기 26장의 배열에서 보여지는 특징이 있다면, 창세기 26장은 창세기 25장 27~34절에서 야곱이 에서의 장자권을 헐값에 매수한 사건과 창세기 27장에서 야곱이 리브가와 공모(共謀)하여 에서의 축복권을 탈취한 사건 사이에 놓여있다. 이와 같은 배열은 무엇을 말해주고 있나?

25장에서 에서는 장자권을 팥죽 한 그릇과 바꿔버릴 정도로 가볍게 여겼다.(창 25:34) 반면 야곱은 장자권을 간절히 사모했고, 형 에서로부터 그것을 교묘한 수법으로 탈취했다. 27장에서도 어머니 리브가와 공모해서 드라마틱한 과정을 거쳐 축복권을 얻어냈다. 그러나 야곱은 결국 그 일로 인하여 밧단아람으로 쫓겨가는 신세가 된다.

그렇다면 그 사이에 놓여있는 창세기 26장은 그 위치나 내용이 좀 연결이 안 되는 것 같고 잘못 삽입된 느낌이 든다. 오히려 25장 20절 "이삭은 사십 세에 리브가를 맞이하여 아내를 삼았으니 …" 이 구절 다음에 이어지는 것이 더 자연스럽지 않을까? 생각해 본다. 왜냐하면 창세기 26장에서 이삭이 아내 리브가를 누이라고 속여 아비멜렉 왕에게 심한 책망을 들었다는 얘기는 리브가가 아직 임신하지 못해 아이가 없는 동안 일어난 사건이기 때문이다. 따라서 창세기 26장 6절부터 11절까지의 내용은 창세기 25장 20절 다음에 연결하는 것이 더 적합할 것 같다. 그러나 우리의 생각과는 다르게 성령께서는 더 깊은 뜻이 있어 26장의 내용을 25장과 27장 사이에 배열한 것을 알 수 있게 된다.

그것은 야곱이 그토록 탐냈던 장자 축복권은 바로 이삭을 통해, 즉 창세기 26장의 이삭의 삶을 통해 그대로 보여지고 있다는 사실이다. 그러므로 26장의 이삭 이야기는 바로 야곱이 갈망했던 장자 축복권의 축복이 어떻게 이삭을 통해 실제적으로, 가시적으로 이어지는가를 보여주는 전형적인 이야기가 된다.

그러나 이삭이 누린 장자 축복은 결코 인간의 사악한 음모를 통한 탈취로 이루어지는 것이 아니다. 만약 스스로의 능력과 노력으로 쟁

취한 것이 진정한 축복이 된다면 우리는 기복신앙의 전형적인 모습의 하나인 '욕심'으로, 양보없는 삶을 살고 말 것이다. 하지만 하나님의 축복은 그렇게 해서 받아낼 수 있는 성질의 것이 아니다. 오직 아브라함과 이삭이 보여준 절대적인 믿음인 말씀에 대한 순종을 통해 그 축복이 현실이 된다는 것을 볼 때 이 사실은 모든 주권이 하나님께 있다는 신앙고백과도 통한다. 또한 큰 틀에서 볼 때 이삭은 아브라함이 25년을 기다려서 100세에 얻은 귀한 아들이다. 하나님께서 아브라함의 유업으로 주신 이 아들이 하나님의 나라를 이어가는 데에는 결코 순탄치만은 않았다는 사실이 26장 본문 전장에 나타난다.

26장 뿐만 아니라 그가 태어나기 전부터, 아니 그 이후에도 고난의 과정은 계속 이어져 왔다. 어린 이삭은 형 이스마엘에게 희롱을 당한 적도 있다.(창 21:9) 청년 이삭은 모리아 제단에서 제물로 바쳐지는 영적 죽음을 경험한 적도 있다.(창 22:10) 장년이 된 이삭은 결혼이 늦어져 40세에 리브가와 결혼한다. 그런데도 일찍 자녀를 갖지 못하고 60세에 쌍둥이 에서와 야곱을 얻게 된다. (창 25:21) 또한 어느해 가나안 땅에 기근이 찾아든다. 아브라함 때와 동일하게 가나안 땅에 가뭄이 들어 그랄 지방에 내려가, 아내를 누이라 속여 아비멜렉 왕에게 꾸지람을 듣는다.(창 26:9~10) 또한 그 해 100배 이상 곡식을 거두었는데 모두 포기할 지경에 이른다.(창 26:13~16) 그는 애써 판 우물을 계속 빼앗긴다. 잘못하다간 전쟁이 일어날 뻔 했다.(창 26:21)

이삭이 겪은 위의 모든 사건들을 살펴볼 때 그 가운데서도 우물 사건에서 우리가 얻을 수 있는 교훈은 아래와 같은 사실이다.

육의 생명이 유지되려면 물이 절대적으로 필요하다는 사실을 우리는 이삭이 우물을 찾기 위해 이리저리 옮겨가면서 우물 파는 작업에 열중하며 애쓰는 모습을 보면서 실감한다. 그는 우물을 빼앗길 때마다 결코 대항하지 않고, 싸우지 않았다. 그러나 결국 양보 끝에 넓은 우물을 얻게 되었지만 그것도 뒤로 하고, 마침내 그는 브엘세바까지 오르게 된다.

하나님은 이 우물사건을 통해 물의 문제는 곧 샘의 근원과 연결되며, 이는 생수의 근원이신 예수와 연결됨을 암시하고 있다. 그 일을 예수의 모형으로써 이삭이 해내고 있음을 26장은 알려주고 있다.

Chapter **34**

장자 축복권 사건의
의미

창세기 27장 (창 27:1~46)

창세기 27장의 장자 축복권 사건에서 우리는 다음 몇 가지를 생각해 보게 된다.

첫 번째, 야곱과 리브가가 치밀하게 연극을 꾸며 장자 축복권이 야곱에게 넘어오는 동안 그 일은 발각되지 않고 계획대로 다 진행되었다. 그렇다면 하나님은 이 과정을 지켜만 보고 계셨다는 얘기다. 왜 그렇게 하였을까?

두 번째, 이 일이 진행되는 과정에서 리브가가 두려워 떨었다는 얘기가 하나도 나오지 않는다. 사람이 음모를 꾸밀 땐 담대해 지는 것인가? 오히려 떨고 있는 야곱을 향하여 "저주는 내가 받을 터이니 야곱 너는 내가 하는 대로 따라만 오너라."(13절) 라고 말한다. 이처럼 리브가는 속임과 사기치는 과정을 일사불란(一絲不亂)하게 진행해 기어이 야곱에게 장자 축복권이 넘어오도록 한다.

세 번째, 야곱은 참으로 극적으로 아버지로부터 축복권을 따낸다. 그런데 어이없게도 밧단아람으로 쫓겨가는 신세가 된다. 형 에서의 살기 등등한 협박에 "걱정 말고 외삼촌 라반 집에 가 있으면 곧 돌아오게 될 것이다."라는 리브가의 말을 믿고 떠난 야곱이었지만 그 이후 그는 무려 20년 넘게 라반 집을 떠나오지 못하고 그 곳에 살게 된다. 그렇다면 야곱이 받은 '장자축복권'이란 대체 무슨 의미가 있나?

네 번째, 에서는 장자권을 동생 야곱에게 빼앗기고서는 어린애처럼 아버지 이삭에게 매달리며 자기에게도 남은 축복이 있으면 축복해 달라고 애원한다. 이때, 정말 에서는 '장자권'의 의미를 바로 알고 이런 행동을 했을까?

리브가는 남편 이삭을 향해 아들 야곱의 색시가 될 여인은 헷사람이어서는 안되기 때문에 고향 땅에 그 아들을 보내 그 곳에서 여자를 만나게 해야 한다고 설득한다. 그리하여 그 일로 해서 어머니 리브가와 아들 야곱은 자연스럽게 헤어진다. 그런데 하나님 편에서는 이 과정을 통해 이루실 계획이 있는 것이다. 그것은 야곱을 독립적 존재로 세우는 일이다. 야곱은 더 이상 리브가의 그늘 밑에 종속된 존재로 있어서는 곤란하다.

왜냐하면 하나님은 야곱을 향한 비전을 갖고 계시기 때문이다. 그러므로 리브가의 교활한 속임수를 들어 쓰셔서 당신의 원래 계획을 이루어 가신다. 하나님은 야곱이 태어나기 전부터 "큰 자가 작은 자를 섬기리라."(창 25:23)고 말씀하셨다. 우리는 이것을 기억할 필요가 있다.

또한 우리는 여기서 야곱이 어머니 리브가가 시키는 대로 응해서 기필코 형의 장자권을 획득하려는 것을 가지고 그것을 '믿음'이라고 생각해서는 곤란하다. 그것은 야곱이 가진 집념(執念)이요 기질(氣質)일 뿐이다. 그러므로 하나님께서는 이제부터 야곱이 본래적으로 갖고 있는 끈질긴 집념과 사기성(詐欺性) 기질을 빼내시기로 작정하신 것이다. 그리하여 점차적으로 예기치 않은 고난이 그에게 파도처럼 밀려 오기 시작하는 것이다.

우리 역시 하나님의 선택된 자녀로 이 공식에서 예외일 수는 없다. 그리하여 하나님은 야곱으로 대변되는 인간의 이기적인 욕망, 욕심, 집착 등을 계속적으로 건드려서 우리로 하여금 그것들을 내려놓게 하여 마침내 당신의 사람이 되어가도록 빚어가신다. 이 '하나님의 열심'을 우리는 창세기 27장을 통하여 또 한번 발견하게 된다. 이 모두는 오직 그 분이 우리를, 아니 나를 사랑하시기 때문이다.

Chapter 35 🍃

밧단아람을 향하여

창세기 28장 (창 28:1~22)

●
●
●

　아버지 이삭과 리브가의 급한 권유를 받고 야곱은 정신 없이 집을 나와 외삼촌 라반이 사는 밧단아람을 향해 길을 떠난다. 700km가 넘는 먼 길을, 그것도 한 번도 가 본 일이 없는 낯선 곳을 향해…. 얼마나 외롭고 쓸쓸했을까? 어디쯤 다다랐을까?

　어둑어둑 날이 저물기 시작하더니 주위가 깜깜해져 온다. 깊은 산 속인 것 같다. 우뚝우뚝 서 있는 나무들의 잎이 바람에 흔들릴 적마다 마치 짐승의 울음소리 같아 야곱은 소스라쳐 놀란다. 온 몸엔 식은 땀이 흐르고 소름이 끼치며 갑자기 두려움이 엄습한다. 그는 더 이상 길을 가지 못하고 기진 맥진하여 어느 커다란 바위 위에 쓰러지고 만다. 돌 하나를 가져다 베개 삼고 눕는다.

　'그렇게 애써 받아낸 장자권이 고작 이거란 말인가!' '내가 지금까지 부모님을 통하여 듣고 믿어왔던 그 하나님, 그래서 그 하나님의 축복을 받고 싶어 아버지를 속이고 따낸 축복권의 결과가 과연 이것이란 말인가?...' 야곱은 믿어 왔던 그 하나님에 대하여 의심이 일기 시작했다.

어느새 밤이 깊었다. 야곱은 탈진상태에서 잠이 들었다.

그런데 뜻밖에 꿈 속에서 사닥다리가 하늘에서부터 내려와 땅에 닿는 것이다. 그 사이를 천사들이 오르락내리락 하고 있다. 야곱은 자신이 꿈을 꾸고 있는지 알지 못한다. 그는 다만 놀라고 있을 뿐이다. 이때 사다리가 내려온 하늘 끝 그 위에서 하나님이 서 계시사 말씀하시는 것이 아닌가!.... "내가 너와 함께 있어 네가 어디로 가든지 너를 지키며 너를 이끌어 이 땅으로 돌아오게 하리라. 내가 네게 허락한 것을 다 이루기까지 너를 떠나지 아니 하리라."(창 28:15)

야곱은 깜짝 놀라 꿈에서 깨어 일어나 베개하였던 돌을 세우고 그 곳에 기름을 부었다. 그리고 그 곳을 '벧엘' 곧 '하나님의 집' 이라고 명명했다. 얼마나 놀라운 하나님과의 만남이었으면 '벧엘' 이라는 그와 같은 흔적을 남기고 싶었을까. 야곱은 그 곳에서 하나님께 십의 일조를 바치겠다고 서원한다. 그가 쓰고 사는 모든 것들, 아니 자기의 전 존재가 다 하나님의 것임을 깨닫고 야곱은 인격적인 하나님, 진정 만나고 싶어했던 그 하나님을 만난 후 마침내 그 분께 거룩한 서원을 올린다. 마치 삭개오가 거듭나는 순간 그의 모든 재산이 하나님의 것임을 고백하며 예수님께 자기의 재산 절반을 내놓고 "뉘에게 토색한 일이 있으면 네 배나 갚겠다"(눅 19:8)고 아뢰는 것처럼….

이제 야곱은 밧단아람을 향해 가는 길이 혼자 가는 길이 아님을 깨닫게 된다. 언제 어디서고 항상 그와 동행해 주시는 하나님, 야곱은 그 분과 함께 하란을 향해 가고 있는 것이다.

오늘 이 순간, 동일하신 그 하나님은 나에게도 야곱처럼 동행해 주고 계신다.

Chapter **36**

야곱이 만난 함정

창세기 29장 (창 29:1~35)

야곱은 바로 앞 장인 28장에서 참으로 극적으로 꿈에 하나님을 만났다. 그리하여 그 곳에 돌을 세워 기념비를 세운 후, 그 곳 이름을 '루스' 대신 '벧엘' (하나님의 집)이라고 이름을 바꾸어 명명한다. 이어서 하나님께 모든 자신의 전부를 드릴 것을 서원하여 이 때 십일조 이야기를 말한다. 그 후 다시 하란을 향하여 간다. 한 번도 가본 일이 없는 낯선 고장, 하란을 향하여 그 곳이 어디쯤인가 궁금해 하면서 북동쪽으로 무조건 초승달 지역 어느 고장에 당도한다. 그곳은 헤브론으로부터 약 720km쯤 떨어진 곳이다.

그 곳에서 야곱은 양들을 데리고 우물 곁에 쉬고 있는 목자들을 만나 다음과 같이 말한다. "여보시오, 당신네들은 어디로부터 오는

길이요?” “우리들은 하란에서 오는 길이요.” “하란이라? 그러면 혹
시 그 곳에 살고 있는 라반이라는 사람을 아시오?” “라반? 아 알지
요. 그 사람 지금도 하란에 살고 있소. 조금 있으면 그의 딸이 아버
지의 양을 치고 있는데 아마 양에게 물을 먹이러 오고 있을 것이
요…”

이 어쩐 일인가! ‘내가 과연 하란에 다다르면 라반을 만날 수 있
을까?’ ‘그것도 바로 만날 수 있을까?’ 내심 걱정하며 달려온 야곱
에게 라반이 하란에 살고 있으며, 조금 있으면 바로 그의 딸을 만날
수 있다는 사실은 야곱에게는 너무도 뜻밖의 일이요, 충격이 아닐
수 없었다.

이 때 야곱은 깨달았어야 했다.

“아 하나님은 이곳까지 나와 동행하셔서 바로 내가 찾고자 하는
사람을 만나게 하시는구나. 참 놀라운 하나님의 인도하심이다. 나는
아무것도 모르고 무조건 하란을 향하여 이 먼 길을 달려 왔는데 그
곳이 바로 이 근처라니… 하나님 감사합니다. 저를 여기까지 인도하
셨으니 앞으로도 인도하실 것을 믿습니다. 그리고 벧엘에서 약속해
주신 그 말씀을 믿고 정말 주님을 위해서 일하겠습니다”라고 기도
했어야 하지 않는가.

그런데 야곱은 하란 땅에 도착하자 마자 위와 같은 기도를 올리기
는커녕, 라헬이 이끌고 온 양떼에게 물을 먹여주며 라헬에게 그의
신분을 밝힌 후 라반부터 만나기를 원한다. 라헬의 이야기를 다 들
은 라반은 기꺼이 야곱을 맞아들인다. 어쩌면 라반은 그 옛날 자기

의 여동생 리브가가 아브라함의 아들, 이삭의 결혼 상대로서 가나안을 향해 아브라함의 늙은 종을 따라 나섰던 기억을 더듬고 있었는지 모른다. 그래서 무엇인가 득을 볼 것 같아 그를 더욱 환대(歡待)했는지도 모른다.

그리하여, 야곱은 외삼촌 라반 집에서 한 달을 머문 후, 라반으로부터 얼마의 품삯을 받을 것인가에 대해 제의를 받는다. 이 때, 야곱은 처음부터 끌렸던 라반의 둘째 딸 라헬에게 마음이 있었기에 신부대금조로 품삯에 대해 다음과 같이 말을 꺼낸다. "외삼촌, 저는 품삯을 따로 받지 않겠습니다. 대신, 제가 7년 동안 외삼촌 일을 도와드림으로 해서 따님 라헬을 저에게 신부로 주십시오." 이렇게 하여 라반과 야곱은 언약을 맺는다. 이제 야곱은 7년을 일하면 라헬을 정식으로 신부로 맞이할 수 있게 될 것으로 생각했다.

여기서 우리가 생각할 점은, 하나님께서는 과연 이것이 야곱을 향한 본래적 계획이었을까? 하는 점이다. 고작 하란 땅에 나그네로 들어와 라헬과 결혼하여 라반의 종(?)이 되는 것이 야곱을 향한 하나님의 궁극적 계획이었을까. 그 일을 위해서만 야곱은 하란에 보내졌을까?

하나님은 리브가와 야곱을 갈라놓으실 때 이미 야곱을 향한 특별한 계획이 있으셨다. 그런데 하나님의 계획과는 달리 야곱은 하란에 와서 대뜸 라헬을 얻고자 하는 결혼문제로 골똘히 빠지는 모습을 보게 된다.

이제 야곱의 주업무(主業務)는 양을 치고, 양 새끼를 살펴 우생학적으로 양을 돌보는 것이었다. 그러나 하나님의 계획은 벧엘에서 야곱이 돌베개를 세워, 기름을 붓고, 하나님과 최초로 언약적 조인식을 맺은 후 그가 하늘과 땅을 잇는 사다리 역할을 잘 하도록 그를 하나님의 종으로 세우시고 그 일을 대행하기를 바라셨다.

즉, 구약의 족장으로서 구약교회를 세워 갈 지도자로 계획하셨다. 그리하여 28장에서 '벧엘'(하나님의 집) 곧 성전을 세운 그 곳에서 야곱과 조인식(調印式)을 하신 것이다. 그 때로부터 야곱은 하나님의 소유가 되고 그 장소는 바로 성전이 되었으며 그 곳 성전(오늘의 교회)을 통하여 하늘 문에 이르는 기초를 세운 셈이다.

누구든 하늘나라에 들어오려면 바로 그 곳 성전에서 하늘 문으로 들어오는 사다리(요 1:50~51), 곧 예수를 통하지 않고는 들어올 수 없는 기초작업을 하나님은 야곱과 약속하신 것이다. 그리하여 야곱이 이 약속, 곧 하나님으로부터 내려진 서원(誓願)을 바로 지켜 나간다면 하나님은 그의 모든 필요, 다시 말해 먹고, 입고, 사는 모든 것은 당신이 채워주시기로 작정하셨다. 이와 같은 관계는 하나님 또한 야곱의 소유가 되어주신 격이다.

그런데 본문 29장에 와 보면 이런 거룩한 약속은 야곱에게서 찾아볼 수가 없다. 왜 그랬을까? 야곱은 하나님의 전적인 제사장 역할보다 우선적으로 인간적인 욕망이 앞서 라헬을 갖고 싶었던 마음이 더 컸던 것이다. 그런데 자신의 처지를 보니 자기가 갖고 있는 것이라고는 몸 밖에 없는데…, 어찌하든 라헬을 갖고 싶은 것이다. 인간적으로 그녀를 사랑한 그 사랑이 더 강해서 하나님이 자기에게 오셔서 이끌어 주심에 따라가기가 싫었다. 하나님을 배제하고 싶었다. 그만큼 야곱은 지금 자신의 소유욕이 더 크게 발동하고 있는 것이다. 그리하여 무려 14년 가까이 그는 '하나님의 종'이기 보다는 라반의 종이 되어 그에게 종살이를 한 셈이다. 그 사이 야곱은 12명의 자녀를 얻게 된다. 이 이야기가 30장까지 이어진다. 일련의 출산과정(出産過程)이 자세하게 펼쳐진다.

하나님은 불가능을 말씀으로 가능케 하여 사라로 하여금 이삭을 낳게 하시고, 이삭 또한 40세가 넘도록 부인을 얻지 못한 채 있다가 메소포타미아로 늙은 종을 보내 그 종으로 하여금 리브가를 데려오도록 하여 이삭을 결혼시키신다. 리브가 역시 결혼 후 계속 태의 문이 열리지 않아 자녀를 낳지 못하고 있다가 20년이 지난 후 리브가로 하여금 쌍둥이 에서와 야곱을 낳게 하셨다.

하나님은 야곱이 출생했을 때 그 형 에서와 경쟁관계에서 자라게 하신다. 그 후 급기야 야곱은 밧단 아람으로 쫓겨가는 신세가 된다. 그리하여 그 곳에서 많은 자손을 얻게 하셨다. 야곱은 14년 동안 두 여자와 두 여종 사이에서 이리 찢기고 저리 찢기면서 부지런히 자녀를 만들어낸 셈이다.

하나님은 아브라함, 이삭에게 자녀를 많이, 땅도 많이 주시겠다고 약속하시고는 결국 야곱 대에 와서 자녀번성을 크게 하셨다. 왜 그리하셨을까?

하나님의 계획은 야곱 대에 와서는 이제는 하나의 민족, 곧 이스라엘을 만드시기로 계획하신 것이었다. 곧, 야곱으로 시작해서 자손이 번성케 되어 하나님의 나라, 곧 하나님의 가족, 이스라엘을 만드시기로 작정하셨기에 이렇게 열 둘이나 되는 많은 자녀를 그로 하여금 생산케 하신 것이다. 결과론적으로 볼 때 그렇다는 것이다.

우리가 생각하기로는 야곱의 이와 같은 행동을 통해 자손을 번성케 하는 것이 과연 하나님의 방법이었을까? 물어보게 된다.

결과적으로 볼 때 하나님은 야곱을 통하여 나온 열두 아들을 12기둥으로 세워 이스라엘의 12지파를 형성하셨다. 하나님은 야곱이 저지른 행동을 통하여 당신의 뜻을 이루신 셈이다. 이로 보건대, 하나님은 모든 것을 합력하여 선을 이루시는 분이라고 말할 수 있다. 야곱으로 하여금 자녀생산으로 인하여 책망을 받게 하시거나 그가 하나님의 맡기신 일을 기대치에 못 미치게 했어도 역시 하나님은 그를 통해 당신의 일이 이루어지도록 하셨으며 결국 야곱의 12아들은 축복을 받았다. 이것이 바로 우리를 향한 하나님의 크신 사랑이며 긍휼이 아니겠는가 … !

아브라함이 이스마엘을 낳았을 때는 무섭게 책망하셨는데 그것은 오직 이삭을 통해서만 이어지는, 예수 그리스도를 통해 완성하실 특별한 구원계획이 있으셨기 때문이다.

그러나 야곱이 여러 여자를 통해 많은 자녀를 낳은 것은 구원의 유일성과는 별개의 사건으로 보셨다. 하나님은 야곱 조상에게 명하신 '생육하고 번성하라' 는 당신의 뜻을 야곱이 여러 자녀 생산을 통해 이룬 것으로 간주하셨다.

다른 한편 레아는 아들을 계속 낳음으로 해서 그녀가 하나님 사랑을 받았다는 것이 입증(立證)되었다. 마침내 그녀는 죽어서 막벨라 굴에 야곱과 나란히 묻힌다. 그러나 라헬은 베냐민을 낳고 얼마 못가 숨을 거두어 베들레헴 길가에 묻히고 만다. 야곱의 슬픔은 이루 말할 수 없었을 것이다. 여기서 우리는 하나님의 주권적인 계획은 어김없이 이루어져 나감을 볼 수 있다. 야곱의 정부인(正夫人)은 결국 레아였다는 것이다. 비록 야곱의 사랑은 못 받았지만 그녀는 하나님 앞에서 하나님의 사랑으로 살아가면서 하나님의 뜻을 이루어 드렸기에 죽어서는 조상들의 묘실에 당당히 묻힐 수 있었다.

이 부분에서 우리는 무엇을 깨닫게 되는가?

●○○ 묵상

인간의 사랑은 유한하다. 죽음으로 끝난다. 그러나 하나님의 사랑은 결국 영원하다. 눈에 보이는 것을 좇는 것이 우리 인간의 속성이지만 좀 더 나아가 믿음의 눈으로 본다면, 유한한 것에 그렇게 목숨 걸 일이 정말 있단 말인가?

레아는 살아생전, 남편인 야곱의 사랑을 제대로 받아보지 못했다. 그런데, 아이러니컬하게도 야곱이 라헬을 그토록 사랑했건만, 그녀에게는 자식이 없었고 레아는 계속 아들을 네 명이나 낳았다. 야곱 입장에서는 레아를 통해 아들은 갖고 싶고, 사랑은 라헬과 하고 싶고… 어찌 보면 양손에 떡을 쥐고 싶은 것이 우리의 속성 아닌가? 하나님은 후에 라헬에게도 두 명의 자녀를 주었지만, 여호와 하나님께서 긍휼히 여긴 것은 레아였다. 레아는 야곱 가문 중 제일 먼저 여호와를 영접하고 그 분을 의지했으며 자녀를 낳을 때마다 하나님께 소리 없이 남편 야곱이 자기에게 돌아오기를 간구했다.

그러나 결국 하나님 한 분 만을 간절히 의지하며 살아간 레아는 그녀가 네 번째 낳은 아들인 '유다'를 통해 그리스도의 계보를 잇는 엄청난 일을 하게 된다. 유다 지파를 통해 예수는 이 땅에 사람으로 오셨기 때문이다.

여기서 야곱이 라헬을 얻기 위해 긴 세월을 기다린 것에 대해 다시금 묵상코자 한다.

야곱이 7년 일하고 부인을 얻는 첫날 밤을 치른 후, 부인이 라헬이 아닌 레아로 바뀌었을 때 그의 마음은 어떠했을까? 연이어 어떤 생각이 떠올랐을까? 아마도 야곱은 오래 전 자신이 아버지를 속이고 장자권을 따냈을 때를 생각했을 것이다.

이삭은 장자권이 바뀌는 그 때 하나님이 늘 자기와 함께 하시는 줄 알았는데 그것이 아니었음을 깨닫는 순간, 두렵고 떨면서 전율(戰慄)한다. 하나님의 엄위하심을 알아차리고는 이삭은 마음 속으로 순종을 결심한다. 그리하여 야곱에게 내려진 축복권을 철회(撤回)하지 않는다. 에서에게는 "… 내 아들아 내가 네게 무엇을 할 수 있으랴"(창 27:37)라고 하면서 "이제는 네가 더 이상 받을 복이 없다."고 말한다.

그러나 이 때 이삭에게 유감이 있다면 아들 에서에게 "이 복은 진정 네가 받을 복이 아니다"라는 것을 일러 주었어야 했다. 그리고 "형이지만 에서 네가 야곱 밑에 들어와야 복을 받을 수 있다."고 가르쳐 주었어야 했다. 그것은 이미 이들이 태어나기 전, 하나님께서 알려주신 사실이기 때문이다.(창 25:23 참조)

그런데 오늘 본문에서, 부인이 바뀐 이 장면에서 야곱은 기절할 만큼 깜짝 놀랐지만 하나님 앞에서 자신이 7년 동안 하나님을 잊고 살아온 행동에 대해 회개하는 기색이 보이질 않는다. 이 부분이 아버지 이삭과 다른 부분이다. 그 후 야곱은 더욱 더 연단을 받으면서 하나님의 사람으로 바로 서야 하겠기에 더 큰 시련들이 그를 기다리고 있다.

하나님은 어찌해서든 기어이 야곱을 하나님의 사람으로 만드실 계획이다. 그 시간이 무려 20년 이상이 걸린다. 우리 또한 우리의 삶을 이때쯤 하나님 앞에서 한번 비춰 봐야 할 때가 아닌가!

Chapter **37**

야곱,
사랑의 노예 시절

창세기 30장 (창 30:1~43)

한달 만에 다시 만나 창세기 30장을 시작했다. 10월 중순 하늘이 파란 물감을 풀어놓은 듯 맑고 푸르다. 손가락으로 꼭 찌르면 금새라도 파란 물이 쏟아져 내릴 것만 같다. 일년 동안 과연 이렇게 맑고 푸른 하늘을 몇 번 볼 수 있을까?

요즈음 초가을 날씨는 그야말로 장관(壯觀)이다. 외국인들도 이때 한국을 여행하면서는 하늘을 쳐다보고 탄성을 지른다고 한다. 한국의 가을 날씨는 천혜의 아름다움을 지녔노라고 다들 놀란다고 한다.

아직 낙엽이 물들기엔 이른 날씨 같다. 나뭇잎들이 푸르름을 가지마다 지니고 있어 나무 맨 위를 보지 않으면 단풍의 흔적은 쉽게 눈에 들어오지 않는다. 은행나무 잎이 제일 먼저 나무 꼭대기부터 노랗게 물들기 시작한다. 마치 초로(初老)의 노인 머리가 희끗희끗 이마 위부터 회색 빛깔로 군데군데 물들어 가는 것과 같다.

바로 집 앞이 동네 공원이라 그 곳에 심겨진 나무들이 제법 그 크기와 부피가 자랐다. 4층에서 내려다보니 온통 나뭇가지들로 뒤엉켜 공원 마당의 땅이 보이질 않는다. 그만큼 세월이 지나 나무들은 어느새 나이테를 자랑할 만큼 커져 있다. 그래서 공원 안 풍경이 제일 먼저 계절의 변화를 알려준다. 철마다 조용히 변해가는 나뭇잎들이 사계절의 순환을 소리 없이 보여준다.

오늘 오전 11시부터 찬송 277장을 함께 부르고 30장 전체를 돌아가면서 읽다 보니까 어느새 끝 절 43절에 이르렀다. 나는 오늘 아침 새벽에 일어나 창세기 29장, 30장, 31장을 연속으로 읽어보았다. 그런데 30장을 읽으면서 30절이 유난히 눈에 들어왔다. "야곱이 또한 라헬에게로 들어갔고 그가 레아보다 라헬을 더 사랑하여 다시 칠 년 동안 '라반'을 섬겼더라."(창 30:30)

"야곱이 라반을 섬겼더라." 이 구절이 유달리 눈에 띄었다. 야곱이 하나님을 섬긴 것이 아니라 라반을 섬겼다고 나와 있다. '사람이 하나님을 섬기는 것은 당연한 일이지만 왜 야곱이 라반을 섬기는 것일까?'

그것은 어쩌면 야곱이 스스로 선택한 길이다. 왜냐하면 밧단아람에 들어서자 그가 제일 먼저 관심을 갖고 이루려 했던 것은 우물가에서 만난 라헬을 사랑해 그녀를 자기 아내로 삼고자 한 일이었기 때문이다. 그리하여 라반이 처음 야곱에게 "어찌 네가 나의 일을 거저 하겠느냐" "네 품 삯을 어떻게 할지 내게 말하라."라고 물었을 때, 야곱은 라헬을 얻기 위해 결혼 지참금 식으로 칠 년 동안 라반을 섬길 것을 제의했다. 이때 라반은 이를 받아들였다. 그 결과 라반과 야곱 사이에는 주종관계(主從關係)가 시작된다.

여기서부터 야곱의 인생은 긴 시간, 하나님께서 기대하셨던 방향에서 벗어나 스스로 선택한 길로 들어서고 만다. 즉 그는 라헬의 사랑의 노예가 된다. 라헬은 야곱이 자기를 사랑하는 것을 알고는 그를 자기 손에 넣게 된다. 이것은 하나님 앞에서 악(惡)을 행하고 있다고 볼 수 있다.

왜냐하면 라헬은 지금 야곱을 사랑의 노예로 만들어 버림으로써 야곱으로 하여금 20년이라는 시간을 완전히 하나님 나라를 위해서는 아무것도 하지 못하는 인물로 만들어 버리는 격이 되기 때문이다. 야곱 역시 자신이 할 일은 따로 있는데 그 일을 모르고 있다. 그 일이란 밧단아람에서 구약교회의 제사장격 위치에서 맡겨진 일을 감당하는 것이다.

창세기 29장을 보면 레아는 첫 아들 르우벤(여호와께서 나의 괴로움을 돌보셨다) 둘째, 시므온(하나님께서 레아가 사랑 받지 못함을 들으셨다) 셋째, 레위(내 남편이 나와 연합하리로다) 그리고 또 임신하여 넷째, 유다(이제는 내가 여호와를 찬송하리로다)를 낳고 출산을 멈춘다.

이와 같이 30장에 들어서기 전 레아는 무려 네 명의 아들을 낳는다. 그 사이에 라헬은 한 명의 자녀도 낳지를 못한다. 이에 라헬은 언니 레아를 시기하게 된다. 그 당시로 돌아가 보면 여인이 결혼하면 그 가문에 반드시 아들을 낳아 주어야 한다. 그런데 안타깝게도 야곱이 그토록 사랑하는 라헬에게는 태문이 열리지 않고 있다. 누구의 잘못도 아니다. 하나님이 간섭하사 그녀가 임신하는 것을 막고 계셨기 때문이다.

결국 라헬은 인간적인 방법을 생각해 낸다. "라헬이 이르되 내 여종 빌하에게로 들어가라…"(창 30:3) "그의 시녀 빌하를 남편에게 아내로 주매 야곱이 그에게로 들어갔더니"(창 30:4) 그리하여 빌하가 임신하여 아들을 낳아 라헬에게 주었을 때 그 이름을 '단'(내 억울함을 풀어주시려고 내 호소를 들으사 내게 아들을 주셨다)이라고 지었다. 이어서 빌하는 둘째 아들 '납달리'(언니와 경쟁하여 이겼다)를 낳았다.

여기서 우리가 살펴 볼 일은 레아 아들들의 이름은 어떻게 하든지 남편 야곱의 사랑을 받을 수 있을까에 연연(戀戀)하여 그 이름들 속에 남편의 사랑을 갈구하는 레아의 간절한 염원이 들어있다.

반면, 라헬 아들들의 이름은 분노와 억울함이 그 이름 속에서 나타난다. 시기와 질투로 가득찬 라헬의 심보가 여실히 드러난다. 하긴 언니가 자기 남편인 야곱을 통해 무려 아이를 4명이나 낳을 때까지 여전히 라헬의 태문은 열리지 않고 있었으니 인간적으로 생각해 보면 라헬은 정말 분해서 미칠 지경이었을 것 같다. 이제 몇 년을 더 기다려도 아기가 없으면 라헬은 불임 여성으로 찍혀 쫓겨날 수도 있다.

　이런 절박한 상황에서 하나님께서는 드디어 라헬에게도 태의 문을 열어 주셨다. 그리하여 낳은 아들이 요셉이다. 그 이름의 뜻은 '더함'이다. 즉 열 아들이 태어난 후 거의 막내 격으로 한 아들을 주신 것과 같다. 그러니까 열 아들 다음으로 요셉은 '더함'으로 태어났으므로 그리 중요한 존재가 못 될 수도 있다. 그러나 하나님께서는 바로 이 아들을 세워 다른 열 아들을 변화시켰다. 그리곤 후에 민족 구원역사를 이끌어 가시는데 이 아들들을 초석으로 사용하셨다.

　14절에서 르우벤은 왜 합환채를 꺾어다가 레아에게 주었을까? 합환채는 본래 향기가 묘해 이것을 맡았을 때 사랑의 욕구가 솟아난다는 말이 있다. 그래서 르우벤이 어머니 레아에게 이 합환채를 주었을 때, 아버지 야곱에게 이 향기가 전해져 어머니가 아버지의 사랑을 받을 수 있게 되지 않을까 해서 레아에게 이것을 주었을 것으로 생각해 본다. 이런 일련의 사건은 얼마나 야곱 가정이 타락의 길을 가고 있는가를 단편적으로 말해주고 있다.

　창세기 30장 전장(全章)에서, 레아는 남편 야곱의 사랑을 못 받고 있는 터라 합환채로 인해 동생 라헬에게 대들어 "네가 내 남편을 빼앗더니 이제는 합환채까지 가지려고 하느냐"고 야단치듯 싸운 적이 있지만 남편 야곱에게는 한 번도 원망하거나 대든 적이 없다. 보통 상식적으로는 아들 네 명을 낳고도 계속 사랑은 라헬이 받고 있는 모습을 볼 때 얼마든지 야곱에게 따지고 '그럴 수가 있느냐'고 말할 수 있지 않겠는가.

　그러나 레아는 자기의 억울함과, 답답함과, 분함을 계속 하나님께 호소했다. 이 마음을 아시곤, 하나님께서는 레아를 위로해 주시고 그녀에게 자녀를 연이어 주셨으며 딸 '디나' 까지 낳게 하셨다.
　성경에서 자녀 생산에 딸 이름이 거론(擧論)된 것은 창세기에서 여기 밖에 없다. 결국 레아는 끝까지 정부인(貞夫人)의 자격으로 살다가 막벨라굴 조상의 묘에, 야곱 곁에 묻힌다. 그러나 라헬은 베냐민을 낳고는 숨을 거두어 베들레헴 길가에 묻히고 만다.

　라헬의 죽음을 보면서 우리가 느끼는 것은 무엇인가? 분명한 것은 하나님의 사랑은 영원하지만 인간의 사랑은 제 아무리 진하고 철저했다 하더라도 죽음을 넘어서지 못한다. 그 끝은 때로 이렇게 비참할 수도 있다는 말이다. 그러나 하나님으로부터 받은 사랑, 그 사랑을 받은 자는 그것이 영원히 지속된다는 것이다.
　아들들 이름에서 깨닫게 되는 부분은 '르우벤' 의 뜻은 "나의 괴로움을 돌보셨다."이다. 그래서 르우벤은 이렇게 생각했을 수 있다. '아! 우리 어머니는 아버지 사랑을 못 받고 괴로운 심정에서 나를 낳았구나' 그리하여 르우벤은 자라면서 자신의 이름이 불려질 때마다 아버지 야곱을 향한 원망이 싹텄다고 볼 수 있다.

　'시므온' 의 뜻은 "내가 사랑 받지 못함을 들으셔서 내게 이 아들도 주셨도다"이다. 둘째 아들 역시 자라면서 어머니 레아가 아버지로부터 사랑 받지 못함을 알고 자랐을 것이다.

'레위'는 "지금부터 내 남편이 나와 연합하리로다"이다. '얼마나 우리 어머니가 아버지 사랑을 받고 싶으면 이런 이름으로 내 이름을 지으셨을까?'

세 아들 다 어머니 레아가 아버지 사랑을 못 받고 살아가는 모습이 가슴 아프고 아버지에 대한 섭섭함 내지 분노가 생기기 시작했을 것이다.

'유다'는 "이제는 여호와를 찬송하리로다"이다. 넷째 유다를 낳으면서 레아는 지금까지의 모든 괴로움을 여호와를 만남으로써 그분으로부터 위로를 받으며 여호와를 찬양하게 된다.

한편 라헬은 그녀의 종 '빌하'를 통해 두 아들, 단과 납달리를 얻게 된다. 그 뒤를 이어 레아는 합환채를 라헬에게 넘겨주는 조건으로 남편 야곱과 동침하게 되어 다시 두 아들, 아셀과 잇사갈을 낳는다. 아셀의 뜻은 '기쁘도다'이고 잇사갈의 뜻은 '하나님이 내게 그 값을 주셨도다'이다. 이들의 이름을 보아도 레아의 심정이 바뀐 것을 알 수 있다. 그녀는 이 두 아들을 낳으면서부터는 하나님과 깊은 관계형성이 되었기에 다만 주님만으로 기뻐하며 살아가는 모습을 볼 수 있다. 마침내 레아는 야곱 가문에서 가장 먼저 여호와 하나님을 자신의 주님으로 모시는 축복을 받게 된다.

다음으로 창세기 30장 31절을 보면 라반과 야곱의 품 삯 협상 장면이 나온다. 이때 야곱은 서슴지 않고 대번에 "외삼촌께서 내게 아무것도 주시지 않아도 됩니다. 대신 내게 이 일을 하게 해 주십시오." "외삼촌의 양 떼 중 아롱진 것, 점 있는 것, 검은 것을 가려 내고 염소도 그와 같이 가려내어 나의 품삯이 되게 하여 주십시오." 그리고 "후일에 내 품삯을 계산하실 때도 이것들을 내게 주시면 그것이 품삯이 되겠나이다."(창 30:31~32)

이 장면에서 '야곱은 무슨 배짱으로, 어떤 자신감이 있어서 이런 제의(提議)를 했을까?'를 생각해 보게 된다. 지금까지 짐승새끼 중 얼룩진 것, 점 있는 것 등 이런 짐승얘기는 한번도 그가 한 일이 없지 않은가? 추측컨대 야곱은 이 분야에서 남모르게 전문지식을 갖고 있었던 것이 분명하다. 그것은 그가 아버지 이삭 집에서 살 때, 형 에서는 사냥을 주로 나가고 자신은 목축을 했던 경험이 많았다. 아마도 그 때, 그 시절, 야곱은 우생학적(優生學的)으로 실하고 좋은 양 새끼 갖는 법 및 양, 염소를 어떻게 하면 잘 키울 수 있는지를 잘 익히고 살펴서 그 노하우를 상당히 갖고 있었던 것으로 본다. 그러기에 이 협상 자리에서 망설이지 않고 그와 같은 제의를 해 온 것이 아닐까 생각된다.

안타깝게도 '이 좋은 기술을 밧단아람 사람 모두에게 가르쳐 주어 가난한 그들을 도왔으면 얼마나 좋았을까?' '그러면 하나님께서는 얼마나 기특하게 여겼을까?...' 아브라함이 우물 파는 기술을 이방 땅 그랄 지방 사람들에게 널리 알려주고 우물을 파서 넘겨 주었듯이….

그러나 야곱은 라반을 향한 분노와 열등감과 시기심에 들끓어 자기만을 위해 이 기술을 활용했다. 이런 행위는 결코 하나님이 기뻐하지 않으신다. 결국, 야곱은 나중에 재산이 엄청 불어나지만 이 재

산 때문에 가족을 데리고 야반도주(夜半逃走)하다가 라반에게 붙잡
히고 만다. 물론 그때에도 하나님은 기적적으로 그를 지켜 주셨지
만….

창세기 30장 전장(全長)의 큰 주제는 야곱의 결혼을 통한 자녀생
산과 재물축적, 이 두 주제로 압축된다. 그러나 훗날 야곱은 이 둘을
송두리째 다 놓칠 뻔 했다. 하마터면 죽음의 사투(死鬪)를 벌여 죽을
수도 있는 곤경(困境)에 처했기 때문이다. 그것이 곧 얍복강 나루터
사건이다.

Chapter **38**

자유의 종이 되다

창세기 31장 (창 31:1∼55)

이 장에 등장하는 인물로는 라반, 야곱, 라헬, 레아 그리고 두 여
종과 자식들이다. 라반은 말하자면 세상(世上)이권(利權)과 재물 모
으는 일에 귀재(鬼才)이다. 그는 오늘날 돈과 재물에 연연하여 교활
하게 재물을 챙기는 사람을 대변하는 인물로 나타난다.

야곱이 밧단아람에 도착하자 라반은 그에게 여러 가지 일을 시켜
본다. 그 결과 그는 야곱이 꽤 사업수단이 있고, 열심도 있고, 야망
도 있음을 알아차린다. 그리하여 그를 철저히 이용할 마음을 먹는
다. 야곱은 '라헬'이라는 여인에게 마음이 뺏겨 그때로부터 온 힘을
다해 라반이 시키는 일을 최선을 다 해 해낸다. 그러나 라반은 야곱
에게 열 번씩이나 임금을 번복(飜覆)하여 그를 골탕먹인다.

이때 야곱도 뒤질세라 머리를 써서 양을 교배시킬 때 교묘한 수단을 동원한다. 그리하여 아롱진 것과 점박이 양들을 많이 태어나게 함으로써 시간이 지남에 따라 야곱의 재물이 점점 늘어나기 시작했다. 이에 시기와 질투를 느낀 라반의 아들들이 야곱에게 그가 아버지 재산을 빼앗아 부자가 되었다고 불평불만을 터뜨렸다. 라반 역시 이 말을 듣고 안색이 좋지 않았다.

마침내 야곱은 밧단아람을 떠날 생각을 굳힌다. 떠나려는 결심을 하자 혼자 떠나는 것이 아니라 두 아내와 여종들, 자식들 또한 소, 양, 낙타 등 많은 짐승들을 다 데리고 떠나려고 생각한다. 왜냐하면 이 가축들 중에는 그가 밧단아람을 떠나 가나안에 이르렀을 때 제사의 제물로 쓸 가축들이 포함되어 있기 때문이다. 어느 가축을 제물로 쓸 것인지는 그때 가봐야 알겠기에 다 데리고 가야 한다.

떠나기 앞서 야곱은 라헬과 레아에게 처음으로 여호와 하나님에 대하여 설명한다. 이들은 야곱 이야기를 들으면서 정말 하나님이 야곱과 함께하심을 알게 된다. 그 전까지 그녀들은 밧단아람의 지방신 곧 드라빔을 섬기는 것을 제일로 알았고 여호와 하나님에 대해서는 알지를 못했다.

야곱은 그녀들에게 자신이 얼마나 라반의 가축 키우는 일과 재산을 축적하는 일에 성심, 성의를 다해왔는가를 말하기 시작한다. 라헬과 레아도 자기 아버지가 자기들에게 결코 재물을 많이 주어 보내줄 아버지가 아님을 알고 있다. 그만큼 라반은 온통 삶의 중심이 재물에 쏠려 있었다. 그러기에 야곱을 적당히 구슬려 20년 동안 자신의 곁에 두고 이용했던 것이다.

한편, 야곱은 라헬을 사랑함으로써 완전히 사랑의 노예가 되어 라반의 종살이를 20년 가까이 한 셈이다. 이제 야곱은 라반의 종살이를 벗어나 하나님의 종으로 살아갈 것을 결심하고 두 여인의 의중(意中)을 떠보기 시작한다. 여인들은 기꺼이 야곱을 따라 나서기로 동의한다. 이때 야곱이 하나님의 뜻을 따르려는 결심을 하면서 혼자 떠나지 않고 가족 전체를 함께 데리고 나갈 마음을 갖는 것은 야곱 입장에서는 신앙의 대모험이라 하겠다.

하나님은 이때부터 전적으로 야곱과 그의 가족을 지키고 계심을 알 수 있다. 하나님은 바로 이 때를 기다리고 계셨다. 야곱이 선지자로, 제사장으로 하나님의 일을 온전히 수행(遂行)할 것을 기다리고 계셨다. 그 시간이 무려 20년이나 걸렸다.

하나님은 마침내 야곱의 주변 환경을 뒤흔들어 놓아 야곱으로 하여금 그 곳을 떠나도록 재촉하셨다. 이러할 때 쓰신 방법이 라반의 안색 변화였다. 즉 하나님이 선택한 사람은 반드시 어느 때든지, 하나님 곁으로 돌아오도록 그의 삶에 개입하셔서 삶 전체를 흔들어 놓으신다. 결국 바꾸지 않으면 안되도록 하신다. 이것 또한 하나님의 사랑 때문이다. 따라서 하나님의 백성은 모든 환경이 다 그분의 주관 하에 있음을 알아야 한다.

그의 떠나려는 결심과 함께 하나님은 야곱의 재물을 더욱 많게 만드신다. 그의 꿈 속에서 하나님은 "내가 많은 아롱이, 다롱이, 점백이 짐승을 너에게 주겠노라."(창 31:12)고 말씀하셨다.

야곱은 여기서 모든 재물을 허락하시는 분은 곧 하나님이심을 깨닫는다. 그 동안은 그 모든 재물이 자신의 노력으로 얻어진다고 생각했다. 그러나 이제 와서 보니 지난 날 벧엘의 꿈 속에서 약속하셨던 그 약속의 말씀이 바로 이 곳에서 성취되고 있음을 깨닫는다.

그렇다. 우리는 하나님의 것을 빌려 쓰다 간다. 내 것은 아무것도 없다. 그러니 너무 재물에 연연할 필요가 없다. 야곱의 모든 재물 역시 하나님이 채우시는 것이다. 야곱은 밧단아람을 떠나기 전 하나님의 축복의 음성을 듣고, 실제로 재물도 늘어남을 경험하게 된다.

이제 야곱은 떠날 채비를 차린다. 라반이 양털을 깎기로 한 날, 길르앗을 향해 떠난다. 하란에서 길르앗까지는 400km 이상 된다. 열흘쯤 걸려 길르앗에 당도했다. 그런데 이때 라헬이 아버지 집 수호신상(守護神像)인 '드라빔'을 훔쳐 갖고 나왔다.

그러면 왜 라헬은 아버지 몰래 드라빔을 갖고 나왔을까?

그 이유는 이 드라빔을 갖고 나와 이것을 사위되는 야곱이 갖게 되면 야곱은 그 때부터 사위지만 장인의 아들 격이 되어 재산 일부를 아들처럼 상속받을 수 있는 자격이 주어진다고 라헬이 믿었기 때문이다. 이 말은 곧 라헬은 야곱을 따라 나와 가나안을 향하여 가고 있지만, 그녀는 아직도 드라빔도 섬기고 하나님도 섬기는 혼합(混合)종교의식을 갖고 있었다는 얘기다.

결국 이 사건은 라반에게 들키고 만다. 라반은 사람을 거느리고 길르앗까지 십 일쯤 걸리는 거리를 칠일 만에 뒤쫓아 왔다. 얼마나 급히 달려왔는지 알만하다. 그런데 라반이 야곱을 잡으러 뒤쫓아 왔을 때, 꿈에 하나님께서 엄히 라반을 위협하신 것 같다. 아마도 "네가 가서 야곱을 만나 그를 해치면, 너는 내 손에 죽게 될 것이다!" 엄포를 놓으시는 하나님의 명령에 라반은 기절(氣絶) 직전이었던 것 같다. 그렇지 않다면 라반이 그토록 유하게 야곱과 협상을 벌일 리가 없다. 돈만 아는 라반이 그 많은 재산을 야곱에게 빼앗길 것 같은 상황인데 어떻게 그냥 가만 있겠는가.

다행히 드라빔 사건은 라헬의 지혜로 그 위기를 넘긴다. 라반도 낙타에 올라타 있는 라헬을 어떻게 할 순 없었다. 이와 같은 사실을 모르는 야곱은 라반을 책망하다시피 하면서 자신은 잘못한 것이 없다고 큰 소리친다.

이 드라빔 사건은 하마터면 야곱의 모든 계획이 수포로 돌아갈 뻔한, 아슬아슬한 숨막히는 사건이다. 그때 안장 위에 앉아 있는 라헬은 얼마나 내심 가슴 두근거렸겠는가. 이 순간은 어쩌면 야곱이 다시 라반의 종이 되느냐, 아니면 하나님의 종이 되느냐를 판가름하는 갈림길에 서 있는 순간이다. 그러나 하나님이 극적으로 개입하셔서 라헬에게 지혜를 주심으로 드라빔이 발각되지 않았던 것이다.

이처럼 야곱은 몇 번의 아슬아슬한 순간을 맞으면서 이 모든 사건 배후에 하나님이 계심을 역력히 알아간다. 그의 꿈에 양 새끼가 전부 얼룩진 것, 아롱진 것, 점있는 것으로 태어난다고 말씀하셨을 때도(창 31:12), 실제로 태어난 양들이 전부가 아롱진 것, 점있는 것,

얼룩진 것으로 확인되었을 때 그는 놀라지 않을 수 없었다.

이제 야곱은 성령의 강력한 힘을 받고 드디어 라반을 향해 큰 소리로 말을 한다. 그는 하나님으로부터 강하고도 담대한 힘을 받는다. 36절 "야곱이 노하여 라반을 책망할 새…." 이게 있을 수 있는 일인가. 지금까지는 늘 라반 밑에서 그의 종이 되어 살았기에 항상 그의 말에 복종하면서 살았다.

그러나 이제는 거꾸로 야곱이 라반을 책망한다. 라반의 종에서 자유의 종, 곧 하나님의 종이 된 것이다. 야곱은 비로소 자신이 누구인가를 알게 된 것이다. 36절부터 42절에서 야곱은 라반을 원망하는 투로 그 동안 하나님께서 얼마나 자신과 함께 하셨는가를 간증한다. "당신은 나에게 제대로 품삯도 주지 않고 나를 빈털터리로 내 보냈지만 하나님께서는 내 고난과 내 손의 수고를 아시고 내 몫의 모든 재산을 지켜 할당(割當)해 주셨으며 어젯밤에도 하나님이 당신을 나무라신 것이요"라고 자신 있게 그에게 설명한다.

이 말을 듣고 있던 라반은 결국 꼬리를 내리고 만다. 이제는 도저히 야곱을 이길 수 없음을 알아챈다. 그리하여 반대로 야곱에게 굽실거리며 타협하기 시작했다. "우리 둘 사이에 언약을 맺고 그것으로 증거를 삼자."고 제의해 왔다. 얼마나 간교한 수작인가.

이처럼 세상세력은 자신이 불리한 입장이 되면 대번에 방법을 바꾸어 딴청을 부린다. 하지만 결국에는 마침내 하나님의 세력은 승리하게 되어있다. 그러나 승리를 얻게 되는 그 사이에 세상세력 곧 마귀세력은 어찌하든지 하나님의 권세가 확장되는 것을 막으려고 혈

안이 된다. 오늘의 세태도 이와 다를 바 없다. 그러기에 우리는 세상을 지배하는 간교한 악의 세력을 뚫고 하나님 나라를 펼치기 위해서는 하나님의 손길을 감지할 줄 알아야 하며 어떠한 악의 세력도 단호히 물리칠 필요가 있다.

라반이 언약의 증거를 삼자고 하니까 야곱이 먼저 기둥을 세우고, 그의 형제들에게 기둥 사이를 돌을 모아 무더기를 만들라고 이른다. 돌 무더기가 만들어 졌을 때 라반과 야곱과 그의 가족들은 그 곁에서 먹고 마신다. 즉 화해의 잔치를 벌였다. 라반은 이 곳을 '여갈사하두다' 라 명명하고, 야곱은 같은 곳을 '길르앗(증거의 무더기)' 이라 명명(命名)했다. 이곳은 일명 '미스바' 라고도 불려진다. 그리고는 아브라함의 하나님, 나홀의 하나님, 이름을 걸고 맹세했다. 다시는 두 사람 중 누구도 넘어올 수도, 넘어갈 수도 없다는 것을 피차 상기(想起)한다. 라반은 그 다음날 일찍 야곱 자손들에게 입 맞추고 축복하고 돌아갔다.

이렇게 해서 라반과 야곱은 헤어진다. 다시는 야곱은 라반의 종이 될 수 없다. 왜냐하면 증거의 돌 무더기가 증표(證票)가 되어 이미 그것을 증거해 주기 때문이다. 마찬가지로 이 증거의 돌 무더기는 신약에 와서 오늘 나와 예수님의 관계, 곧 하나님의 자녀가 된 것을 십자가로 증명해 주는 것과 같은 의미다. 그러므로 이 돌무더기 사건은 바로 십자가 사건과 통한다.

십자가를 중심으로 믿는 자는 하나님의 자녀가 되었기에 그는 더 이상 세상으로 갈 수 없다. 아니, 가지지도 않는다. 세상 사람들 역시 이 십자가 때문에 하나님 자녀 쪽으로 넘어올 수가 없다. 믿음의 구원 사건이 일어나기 전까지는… 이처럼 십자가는 오늘날 세상과 하나님나라의 경계를 이루는 증표이다. 이 경계선은 성령이 항상 지켜주고 계신다.

결국 31장까지 와서야 야곱은 드디어 자유의 몸이 된다. 라반으로부터 풀려난 야곱, 그는 자신을 얽매고 있던 물질, 부인들 사이의 애정문제, 라반을 이겨보려는 자존심 문제, 이방 땅에서의 나그네의 설움 등 이런 모든 굴레에서 벗어나 온전한 하나님의 자녀로 거듭난다. 그리하여 그는 하나님의 종으로, 제사장으로 그 길을 걸어가는 초입(初入)에 들어서게 된다.

●○○ 묵상

라반의 종이 되어, 다시 말해 재물의 노예가 되어 20년을 살아온 야곱. 라헬을 사랑함으로써 인간적 욕망에 묶여 14년의 삶을 얽어온 야곱. 우리는 야곱의 생애를 조명해 보며 하고 싶은 말이 꼬리를 잇는다.

라반에게 당한 돈 없는 수모를 만회(挽回)해 보려고 야곱은 자신이 받은 좋은 창의적 은사를 오직 자기만을 위해 사용했다. 그가 받은 남다른 은사란 곧 우생학(優生學)적 짐승교배였다. 그는 양, 염소 새끼를 실하게 많이 낳게 하는데 놀라운 과학적 기술을 가지고 있었다. 오늘날로 치면 생물학적 유전공학에 관한 기술인 것 같다. 그런데 야곱은 그 재능을 오직 자신의 재산축적(財産蓄積)을 위해서만 써 버렸다.

　이것은 바로 성령으로 거듭나지 못했을 때 인간의 자연적 본성이 어떠한가를 보여주고 있다. 즉 자연적 본성은 본래적으로 이기적이며, 욕망에 불타고 있으며 시기와 질투, 가면과 위선, 억압과 착취 등 복합적 요소로 구성되어 있다. 그러므로 야곱과 관련된 일련의 모든 사건은 거듭나지 않은 인간 속에 내재되어 있는 추악한 인간의 본성을 우리에게 보여주기 위한 것으로 깊은 상징성을 내포하고 있다.

　야곱 이야기가 시작되는 창세기 25장부터 31장까지에서 나는 내 안의 죄성을 그대로 보고 있다. 나의 심령의 밑 바닥에 도사리고 있는 죄성을 더욱 확인하게 된다. 이것을 깨뜨릴 수 있는 분은 오직 성령 하나님이시다.

　주여! 야곱의 여러 사건이 전개될 때마다 제 마음이 시려옵니다.
　정말 저 역시 이기적이고, 질투가 많고 욕심이 많습니다.
　이런 제 모습을 보여 주시오니 할 말이 없습니다.
　야곱은 바로 제 모습의 거울입니다.
　이제는 더 이상 거짓되거나 위선적이지 않았으면 좋겠습니다.
　성령님! 도와 주시옵소서.
　주님! 저를 불쌍히 여겨 주시옵소서 …

Chapter 39

브니엘을 지날 때

창세기 32장 (창 32:1~32)

1절에서 야곱이 라반과 헤어져 가나안을 향해 가고 있을 때 하나님의 군사들 곧 '마하나임'이라 불리는 천군천사가 두 진영이나 나타난다. 한 진영(陣營)이 육천 명 가량이면 두 진영일 때 얼마나 큰 군대인지 짐작이 간다.

이 말은 야곱의 영적 눈이 떠져서 하나님의 호위하심을 보았다는 얘기다. 이는 야곱이 조금 후면 에서와 만날 것을 두려워하니까 하나님이 보내신 호위병들이다. 그렇게 많은 호위병들이 둘러싸고 있는데도 야곱은 여전히 떨고 있는 모습이 보인다.

2절에서 야곱은 형 에서와 풀어야 될 숙제가 있기에 먼저 사자(使者)들을 보내 저들에게 할 말을 이른다. 그런데 에서를 만나고 돌아온 종들이 뜻밖의 소식을 전한다. 그것은 에서가 400명의 장정을 이끌고 자기를 만나러 오고 있다는 것이다. 이 사실을 들었을 때 야곱은 다시금 놀라고 두려워한다.

이때부터 야곱은 다시 작전을 짜기 시작한다. 양과 소와 낙타를 두 떼로 나누고 만약 에서가 한 떼를 치면 다른 한 떼를 데리고 피하여 도망칠 것을 계산한다. 그렇게 생각하다가 그는 9절에서 기도를 시작한다.

9~13절까지는 야곱의 기도내용이다. 야곱은 진지한 기도를 시작한다. 위급한 상황이 벌어질 것 같으니까 하나님께 매달린다. 에서 손에서 제발 자기와 자기 가족을 건져내 달라는 내용이다. 한마디로 "하나님 나와 내 가족을 살려 주옵소서"인 것이다.

그는 절박하고도 처절한 기도를 올린다. 야곱은 기도 중에 하나님께서 과거에 주셨던 약속의 말씀을 기억해 낸다. '네게 은혜를 베풀어 너와 너의 자손을 땅의 티끌 같이 많게 해 주겠다'(창 28:13~14)는 그 말씀을 떠올린다. 야곱은 생각한다. '하나님께서 약속하셨으니까 그 약속을 지키시기 위해서는 나는 결코 죽지 않을 거야' 야곱은 확신을 갖는다.

그날 밤 야곱은 에서를 만날 준비를 한다. 즉 기도만 하고 그친 것이 아니라 형 에서에게 바칠 예물을 준비한다. 이 말은 기도와 함께 그 기도가 응답되는데 있어 우리의 노력이 어떠해야 하는지를 말해 준다. 야곱은 열심히 준비한다. 즉 여러 짐승을 암컷과 수컷으로 준비하고 그 짐승을 각각 떼로 나누어 종들에게 맡긴 후 그들이 에서를 만나면 해야 할 말도 일러준다. 아주 치밀하게 에서 만날 준비를 한다.

우리는 여기서 야곱이 밧단아람에서 짐승을 기르고 그 수효를 늘려 재산을 불리던 모습을 떠올려 본다. 그는 어떤 목표를 세우면 그것을 달성하기 위해 모든 수단과 방법을 동원하는 것을 보아왔다. 야곱은 종들에게 짐승을 각각 세 떼로 나누어 보내면서 야곱 자신도 그들 뒤에 따르고 있다고까지 알린다. 굉장히 주도면밀(周到綿密)하다. 이는 그가 최선을 다하여 형의 감정을 푼 후에 그때 형을 대면하면 형이 받아주지 않을까 하는 기대감에서 그렇게 했던 것이다.

여기서 우리가 주목할 점은 야곱이 이와 같이 행동하는 것은 단순한 인간적 술책(術策)만은 아니라는 것이다. 야곱의 신앙적 결단도 찾아볼 수 있다. 그는 어찌하든지 에서가 차지하고 있는 '이삭교회'를 자기 쪽으로 옮겨놓을 책임을 느낀다. 이제는 하나님 말씀대로 기어이 '야곱교회'를 만들어야 한다고 생각한다. 에서는 신앙을 하나의 악세사리로 생각한다. 그러나 야곱은 생명을 건 투쟁을 해서라도 조상이 닦아놓은 이삭교회를 온전히 하나님의 교회로 바로잡을 사명감(使命感)을 갖는다.

그것은 하나님께서 야곱을 밧단아람에서 다시 불러 가나안 땅으로 오도록 하실 때 그에게 들려주셨던 말씀이다. "너를 통하여 반드시 네 씨로 바다의 모래알 같이, 후손을 많게 하겠다"는 언약이다.(창 28:14, 32:12)

21절에서 야곱은 에서에게 보내는 예물을 앞서 보내고 22절에서는 그 밤에 일어나 두 아내, 두 여종 그리고 아들들을 모두 얍복강으로 인도하여 건너게 한다. 그리곤 야곱 자신은 얍복 나루터에 홀로 남는다. 아마도 그 밤 야곱은 하나님께 내일 에서를 잘 만날 수 있을지, 무슨 전쟁이라도 일어날는지 두려운 나머지 분명한 하나님의 음성을 듣고 싶었을 것이다. 그런데 간절히 기도했지만 그에겐 아직 확신이 안 섰다. 가족과 아내와 종들이 무사히 에서 곁을 통과할 수 있을지···. 그의 마음은 평온을 유지할 수 없었다. 20년 전 형을 속이고 장자권을 따낸 그 때가 기억나며 야곱은 잠을 이룰 수가 없었다. 그는 괴로웠다. 야곱은 하나님 앞에 이 문제를 해결 받고 싶어 홀로 주님 만나기를 소원했을 것으로 본다.

24절에서 마침내 야곱은 홀로 얍복 강가에 남는다. 이때, 예기치 않게 어떤 사람이 나타나 그에게 씨름을 걸어온다. 처음에 야곱은 당황했을 것이다. 캄캄한 밤. 뜻 밖에 어떤 사람이 자기 앞에 나타나 씨름을 걸어왔을 때 야곱의 마음이 어떠했을까?

야곱은 그 대상이 얍복 나루터의 물의 신(水神)인지, 아니면 에서가 보낸 정탐꾼인지 몰라 두려움에 떨었다. 그러나 잠시 후 그는 이 대상을 반드시 이겨야 된다고 생각해 마침내 두 사람 사이에 씨름 경쟁이 일어난다.

이때 야곱은 만약 이 대상과의 씨름에서 지면 자기는 씨름을 걸어온 그 대상의 종이 될 수 밖에 없다는 절박감 때문에 죽을 힘을 다해 싸워 이기려고 한다. 이 둘은 밤새도록 씨름을 한다. 그러나 승부가 나지 않는다. 이때 씨름을 걸어온 대상이 야곱을 이길 수 없음을 알자 야곱의 환도뼈를 위골시킨다. 이제 야곱은 꼼짝없이 이 대상에게 매달릴 수 밖에 없게 되었다. 더 이상 싸울 수도 없고 피할 수도 없었다. 그저 살려 달라고 매달릴 수 밖에 없게 되었다.

그러는 사이에 날이 환히 밝아오기 시작했다. 그 어떤 사람은 이제 그 자리를 떠나려고 한다. 이 순간 야곱은 영적 눈이 밝아지며 그 어떤 대상이 바로 하나님임을 알아본다. 곧 사람의 모습으로 내려온 제2위의 하나님, 예수님인 것을 알아차린다. 그 분은 하나님이신데 사람의 모습을 갖고 야곱을 찾아오신 것이다.

이제 야곱은 이 분을 그냥 보낼 수 없었다. 자기를 축복해 주시지 않으면 보내드릴 수 없다고 단호히 매달린다. 마침내 그 분은 야곱에게 말을 건넨다. "네가 누구냐?" "네 이름이 무엇이냐?"고 물으신다. 야곱의 정체성을 건드리는 질문이다. "나는 사기꾼입니다" "맞다. 지금까지는 너는 야곱이었다" "네 말대로 너는 속이는 자, 빼앗는 자였으며, 남의 발꿈치를 잡고 늘어지는 자였다. 그러나 이제부터는 내가 너의 이름을 '이스라엘'로 바꾸어 주리라"(창 32:27~28)

그 이름은 하나님과 겨루어 이겼다는 뜻이다. 그만큼 이스라엘이라는 존재는 하나님과도 이길만큼 강한 자라는 뜻이다. 다시 말해 어느 누구도 이스라엘을 이겨낼 자가 없다는 뜻이다. 왜냐하면 하나님이 붙여준 이름, 하나님이 책임져 주는 이름이기에 천하(天下)에 그를 대적할 자가 없다는 말이다.

이 얼마나 기막힌 말인가! 도대체 그 분은 누구시길래 이토록 야곱을 높이시는가. 야곱은 놀란 나머지 더욱 확인하고 싶어 그분의 이름을 물어본다. 감히 스스로 존재하는 분의 이름을 물은 것이다. 그 분은 이에 답을 주지 않고, 그대로 야곱에게 축복 안수를 해 준다.(창 32:29)

이제 야곱은 과거의 야곱이 아니다. 그는 이스라엘로 바뀌었다. 그의 이름이 바뀌었으니 그는 예전의 야곱이 아니라 하나님도 이겨낸 이스라엘이다. 그는 이때로부터 이스라엘 민족의 조상이 된다.

이 모든 과정을 거치면서 야곱은 하나님을 만난 그 자리, 바로 그 곳을 '브니엘'이라 명명한다. 감히 하나님의 얼굴을 뵈었으니 죽을 수 밖에 없는데… 그는 살아있다. 하나님이 그를 살리신 것이다. 하나님을 만난 곳, 바로 그 곳 브니엘을 지날 때 그가 가는 앞길에 아침 해가 돋았다. 아침 해가 찬란히 비치는 그의 얼굴엔 하나님의 얼굴이 반사(反射)되어 해같이 빛나고 있었다. 비록 환도뼈는 위골되어 절뚝거렸지만 그에게서 비치는 광채는 햇빛보다 더 찬란했다.

여기 하나님을 진실로 만난 한 사람, 야곱이라는 인물은 얍복 강가를 건너 가나안 땅을 향하여 한 발자국, 한 발자국 발걸음을 옮기고 있었다. 하나님과 동행하는 이스라엘의 뒷모습은 영원한 광채를 발하며 성화(聖化)된 한 인간의 모습을 유감없이 드러내고 있었다.

이제 야곱은 더 이상 야곱이 아니다. 그는 하나님 안에서 강한 자로 인침 받았으며 아브라함과 이삭의 대를 이어 이스라엘 구약교회의 수장(首長)이 되었다. 뿐만 아니라 오늘날까지 그 이름은 이스라엘 국가를 말해주는 국호(國號)가 되었다.

야곱은 벧엘에서는 구원의 감격을 체험했고 얍복 나루터에서는 완전히 자아(自我)가 깨지는 경험을 하게 된다. 이 모든 과정을 주도해 가시는 하나님의 손길을 보면서 우리는 그 분이 얼마나 야곱을 사랑하는지 알 수 있다. 이 야곱의 구약교회는 오늘 우리를 구원시키는 초석(礎石)인 셈이다. 이 초석, 이 통로를 통하지 않고는, 즉 이 사닥다리를 밟지 않고는 누구도 천국에 오를 수가 없다. 오직 이 길만이 구원의 길이다.

요한복음 1장 51절에서 예수님은 나다나엘과 대화를 나누면서 야곱의 사닥다리는 바로 자신을 가리키는 말이라고 말씀하셨다. 이 사닥다리를 오를 수 있는 자에게만 천국 문은 열리게 되어있다.

● ○ ○　**묵 상**

야곱은 왜 밤새도록 씨름을 했을까?

이 시간은 야곱이 자아를 벗는 시간이었다. 그 씨름을 통해 야곱은 자신의 혈기, 욕심, 집착, 욕망 등 그의 모든 자질이 완전히 벗겨져 탈바꿈했다. 때문에 야곱에게는 이 시간이 반드시 필요했다.

바로 우리에게도 하나님 앞에 한번쯤은 이렇게 씨름하며, 몸부림치며 자아가 깨지는 소리를 듣는 순간이 있어야 한다. 야곱의 이때야말로 베드로가 밤이 맞도록 그물을 던져도 한 마리의 물고기도 못 잡았던 때처럼 그런 순간을 통과하고 있는 시간이다. 사도 바울이 다메섹 도상에서 눈부신 빛을 받아 말 위에서 떨어져 눈이 장님이 되어가는 순간이 있었듯이, 야곱도 지금 그 순간을 경험하고 있는 것이다. 이 시간은 야곱을 위해 하나님이 마련하신 시간대이다. 우리는 이 장면을 보면서 이 시간 야곱을 찾아와 주시고 그에게 씨름을 걸어주신 하나님의 엄청난 희생과 그를 향한 놀라운 관심을 느낄 수 있다.

하나님은 바로 사람의 모습으로, 성육신(成肉身)의 모습으로 찾아오셨다. 하나님이 야곱의 교만과 자아를 벗기시기 위해, 야곱을 향한 구원계획을 진행하시기 위해 그 분은 그렇게 찾아오셨다.

날이 샐 무렵 왜 그 어떤 사람은 야곱의 환도뼈를 위골시키고 떠나려 하셨을까?

하나님은 야곱 스스로 도저히 그의 교만을, 그의 자만심(自慢心)을, 그의 고집과 집념을 버릴 수 없다는 것을 아셨다. 지금까지 야곱과 함께 걸어오시면서 하나님은 그에게 있는 이 모든 것을 다 알고 계셨다. 그러므로 '자기'라는 아성(牙城)을 무너뜨리지 못하고 그 성(城)안에서 허우적거리는 야곱을 보아 오셨기에 이제는 더 이상 그가 가진 모든 것을 포기할 수 밖에 없도록 하시기 위해 그 분은 야곱의 환도뼈를 건드리신 것이다. 마치 『출애굽기』에서 바로의 장자를 거둬가신 것처럼.

우리는 누구도 스스로 '자아'라는 껍질을 벗을 수 없다. 즉 밖으로부터의 어떤 간섭하심이 없다면, 절대로 자기 스스로는 자아를 꺾을 수 없는 존재다. 외부로부터 어떤 힘이 가해질 때만이 우리는 '구원'이라는 빛을 받을 수 있다. 이것이 하나님께서 야곱의 환도뼈를 위골시킨 이유이다.

그는 더 이상 아무것도 할 수가 없게 되었다. 생식기 부근이 파괴되었으니 자연인으로서 야곱의 종족번성은 끝난 것이다. 그는 이제 '나라는 존재는 아무것도 아니구나' 라는 고백을 할 수 밖에 없게 됐다. 이 고백이 따를 때 그는 마침내 하나님의 사람으로 만들어지고 말았다.

환도뼈 위골은 야곱이 이스라엘이 되는 분기점이다. 결국 야곱을 향한 하나님의 뜻은 이루어지고 말았다. 그 결과 하나님은 야곱의 이름을, 아니 그의 정체성(正體性)을 바꾸어 놓으셨다. 하나님과 겨루어 이긴 자, '이스라엘' 이라는 이름으로 그를 탄생시키셨다. 그분은 '이스라엘' 이 영원히 하나님의 축복 속에 살도록 그를 안수(按手)해 주시고 그의 곁을 떠나셨다.

나는 과연 하나님과 겨루어 씨름한 적이 있는가?

나의 얍복강 나루터는 어디였던가?

내게 오셔서 나의 환도뼈를 위골시킨 그 사건은 대체 무엇이었나?

내가 정말 아무것도 할 수 없는 존재인 것을 깨닫는 순간, 세상은 온통 캄캄했고 내 앞에 아무런 희망도 보이지 않았던 나의 절망의 터널은 어느 때였나?

야곱처럼 '브니엘' 을 지나 나 역시 지금 떠오르는 그 찬란한 태양을 향해 주님의 길을 가고 있는가?

Chapter **40**

디나사건
심층취재

창세기 33장 (창 33:1~20) 및 34장 (창 34:1~31)

33장 후반부 17절을 보면 야곱은 하나님의 명령을 따라 원래는 벧엘로 올라 가야 했는데 그곳으로 가지 않고 숙곳에 머물다가 요단강을 건너 세겜에 정착한다. 그는 그 세겜 땅을 돈을 주고 산다. 아브라함도 이삭도 가나안에 살면서 땅을 산 적이 없다. 다만, 아브라함이 묘지로 쓰려고 막벨라굴이 있는 밭을 사백세겔에 산 것 말고는 두 사람 모두 땅을 사들인 일이 없다. 그런데 야곱은 그의 조상들이 하지 않은 일을 했다. 이것이 화근이 된다.

땅을 샀으므로 자연히 그 곳에서 농사도 짓고, 가축도 기르며 몇 년을 살았다. 딸 디나가 이 곳으로 이사올 때는 아마도 6~7세였을 것이다. 그런데 그곳에서 십 수년 사는 동안 디나는 서서히 세겜땅 가나안 문화에 젖어들게 된다. 주변 가나안 친구들도 사귀고, 그 지방 청년들과도 어울리게 되었을 것이다. (성경에 '그녀가 구경 나가서'라는 말은 이런 배경을 담고 있다.)

그렇게 지내는 사이에 어느 날 디나는 그곳 추장인 세겜에게 강간을 당한다. 이 일이 있은 후 세겜과 그의 아버지 하몰은 야곱에게 찾아와 디나와 세겜의 결혼을 간청한다. 디나의 오빠들 곧 시므온과 레위는 들에서 이 소식을 듣고 돌아와 분개하여 세겜에게 복수하려고 칼을 간다. 그리하여 거짓으로 할례의식을 내세워 협상 끝에 세겜 청년들에게 할례를 행하도록 유도한다.

한편 세겜 사람들도 이 할례식을 끝내고 나면 '세겜'과 '디나'가 결혼하게 될 것이고, 그때에는 자연스럽게 야곱가문과 인연이 닿아 모든 재산과 가족들이 자기네 쪽으로 오게 될 것이라고 계산한다.

그렇다면 하나님의 자녀가 되는 거룩한 증표인 할례의식을 이와 같이 인간의 이권 수단으로 사용할 때 하나님께서는 과연 이를 용납하실까? 결국 이 할례의식은 참담한 비극으로 끝나고 말았다. 세겜 청년들이 할례를 받고 회복되고 있는 기간에 시므온과 레위는 잔인하게 저들을 학살했다. 뿐만 아니라 야곱의 다른 아들들도 합세하여 세겜성에 들어가 아녀자들을 잡아오고 재산까지 모두 약탈했다. 그야말로 야수 같은 만행을 저질렀다. 한 순간에 세겜성은 피비린내 나는 아수라장이 되어 버렸다.

그런데 이 모든 사실을 알게 된 야곱은 전혀 흥분하는 기색을 보이지 않았다. 이 끔찍한 죄악을 저지른 아들들을 단호히 야단을 치던가, 엄벌을 내렸어야 마땅하지 않은가. 물론 세겜이 잘못한 일이지만 세겜 청년들을 처참한 죽음으로 몰고 간 행위는 더 큰 죄악임을 지적하고 엄한 조치를 취했어야 했다. 그러나 야곱은 오히려 예상치 않은 반응을 보였다. "우리 쪽은 일단 수적으로 부족하고 만일 저들이 보복하려고 나서서 나를 죽이려고 쳐들어오면 가문 전체가 멸망하지 않겠느냐"는 것이다.(창 34:30 참조) 다시 말해 야곱은 자신의 신변 걱정부터 한다.

또한 이 엄청난 죄악된 행위에 대해 시므온과 레위는 전혀 회개하는 기색이 없다. 오히려 아버지 야곱에게 31절에서 "그가 우리 누이를 창녀같이 대우함이 옳으니이까"라고 반문한다. '이들은 어찌하여 이 지경까지 갔을까?' '무엇이 죄악에 대해 눈을 멀게 하고 감각을 무디게 했을까' 우리는 이 부분을 살펴보지 않을 수 없다.

우선적으로 여기엔 심리적 원인으로의 깊은 뜻이 내포되어 있다고 본다. 먼저 이와 같은 학살 행위의 주범인 시므온과 레위를 살펴보기로 한다.

시므온과 레위는 야곱의 첫째 부인인 레아의 아들들이다. 이들은 르우벤과 유다까지 포함해 네 형제가 다 친 형제이다. 이들은 어머니 레아가 남편되는 야곱의 사랑을 받지 못해 전전긍긍 하면서 지내는 모습을 보고 자랐을 것이다. 이런 모습을 늘 지켜보면서 아버지를 향한 아들의 마음이 어떠했을까? 한편, 어머니 레아는 때로 아들들에게 엉뚱하게 화도 내고 아들들에게 신경질도 부렸을 것이다. 뚜렷한 이유도 모른 채 이들 형제들은 결핍된 사랑 속에서 열등의식을 갖고 자랐을 것이다.

라반 역시 외삼촌이었지만 돈만 아는 라반이 이들 조카들에게 살뜰한 애정을 주었을 리 만무하다. 라반의 딸들도 아버지는 자기네들에게 재산을 넘겨 줄 리가 없다고 하지 않았던가.(창 31:14 참조)

또 다른 장면을 한번 살펴본다.

33장 1절에서 에서가 사백 명의 장정을 거느리고 오고 있는 것을 보고는 야곱은 레아와 라헬의 자식들을 구분하여 세운다. 이 장면을 보아도 야곱은 에서 앞에 자식들을 세울 때 서열을 지었다. 그가 제일 아끼는 라헬과 그녀의 자녀인 요셉은 맨 뒤에 두었다. 이 모습을 보는 레아의 아들들은 그 마음이 어떠했을까?

더 나아가 아버지 야곱은 큰 아버지 에서를 만나기 위해 에서 앞으로 많은 예물을 가지고 나아가 몸을 일곱 번 땅에 굽히며 절을 했다. 그 모습을 보면서 '아버지는 왜 큰 아버지 앞에서 저토록 비굴한 자세를 취하시는 거지?...' 그리고 '우리는 큰 아버지를 뵈면서 왜 이렇게 긴장해야 하는 건데….' 등등 이 모든 일련의 상황을 보면서 시므온과 레위를 비롯한 레아의 아들들은 아버지 야곱에 대한 섭섭함과 말로 표현할 수 없는 분노가 점차 마음속에 쌓여가고 있었을 것이다.

거기다 드디어 문제의 발단이 터졌다. 그것은 바로 디나 사건이다.

이 사건은 저들에게 마지막 분노폭발의 도화선(導火線)이 되었다. 친 여동생이 이방족속 추장에게 억울하게 강간을 당했는데도, 34장

5절에 보면 "야곱이 그 딸 디나를 그가 더럽혔다 함을 들었으나 자기의 아들들이 들에서 목축하므로 그들이 돌아오기까지 잠잠하였고"(5절)라고 나온다. 7절에 와서 아들들이 이를 듣고 돌아왔을 때 그들 모두가 근심하고 심히 노하였다. 그런데 바로 5절에서 세겜의 아버지 하몰이 야곱에게 말하러 왔을 때도 야곱은 하몰에게 화를 내고 야단친 흔적이 보이지를 않는다.

이와 같은 모든 정황을 종합해 볼 때 시므온과 레위는 더 이상 분노를 참을 수 없어 드디어 폭발하기 시작한 것이다. 성장과정에서 계속 쌓여왔던 어떤 열등의식과 부모로부터 받아야 할 사랑의 결핍, 배다른 형제들과의 보이지 않는 갈등 등은 이들 형제들이 만행(蠻行)을 저지르는데 밑바닥 원인 제공을 한 것으로 보인다. 이들은 끔찍한 살인극을 벌이고도 오히려 회개하기는커녕 정당성을 주장하고 있다. 그래서 34장 31절에서는 "그가 우리 누이를 창녀같이 대우함이 옳으니이까"라고 말한다.

그러면 왜 야곱은 딸 디나가 강간을 당했다는 소식을 듣고도 별로 분노하는 기색을 보이지 않았을까? 어떻게 아들들이 들에서 돌아올 때까지 잠잠히 앉아 기다리고 있을 수 있었을까? 또한 그의 아들들이 이 사건을 보복하려는 수단으로 할례식을 빙자(憑藉)해 엄청난 살인극을 벌였을 때도 34장 30절에서 "나는 수가 적은즉 그들이 모여 나를 치고 나를 죽이리니 나와 내 집이 멸망하리라"고만 말할 수 있었을까?

야곱은 이미 알고 있었다. 디나가 강간을 당한 사건이나 보복행위로 아들들이 저지른 죄악된 행위에 대해 자신이 할 수 있는 것은 아무것도 없다는 것을. 즉 이 엄청난 죄악은 하나님께서 해결해 주시지 않는다면 결코 해결할 수 없다는 것을 깨달았다. 왜냐하면 자신을 포함해 인간 속에 있는 죄의 근성은 인간 스스로는 도저히 없애 버릴 수 없다는 것을 알았기 때문이다.

그는 얍복강 나루터에서 깊은 밤 하나님의 천사와 씨름하다가 환도뼈가 위골되는 순간 자신의 의지대로 살아온 결국이 어떤 것인가를 뼈저리게 느끼며 하나님 앞에 자신의 전부를 내려놓고 자복하고 말았다. 그 분 앞에 무릎을 꿇고 말았다. 그리고 자신이 주인이 되어 자기 뜻대로 살아온 것이 얼마나 커다란 '죄'인가를 비로소 깨달았다. 또한, 그 죄에서 벗어날 수 있는 오직 한 길은 주님 밖에 없다는 것도 깨달았다. 따라서 이와 같은 무서운 죄악을 해결하실 분은 주님 밖에 없기에…. 야곱은 침묵 속에서 하나님의 도우심을 기다리고 있었다. 그리하여 그는 더 이상 무슨 말을 할 수가 없었다. 오직 잠잠할 수 밖에 없었다.

35장 22절은 이 사실을 뚜렷이 증명하고 있다. 자신의 첩 빌하를 맏아들 르우벤이 범했다는 소식을 듣고도 야곱은 이에 대해 '노코멘트'(No Comment) 무슨 말이 없다. 22절 "이스라엘이 그 땅에 거주할 때에 르우벤이 가서 그 아버지의 첩 빌하와 동침하매 이스라엘이 이를 들었더라." 여기서 눈에 띄는 부분은 '야곱이 이를 들었더라'가 아니고 '이스라엘이 이를 들었더라' 이다.

이 엄청난 충격적인 말을 듣고 노(怒)를 억제한 것은 '야곱' 일 때가 아니라 '이스라엘' 일 때 가능했다. 그렇지 않았다면 야곱은 르우벤을 그냥 둘 수가 없었다. 이스라엘이 이 노(怒)를 다스렸기에 르우벤은 살아남을 수 있었다.

우리는 어떤 사건이 터지면 그 결과만 보고 그 사람을 매도한다. 우리는 그 사건이 발생할 수 밖에 없는 본질적인, 그리고 심리적 밑바닥은 아예 살펴 볼 생각조차 하지 않는다. 우리에게는 그만한 여유가 없는 것이다.

오늘 야곱의 아들들이 저지른 만행은 마땅히 비난 받아야 한다. 하지만 아버지 야곱의 행동에 대해서 살펴 보았을 때 그에게도 상당량 책임이 있다. 야곱의 집념은 지나칠 정도로 끈질기다. 그의 집념이나 집착은 거의 종교적 신앙에 가깝다고 할 수 있다. 장자권에 대한 집착, 재물에 대한 집착, 나아가 애정에 대한 집착은 가히 상상을 초월한다. 그 결과 자식들에게 너무 아픈 상처를 남겼다. 그리하여 레아가 못 누렸던 애정 결핍의 잔재가 자식들에게까지 이어져 마침내 살인극을 벌이고 만 것이다.

보이지 않는 인간의 사랑에 대한 욕구 결핍이 이토록 무서운 결과를 가져오게 될 줄이야!

오직 예수님의 사랑만이 이 모든 것을 덮을 수 있는 것 아니겠는가.

그래서 그분은 오늘도 우리 가슴 속에 사랑의 주님으로 오셔야 한다.

Chapter **41** 🍃

이스라엘은
다시 일어서다

창세기 35장 (창 35:1~29)

　　야곱은 세겜에서 딸 디나 사건으로 만신창이(滿身瘡痍)가 되어 허탈한 상태에 빠진다. 그는 마음속으로 이런 생각을 한다. '이제는 세겜을 떠나야 되지 않겠나. 그렇지 않으면 세겜 사람들이 우리 가족 전부를 죽일지도 몰라, 그들이 가만 있을 리가 없지…..' 야곱은 불안해 지기 시작했다.

　　그런데 때마침 하나님이 그에게 "일어나 벧엘로 올라가서 거기 거주하며 네가 네 형 에서의 낯을 피하여 도망하던 때에 네게 나타났던 하나님께 거기서 제단을 쌓으라"(창 35:1) 라는 음성을 들려주신다. 그는 얼마나 놀라고 반가웠을까?

　　'아! 이젠 정말로 벧엘로 올라가야 되겠구나' 야곱은 결단하고 세겜을 떠나 벧엘로 이동한다. 야곱의 온 가족은 하나가 되어 벧엘에서 제단을 쌓고 하나님께 예배 드리기 위해 먼저 이방신상들을 버리고, 몸을 정결케 하고 의복을 바꾸어 입었다. 또한 부적역할을 했던 귀고리들은 거두어 가져오게 해서 상수리 나무 아래에 묻었다. 이처럼 야곱은 가족 모두에게 철저하게 하나님만을 섬길 것을 가르쳤다.

이런 일련의 일이 있은 뒤 하나님께서는 다시금 그에게 말씀을 주셨다. 곧 그의 자손들이 생육하고 번성할 것이며 왕들이 그의 허리에서 나올 것을 예언하실 뿐만 아니라 땅도 야곱과 그의 후손에게 주실 것을 재확인시켜 주셨다.

야곱은 말로 다 할 수 없는 기쁨을 안고 말씀을 들었던 곳에 돌기둥을 세우고 그 위에 전제물을 붓고, 또 그 위에 기름을 부었으며 그곳 이름을 다시금 '벧엘'이라고 불렀다.(창 35:14~15)

드디어 야곱은 30여 년 만에 벧엘로 돌아와 지난날 벧엘에서 하나님께 서원했던 것을 기억하며 제사를 드리고 한동안 그곳에 살았다. 그런데 어떤 이유였는지는 몰라도 야곱은 얼마 후 벧엘을 떠나 에브랏(베들레헴)을 향하여 올라간다. 에브랏은 벧엘에서 남쪽으로 20km 떨어져 있는 고장이다. 그런데 왜 야곱은 하나님께서 거주하라 하신 벧엘에서 에브랏으로 갔을까?

그것은 아마도 야곱에게 어떤 심경의 변화가 있었던 것이 아닌가 생각해 본다. 우리는 그 이유를 창세기 35장 8절을 통하여 짐작할 수 있다. "리브가의 유모 드보라가 죽으매 그를 벧엘 아래에 있는 상수리 나무에 장사하고 그 나무 이름을 알론바굿이라 불렀더라" '알론바굿' 은 통곡하는 상수리 나무란 뜻을 갖고 있다.

리브가의 유모 드보라는 리브가가 하란에서 이삭의 아내가 되기 위해 가나안으로 올 때 친정에서 그녀와 함께 보낸 몸종이요, 유모이다. 그러므로 리브가가 오랫동안 아이를 못 낳고 있을 때 드보라도 같이 아이를 기다렸을 것으로 본다. 그러다가 20년 만에 태어난 아기가 쌍둥이 에서와 야곱이었기에 유모인 드보라도 리브가와 함께 이 아이들을 정성껏 키웠을 것이다. 그랬기 때문에 아마도 야곱은 어릴 때부터 드보라와는 깊은 인연이 있었을 것이다.

그 후 긴 세월이 흘러 야곱이 밧단아람에서 살다가 가나안 땅으로 돌아왔을 때 드보라의 소식도 전해 들었을 것이다. 해서 야곱과 드보라는 몇십 년 만에 감격스러운 재회(再會)를 했을 것으로 추측된다. 그리하여 돌아가신 어머니 리브가에 대한 추억담(追憶談)도 듣고, 한편 드보라 역시 그녀가 살았던 옛 고향인 밧단아람 소식도 들었을 것이다.

그런데 만난 기쁨도 잠시, 드보라는 얼마 안가 나이가 많아 죽은 것으로 짐작된다. 이때 야곱의 심정이 어떠했을까? 무척이나 슬펐을 것 같다. 회한(悔恨)에 젖은 야곱은 드보라를 알론바굿 나무(통곡하는 상수리 나무) 아래 묻고 지나간 세월을 뒤돌아보며 통곡했던 것 같다. 수십 년 가까운 세월이 주마등처럼 지나가며 자신이 살아온 시간들을 되짚어 보며 착잡한 심정에 젖었을 것이다.

그 후 야곱은 더 이상 벧엘에 남고 싶지 않았던 것 같다. 다른 이유가 있었는지는 성경이 말하고 있지 않아 알 수가 없다. 아무튼 야곱은 벧엘에서의 모든 미련을 끊고 그곳을 떠나기로 결심한다. 그런데 이 때 그는 하나님께 기도했다는 흔적이 없다. 그때까지 하나님은 야곱에게 벧엘에 거주하라고 하셨지 다른 곳으로 떠나라는 말씀이 없었다. 때문에 이 결정은 야곱 스스로 한 것 같다.

마침내 야곱의 이와 같은 결정에 대해 하나님의 간섭하심이 나타난다. 그것은 두 가지 사건에서 알 수 있다.

첫 번째 사건은 라헬이 해산(解産)을 하다가 죽는 장면이다.(창 35:16~20) 야곱은 라헬이 임신하여 해산 달이 가까웠음에도 불구하고 에브랏(베들레헴)을 향하여 길을 떠났다. 라헬은 임신한 몸으로 얼마 있으면 아기를 낳아야 할 지경인데 약대 등에 타고 몇 날을 가족과 함께 가고 있으니 얼마나 힘들었을까? 결국 라헬은 아기를 일찍 낳게 되고, 그만 난산(難産)을 하고 만다.

그때 태어난 아기가 '베냐민' 이다. 라헬은 아기를 낳다 죽어가면서 아기 이름을 '베노니' (내가 슬픔의 아기를 낳다)라고 지어준다. 그러나 이때 야곱은 아기 엄마를 대신해 그 아기의 오른팔이 되어줄 것을 다짐하면서 '베노니' 를 '베냐민' (오른팔이 되다)으로 고쳐 불러준다. 결국 라헬은 에브랏을 향하여 가다가 죽게 되어 베들레헴 길가에 묻히고 만다. 야곱의 경솔한 결정으로 라헬은 애석하게도 길에서 숨을 거둔다.

하나님의 두 번째 간섭 내지 징계의 모습은 르우벤의 파렴치한 행동이다. 이 말씀은 창세기 35장 22절에 나온다. "이스라엘이 그 땅(에델 망대를 지나 장막을 친 곳)에 거주할 때에 르우벤이 가서 그 아버지의 첩 빌하와 동침하매 이스라엘이 이를 들었더라"

르우벤은 야곱의 장자이다. 열두 아들 중 야곱의 대를 이을 맏아들이다. 그런데 어이없게도 그는 해서는 안 될 악행(惡行)을 저질렀다. 즉 아버지의 첩 빌하와 동침을 한 것이다. 빌하는 라헬의 몸종으로 라헬이 아이를 낳지 못하자 야곱과 동침을 해, 단과 납달리 두 아들을 낳아 준 여인으로 르우벤의 서모(庶母)격이다. 그런데 그녀를 범한 것이다. 이 얼마나 파렴치한 행동인가!

헌데 이와 같은 행동에 대해 야곱은 말이 없다. 아니 이스라엘은 듣고만 있을 뿐이다. 그러면 르우벤은 어떻게 이런 일을 저지를 수 있었을까? 그의 심리상태를 한 번 더듬어 보기로 한다.

르우벤은 야곱의 첫 번째 부인 레아의 맏아들이다. 열두 아들 중 장자 맏형으로 누구보다 성장과정에서 아버지 야곱과 어머니 레아 사이의 애정관계를 눈여겨 보아온 아들이다. 그런데 아버지 야곱은 어머니 레아에 대해 진정한 사랑을 보여주지 않았다. 대신 작은 어머니 격인 라헬에게는 오히려 지나칠 정도로 애정을 쏟는 것을 보고 자랐다. 얼마나 내심(內心) 아버지를 향해 분노가 쌓였을까? 하지만 겉으로 표현도 못하고 아버지를 향한 원망이 누적되고 있었다. 어머니 레아에게 합환채를 꺾어다 준 장본인도 르우벤이다.(창 30:14) 오죽하면 어머니 레아에게 그런 것까지 가져다 주었을까?······

그렇게 긴 세월이 흐르는 가운데 아버지가 그토록 사랑하던 라헬이 죽고 만다. 이때 르우벤은 아버지 야곱의 사랑이 혹시 어머니 레아쪽으로 오지 않을까, 기대해 보았지만 역시 허사였다. 르우벤의 기대와는 다르게 그 사랑은 빌하(라헬의 몸종) 쪽으로 가고 있었다. 드디어 르우벤은 아버지를 향해 쌓인 분노를 역으로 발산하여 빌하를 건드렸을 것으로 상상해 본다.

이 치욕적인 상황을 전해 듣고 야곱, 아니 이스라엘은 어떻게 침묵할 수 있었을까? 야곱은 이 사건이 터졌을 때 뒤돌아보지 않을 수 없었다. 지난 날 자신의 생의 이모저모가 섬광(閃光)처럼 지나갔다. 형과 아버지를 속이고 장자권을 따 내려고 했던 때로부터, 밧단아람에서 튼튼한 양 새끼를 더 많이 얻고자 아무도 모르게 우물가의 버드나무 줄기에 껍질을 벗겨 무늬를 새겨 넣었던 일이며, 재물을 지키기 위해 밤에 몰래 가족을 거느리고 라반을 피해 밧단아람을 도망쳐 나온 일들하며… 야곱은 이 모든 일들을 통하여 자신의 사기성 행각에 대해 하나님으로부터 보상받는다는 느낌을 가졌던 것이 아닐까? 짐작해 본다.

'내가 그토록 치열하게 살아왔지만 그 결국에 돌아오는 것이 이것이었구나' 야곱은 후회와 낙담으로 할 말을 잊고 말았던 것이다.

●○○○ 묵상

성경은 창세기 25장부터 35장까지 야곱 생애를 이끌어 오면서 35장 끝부분에 르우벤이 저지른 치명적 사건을 마지막으로 다루고 있다. 야곱은 여기서 쓰러졌다. 그러나 이어서 이스라엘은 다시 일어선다. 아니 이스라엘이기 때문에 일어설 수 있었다. 그는 헤브론을 향해 묵묵히 발걸음을 옮긴다.

헤브론은 야곱의 할아버지 아브라함과 할머니 사라의 묘가 있는 곳이다. 헤브론의 옛 이름인 기럇 아르바 마므레 막벨라굴에는 두 믿음의 조상이 누워있다. 에서와 야곱이 얍복강 나루터에서 재회한 이래 수십 년 떨어져 살았던 저들은 오랜만에 아버지 장례식에 함께 참석한다. 이삭의 장례는 두 아들이 참석한 가운데 의미있게 치러졌다. 이제 믿음의 고리가 할아버지 아브라함으로부터 아버지 이삭에게로, 그리고 야곱으로 옮겨질 때가 온 것이다. 이삭은 일백팔십 세를 살고 마침내 조상 묘에 묻혔다.

'이삭의 죽음'을 끝으로 35장을 맺는 것은, 이삭은 죽었지만 이삭의 믿음은 살아서 역사함으로 야곱에게 전수(傳受)된다는 사실을 알리기 위함이다. 그리하여 살아계신 하나님은 여전히 야곱의 믿음을 붙잡고 가시기 때문에 우리 또한 아브라함의 하나님, 이삭의 하나님 그리고 야곱의 하나님은 우리의 하나님 임을 믿고 그 믿음을 따라오라고 초청(招請)하고 계신다. 아멘!

Chapter **42**

에서의 족보

창세기 36장 (창 36:1~43)

창세기 36장은 에서를 조상으로 하는 '에돔' 족속의 족보이다. 일명 '에서 족보'라고도 할 수 있다. 족보는 일반적으로 흥미를 갖지 않는 경우가 많은데, 36장의 에서 족보는 여러 가지 의미를 포함하고 있다.

에서는 가나안 여인 중에서 아내를 택한다. 이 이야기는 창세기 26장 34~35절에서 시작된다. "에서가 사십 세에 헷족속 브에리의 딸 '유딧'과 엘론의 딸 '바스맛'을 아내로 맞아 이 사실이 이삭과 리브가의 마음에 근심이 되었더라" 이처럼 에서는 이방여인을 아내로 맞는다.

그런데 36장 2절에 보면 엘론의 딸 바스맛이 '아다'로 나온다. 그리고 히위 족속 시브온의 딸 곧 아나의 딸인 '오홀리바마'를 또 아내로 맞는다. 이어서 3절에서는 이스마엘의 딸 느바욧의 누이 '바스 맛' 을 또 한번 아내로 맞는다. 결국 에서는 네 명의 아내를 갖게 된다.

그렇다면 창세기 26장 34절에서는 엘론의 딸 '바스맛' 이라고 불렀는데 왜 같은 사람이 36장 2절에 와서는 '아다' 로 바뀌었는가? 그것은 에서가 이방여인 가나안 족속과 결혼을 하게 되니까 아버지 이삭이 그녀의 이름인 '바스맛' 이 불려질 때마다 몹시 싫어했으므로, 엘론의 딸 '바스맛' 을 '아다' 로 바꾸어 부른 것이다. 또한 에서는 아버지 비위를 맞추려고 이방여인 대신 아버지 이삭의 이복 형인 이스마엘의 딸과도 결혼한다. 그런데 그녀의 이름 역시 '바스맛' 이므로 '마할렛' 으로 바꾸기로 했다.(창 28:9)

36장 에서의 직계 가족 이름을 보면 혼란스럽게 연결되면서 아내들의 이름이 나온다. 여기서 우리는 에서의 끊임없는 세속성을 볼 수 있다. 앞에서도 언급했듯이 에서의 부모 이삭과 리브가는 에서가 '오홀리바마' 와 결혼한 것을 한층 더 못마땅히 여겼다. 왜냐하면 '오홀리바마' 역시 가나안의 딸이었기 때문이다. 오홀리바마는 조상이 호리족인 '아나' 의 딸이었는데, 호리족은 가나안을 크게 오염시킨 거인 족속과 관련되어 있었다. 거인 족속은 타락한 천사들이 인간사에 깊이 개입함으로써 거기서 생겨난 족속이며 이들이 태어난 결과로 지상에 반쯤 악마적 성향을 가진 자손이 등장하게 된다.

이 말씀은 창세기 6장 4절과 연결된다. "당시에 땅에는 '네피림'

이 있었고 그 후에도 하나님의 아들들이 사람의 딸들에게로 들어와 자식을 낳았으니 그들은 '용사' 라 고대에 명성이 있는 사람들이었더라" 여기서 말하는 '네피림' 이나 '용사' 는 바로 거인 족속을 말한다. 그리하여 창세기 6장 2절에서는 "하나님의 아들들이 사람의 딸들의 아름다움을 보고 자기들이 좋아하는 모든 여자를 아내로 삼는지라" 3절에서는 "…나의 영이 영원히 사람과 함께하지 아니하리니 이는 그들이 육신이 됨이라."

위의 말씀은 하나님께서 왜 대홍수 사건을 일으키셨는지 그 이유를 설명하는 대목이다. 그리하여 대홍수의 재앙 이후 하나님은 이스라엘 족속에게 육신적 삶을 사는 가나안 족속을 멸하시기 위해, 가나안 정복을 명령하시게 된다.

에서의 아내 '오홀리바마' 는 '산당의 장미' 란 뜻인데 그녀는 산당의 여사제 즉 사원의 공적 창녀였을 것으로 본다. 때문에 아버지 이삭은 그 이름을 부르는 것을 못 마땅히 여겼으므로 이삭은 그녀의 이름을 '쥬딧' 으로 바꾸어 불렀다. 그러나 에서가 아버지 이삭 곁을 멀리 떠났을 때는 그는 바꾼 아내의 이름을 더 이상 부르지 않았다. '오홀리바마' 의 아버지는 '아나' 였고 호리족의 수령 중에서 뛰어난 자였다. 에서 아내의 이러한 배경은 에서가 후에 호리족 공동체에 들어가 궁극적으로 모든 부족들을 완전히 지배하게 될 때 큰 힘이 되었다. '오홀리바마' 는 살아생전 아들 세 명을 두었으나 손자는 한 명도 없었다. 반면 에서의 또 다른 부인 '아다' 와 '바스맛' 은 많은 손자를 두어 후손을 이어갔다.

에서를 조상으로 하는 에돔 족속은 세 족속으로 구성되어 있다. 한 족속은 가나안 족속이고 또 한 족속은 호리족속이며 또 다른 족속은 이스마엘 족속이다. 이것을 보면 에돔족속이 이스라엘에 대해 격렬한 적대감을 품고 있는 것은 이상한 일이 아니다. 호리족속은 에서가 자신의 소유로 삼으려고 한 세일 땅의 원주민들이었다. "호리족을 그 산 세일에서 쳐서 광야 근방 엘바란까지 이르렀으며"(창 14:6) 즉 호리족속은 원래 세일 땅에 살았으며 에서의 후손들은 그들과 혈족 결혼을 했다.

에서가 결혼한 '오홀리바마'의 아버지 '아나'는 앞서 호리족의 수령 중에서 뛰어난 인물이라 했는데 그 배경은 아래와 같다. 즉 '아나'는 세일 땅에 살면서 어느 날 온천을 발견했다. 그런데 그와 같은 발견은 당시 그 지방 전체 사람들에게 흥분을 일으켰다. 따라서 명성과 명예를 좋아했고, 현실적인 에서는 '오홀리바마'가 이교도(異敎徒)라는 사실에 별로 문제를 삼지 않았다. 오히려 '오홀리바마'의 아버지, 다시 말해 장인이 경제적으로 사회적으로 귀족 혈통이라는 사실에 자부심(自負心)을 가졌다. 후에 오홀리바마는 이 지방의 족장이 된 것으로 나타난다.(창 36:41)

창세기 36장 40~42절을 보면 눈에 띠는 두 여인의 이름이 나온다. 바로 '딤나'와 '오홀리바마'이다. '딤나'는 바로 아말렉의 어머니이다. 그런데 이들 '딤나'와 '오홀리바마'가 모두 족장이었다는 것을 알 수 있다. 에서는 족장(族長)인 오홀리바마의 영향력으로 인해, 그녀 주변의 사람들과 삶을 같이 하기로 마음 먹는다. 아니 운명을 같이 하기 위해 마침내 영원히 아버지 이삭 계열의 형제들과 모든 가족관계를 끊어버린다. 에서는 그녀로 인해 신분 높은 사회에 소개되었으며, 출세했을 뿐만 아니라 그의 아들들과 손자들도 세일에서 권력의 자리를 차지했다. 나아가 오홀리바마 그녀로 인해 에돔 족속 명사(名土)들의 명단이 최초로 생기게 된다. 위와 같은 사실들이 바로 에서의 역사(歷史)이다. 에서는 육신(肉身)의 주요한 상징이라 할 수 있다.

우리는 36장의 '에서 족보'를 살펴보면서 다음과 같은 사실을 발견할 수 있다.

첫째, 육신은 매우 많은 열매를 맺어 번성하는 것을 볼 수 있다.

둘째, 육신은 매우 설득력이 있다. 그 예를 보여주는 것이, 데만 사람 엘리바스이다. 그는 에돔 혈통의 자손이다.(창 35:15) 그는 욥과의 신앙 논쟁에서 욥을 힘들게 했지만 그의 설득력은 대단했다.

셋째, 육신은 매우 강력하다. 즉 에돔 족속은 세일 땅에 강력한 요새를 갖고 있었다. 그것은 일종의 난공불락(難攻不落)의 요새였다.

넷째, 에돔 족속은 이스라엘이 왕들을 갖기 오래 전부터 이미 왕들을 갖고 있었고, 그것을 매우 자랑스럽게 여겼다.(창 36:31~39)

● ○ ○ 묵 상

창세기 36장의 '에서 족보'와 에서의 역사가 펼쳐진 것을 보면서 '아무리 세상은 바뀌고, 세월은 흘렀지만 오늘날에도 수많은 에서 계열의 사람들이 있고 저들은 여전히 세속적인 삶을 생의 전 목적으로 삼고 살아가고 있지 않은가?' 라는 생각이 든다.

이 세상 역사는 창세로부터 지금까지 두 줄기의 형태로 이어져 오고 있음을 다시금 부인(否認)할 수 없다. 그 시작은 가인과 아벨부터이다. 즉 하나님보다는 자신의 뜻과 생각을 앞세워 자신이 주인이 되어 살아가는 가인 계열과 하나님 중심적 삶을 살아가는 아벨 계열이다.

족장 역사가 시작되는 아브라함 시대에도 이 현상은 여전했다. 창세기 12장부터 등장한 롯이 그 대표적 인물이고 이어서 이스마엘이 소개되며 이스마엘을 거쳐서 나타난 인물이 에서이다. 출애굽기 이후도 이 같은 양상은 계속된다.

그런데 한 가지 중요한 사실은 대체적으로 하나님 중심적 삶을 살았던 사람들은 세상적으로 보면 대단한 업적을 남기지도 못했고, 역사적으로도 그 세력을 크게 자랑할만하지 못했다.

오늘날에도 이 같은 현상은 변함이 없다. 진정 세상은 하나님 중심적 삶을 사는 사람과 세상적 기준을 우선시하여 그것을 중심으로 살고 있는 사람, 이 둘로 양분(兩分)될 뿐이다.

결국 예수님께서도 세상기준으로 살고 있는 유대인들의 시기와 미움을 사서 십자가에 처형된다. 그러나 그 분은 3일 만에 부활하셨다. 이 사건은 하나님 중심적 삶을 산 사람의 승리를 보여준 최고의 증표이다. 그래서 오늘도 나는 주님의 길을 따라가려고 한다.

Chapter 43

고난 속에 비춰지는 십자가 잔영

창세기 37장 (창 37:1~36)

　37장부터는 야곱이, 이제는 한 개인으로서가 아니라 한 민족이요, 나라로서 부각(浮刻)된다. 따라서 이스라엘이 어떻게 죄에서 구원받아 영광스러운 하나님의 백성으로 변해가는지 그 과정을 보여주게 된다.

　37장 앞 부분에는 요셉이 형들에게 왜 미움을 받게 되었는지 그 이유가 나온다.

　첫 번째 이유로는, 요셉이 배다른 형들, 곧 빌하와 실바의 소생들과 함께 양을 치면서 그들의 잘못을 아버지에게 고해 바쳤다는 사실이다. 두 번째는, 야곱이 요셉에게만 채색옷을 만들어 입힌데다가 아버지의 편애(偏愛)를 받는 동생이 겸손할 줄 모르고 오히려 형들의 비행(非行)을 조사해서 일러 바치는 것은 미움을 받을 만 하다는 것이다. 거기다 요셉은 또한 자기들을 다스리는 왕이 되고 싶다는 뜻도 비쳤다는 것이다. 그러나 위에서 밝힌 이유는 표면적 이유일 뿐이다. 그렇다면 이 미움의 내면적 이유는 어디에 있는가?

24장의 세겜에서 벌어진 디나 강간 사건을 볼 때 요셉의 형들은 이유없이 한 성(城)의 남자들을 다 죽이고, 여자와 아이들을 잡아오며, 가축과 재산을 약탈했으면서도 조금도 죄의식을 느끼지 못한 자들이었다. 요셉은 이런 악인들과 함께 생활하면서, 도저히 묵과(默過)할 수 없는 그들의 죄를 본 것이다. 우리는 그 형들이 하는 행동들이 세겜에서 했던 짓의 연장이라는 사실을 기억하지 않으면 안 된다.

요셉이 아버지 야곱에게 고해 바친 것은 형들의 사소한 실수가 아니라 분명한 범죄 행위였다. 즉 요셉은 그들의 죄에 가담하지 않았을 뿐 아니라, 죄를 죄로 지적하는 의로운 삶을 살려고 했기 때문에 형들의 미움을 산 것이다.

요셉은 죄(罪)와 의(義)에 대해 남다른 의식을 가지고 있었다. 그는 애굽에 종으로 팔려 갔을 때에도 철저하게 하나님과 동행했고 죄짓는 것을 두려워했다. 그는 보디발의 가정 총무로 회계 일을 맡았을 때 정직함으로 그 일을 했다. 주인의 아내의 유혹도 단호히 뿌리쳤다.

이런 것들을 생각할 때 요셉이 단순히 형들을 골탕먹이기 위해,

작은 실수를 부풀려서 고해 바쳤다고 볼 수는 없다. 오히려 형들의 불의(不義)를 보고 참을 수가 없어서, 이 죄는 반드시 시정(是正)되어야 한다는 의미로, 아버지에게 고했다고 보는 것이 타당하다.

37장 7절부터는 '요셉의 꿈' 이야기가 시작된다. 먼저 하나님이 주시는 꿈은 평범한 꿈이 아니다. 하나님이 주시는 꿈을 꾸는 사람은 그것이 하나님의 계시(啓示)라는 것을 분명히 알 수 있게 된다.

요셉도 하나님께서 주신 꿈을 꾸고 난 후, 그는 그 뜻을 알지 못해 번민(煩悶)하다가 그 꿈에 대해 형들과 나누고 싶었던 것이다. 그러나 형들은, 하나님의 말씀에 관심 있는 사람들이 아니었다. 그들은 오히려 요셉의 꿈을 건방진 동생의 과대망상증으로 치부했다.

요셉이 처음 꾼 꿈은, "우리가 밭에서 곡식을 묶더니, 내 단은 일어서고 당신들의 단은 내 단을 둘러서서 절하더이다."(창 37:7)라는 내용이다. 우리는 성경의 그 다음 내용을 알기 때문에 다음과 같이 그 꿈을 미리 해석 할 수 있다. 이 꿈은 하나님께서 앞으로 이스라엘 백성들을 어떻게 구원하실지 그 계획을 보여주시는 꿈이다.

원래 야곱의 가족들은 밭에서 곡식을 거두는 사람들이 아니다. 그들은 목축업을 하고 있다. 그럼에도 불구하고, 꿈에 야곱의 아들들이 밭에서 곡식을 거두고 있었다는 것은 무언가, 곡식과 관련해서 하나님의 특별한 계획이 있다는 뜻이다.

그들은 앞으로 양식 때문에 큰 어려움을 겪게 될 것이다. 그러나 하나님께서는 요셉을 통해 그 어려움에서 그들을 구원해 주실 것이다. 그러므로 요셉의 꿈은 그 계획을 미리 보여주시는 계시(啓示)이다. 그리고 이 꿈은 단순한 양식 문제뿐만 아니라, 하나님께서는 야곱의 아들들 안에 있는 죄성을 치료하여 그들을 참된 하나님의 백성으로 삼고자 하는데 의미를 두고 있다는 사실이다.

두 번째 꿈은, "해와 달과 열 한별이 내게 절하더이다"
그런데 야곱의 아들들은 자신들이 요셉보다 못하게 되리라는 이 꿈 이야기를 듣고 시기했고 그를 죽이려고 했다. '왜 그랬을까?' 그들이 단지 그 꿈을 단순한 일반적 꿈으로 여겼다면 그렇게까지 시기하고 미워할 이유가 없지 않은가? 그러나 저들은 알았다. 하나님께서 무엇인가, 아주 중요한 일을 이루시기 위해 요셉을 택하셨다는 것을 알았기 때문에 그토록 미워한 것이다.
아버지 야곱은 이 꿈 이야기를 듣고 이중적 반응을 보인다. 요셉을 책망해서 교만한 마음을 가지지 못하도록 하는 한편, 자신은 이 꿈을 마음속 깊은 곳에 새겨 두었다. 왜 그러했을까? 실은 야곱의 속마음은 자기 가족들 사이에서 저질러진, 세겜에서의 엄청난 살인 사건에 대해 그 죄에 대해 고민 중에 있었다.

그는 디나가 강간을 당했을 때에도, 자식들이 세겜 남자들을 다 죽여버렸을 때도, 아무 말도 하지 않았다. 르우벤이 자신의 첩과 통간(通姦)했다는 사실을 알았을 때에도 아무런 반응을 보이지 않았다.
그는 이런 일련의 일에 왜 침묵했을까?
야곱은 이 죄들이 자신이 감당할 수 있는 성질의 것이 아니라는 사실을 알았다. 그의 아들들 안에 있는 죄성, 심지어 자기 안에 있는 이 죄성, 인간이 다룰 수 있는 성질의 것이 아니라는 사실을 뼈저리게 느끼고 있었다.

　야곱은 자기가 아들들의 죄를 처리하려면 그 아들들을 다 죽일 수밖에 없다고 생각했다. 그러나 그렇게 죽인다고 한들, 문제가 해결되지 않는다는 것을 알았다. 때문에 요셉이 자기 아들들의 비행(非行)을 알려줄 때도 그는 침묵했던 것이다. 그리하여 그는 다만 기다리고 있었다. 하나님께서 오셔서 자기 집을 이 죄로부터 건져주시기를 기다리고 있었다.

　야곱은 이 꿈의 의미를 당장 다 알 수는 없지만, 하나님께서 이 집안의 엄청난 죄를 해결하시기 위해 어떤 계획을 갖고 계시며, 그 일을 위해서 요셉을 쓰실지도 모른다는 생각을 했던 것이다. 그래서 요셉의 꿈을 마음 속에 담아둔 것이다.

　요셉의 형들이 요셉을 미워한 것은 그들 스스로가 자신들은 죄인이라고 생각하지 않았기 때문이다. 저들은 자기들이 구원받아야 할 필요가 있다고, 생각지 않았다. 그러니까 요셉의 꿈 이야기가 자기들을 완전히 무시하고 업신여기며 건방지게 도전하는 것으로 밖에 들리지 않은 것이다.

　37장 12절부터 시작되는 말씀은 야곱이 요셉을 들판에 있는 형들에게 보내는 장면이다. 야곱이 요셉을 보낸 것은 형들의 어려움을 도와주기 위해서였다. 헤브론으로부터 세겜까지는 60마일(96km)이나 떨어져 있다. 도단은 세겜에서 또 15마일(24km)이나 더 떨어진 평원이다. 도단은 그 지방에서 가장 좋은 초원이 펼쳐진, 약대 상인들의 통로였다. 야곱이 이렇게 먼 곳을 요셉 홀로 보낸 것을 보면,

야곱이 그의 능력을 얼마나 신뢰했는지 알 수 있다. 요셉은 세겜에 형들이 없는 것을 보고 그냥 돌아서지 않고 아버지 말씀에 순종하여 끝까지 형들을 찾으려고 했기 때문에 변을 당하게 되었다.

37장 3절에는, '채색옷' 이야기가 나온다. 우리는 3절을 읽으면서 '야곱은 무엇 때문에 요셉에게 채색옷을 입혀서 형들에게 미움을 사게 했을까?' 묻게 된다. '채색옷'이란 원래 아버지의 후계자 (後繼者)로 정해진 아들에게 주어지는 옷이다. 이 옷은 보통의 겉옷과 다른 옷이다. 보통의 겉옷은 가운 식으로 걸쳐 입었고 소매는 없었다. 그러나 요셉이 입은 채색옷은 소매가 있고, 손목과 발목까지 닿는 옷이었던 것 같다.

그 옷은 제사장 직분을 말해준다. 그 옷은 장자가 아버지 상속재산을 받는 데 있어, 다른 형제들보다 두 배의 몫을 받는 관례를 말하고 있다. 사실 그 옷은 장자인 르우벤에게 가야 했지만, 그는 이미 그 자격을 상실하고 말았다. 그것은 창세기 35장 2절에 그 이유가 나와있다. "아버지의 첩 빌하와 동침하매" 이 사건은 창세기 49장에 다시 언급된다. "르우벤아 너는 내 장자요 내 능력이요 내 기력의 시작이라. 위풍이 월등하고 권능이 탁월하다마는 물의 끓음 같았은 즉 너는 탁월하지 못하리니 네가 아버지의 침상에 올라 더럽혔음이로다…."(창 49:3~4)

그렇기 때문에 야곱은 르우벤을 근본적으로 부적합하다고 여겨 우선은 제사장 직분의 관리인 자격을 요셉에게 준 것이다. 다른 아들들도 이미 저지른 죄악으로 인해 그 권한을 요셉 이외에는 어느 아들에게도 줄 수가 없었다. 야곱은 요셉에게 채색옷을 지어 입힘으로써 대리인 권한을 주어, 형들의 난폭한 행동을 보고하도록 했고, 그에게 자기의 청지기 직을 맡겼던 것이다.

그리하여 37장 4절에 보면, "형들은 그에게 편안하게 말할 수 없었더라" 라고 나온다. 즉 요셉에게 채색옷을 지어 입힌 것은 아버지 야곱으로서는 다른 자식들을 향한 무언(無言)의 경고요, 부모의 권리이양(權利移讓)의 표식이었다. 따라서 요셉은 그 채색옷을 언제고 입고 다녀야 했다. 그 옷은 요셉의 신분 표식이 되었기 때문이다.

37장 18절에 "요셉이 그들에게 가까이 오기 전에 그들이 요셉을 멀리서 보고 죽이기를 꾀하여" 라는 말씀이 나온다. 그러면 형들은 왜 요셉을 죽이기까지 하려 했을까?

야곱의 아들들이 요셉을 죽이려고 결정한 것은, 그가 오면 그가 시키는 대로 해야 한다는 것을 알았기 때문이다. 저들은 계속 죄짓고, 거짓말하고, 양도 잡아 먹어야 하는데, 요셉이 오면 그런 짓을 더 이상 할 수 없다는 것이 못마땅했다.

더 나아가, 야곱의 아들들은 요셉으로부터 꿈 이야기를 들었을 때 앞에서도 언급했듯이, 그것이 보통 꿈이 아니라 요셉을 통해 어떤 중요한 일을 하시려는, 하나님의 계획을 보여주는 꿈이라는 것을 알아차렸다.

실은, 그들은 그 동안 살인하고, 약탈하고, 강간하고 거짓말했다.(창 34장 참조) 그러므로 꿈 이야기를 듣자 이들은 하나님을 향하여 원망과 분노가 터져나오기 시작했다. '하나님께서는 무엇 때문에 자기들한테 계획을 갖고 계시지 않는가. 요셉이 뭔데 그를 들어서 우리들의 머리로 삼으려고 하시지?' 하고 내심 불평하기 시작했다. 그래서 그들은 하나님께서 자기들의 삶에 개입하려고 하신다는 것을 알자마자, 그가 보내신 자를 죽이려고 했던 것이다.

이 심리는 마태복음 21장에 나오는 '포도원 농부' 비유와 연관 지어 이해할 수 있다. 비유에 나오는 농부들은 결국 그가 주인이 보낸 상속자라는 것을 알고, 그를 죽여서 포도원 밖에 내던져 버렸던 것이다.

형들의 악랄함은 25절에 더욱 나타난다. 동생은 물 없는 구덩이에 던져져 옷이 다 벗겨진 채 두려움과 허기로 죽어가고 있는데, 형이란 사람들은 우물 밖에서 태연하게 앉아 음식을 먹고 있다. 이 모습은 형들이 동생을 죽이는 일에 있어 전혀 마음에 고통을 느끼지 않았다는 것을 의미한다.

26절과 27절에는 이들의 위선적(僞善的)인 면이 역력히 드러난다. 야곱의 아들들은 무죄한 자의 피를 흘리는 것이 하나님 앞에서 분명히 죄가 된다는 것을 알고 있었다. 그래서 자신들이 직접 죽이기 보다는 다른 사람의 손에 넘겨서 죽게 하는 편이 훨씬 더 책임을 줄일 수 있는 길이라고 생각했다. 그러므로 유다가 다른 형제들에게 요셉을 죽이지 말고 이스마엘 상인들에게 팔자고 제안한 것은 그의 마음이 관대(寬大)했기 때문이 아니다. 자기들 손에 직접 피를 묻히지 않고, 요셉을 제거하고 싶었던 것이다. 진정으로 요셉을 동생으로 생각했다면 노예로 팔지 말았어야 했다. 그러므로 유다는 위선자라고 할 수 있다.

24절과 35절을 통해 우리는 야곱의 통곡 속에서 하나님의 음성을 들어야 한다. 야곱은 요셉이 짐승에게 찢겨 죽었다는 소식을 듣고, 또 피 묻은 채색옷으로 그 사실을 확인한 후, 슬픔에 복받쳐 정신을 차리지 못했다. 그때에야 비로소 아들들은 죄인 열명보다 참으로 의롭게 살려고 했던 이 아들 한 명이 아버지에게 얼마나 소중했으며, 그 무죄한 한 명이 피를 흘린 것이 얼마나 용서받을 수 없는 죄인가를 어렴풋이 알게 되었다.

하나님께서는 사람들이 하나님을 싫어한다는 것을 아시면서도 사랑하는 아들을 우리에게 보내셨다. 하나님께서는 이 아들이 전부였다. 이 세상 모든 사람들을 다 합쳐도 이 아들 하나만 못하다. 그런데, 하나님은 그런 아들만큼이나 우리를 사랑하사, 그 아들을 이 세상에 내어 보내신 것이다. 그런데 사람들은 어이없게 이 아들을 십자가에 못박아 죽여버렸다. 그러면서도 로마병정들은 무슨 짓을 하고 있는지도 모르고, 그 밑에서 희희낙락(喜喜樂樂)하며 옷을 나눠 가졌다. 복음서의 이 말씀과 야곱의 아들들과 요셉 사이에 일어난 사건은 서로 연결되어 있다고 생각되지 않는가!

때문에 의로운 이 아들, 곧 요셉의 죽음은 다른 아들들의 모든 죄보다 더 큰 슬픔을 야곱에게 안겨주었다. 이 사건은 더 나아가, 우리가 지은 모든 죄보다 예수 그리스도의 죽음이 하나님 앞에 더 고통스럽고 안타까웠다는 것을, 미리 보여주는 상징적 사건이 된다.

37장 2절에 보면 요셉은 빌하와 실바의 아들들과 함께 양을 치다가 저들의 잘못을 아버지에게 고하였다고 나온다. 이 말씀 속에는 빌하의 아들 단과 납달리, 그리고 실바의 아들 갓과 아셀의 성격이 어떠했는가가 들어있다. 단과 납달리는 그 이름이 의미하는 대로 단은 비꼬는 기술과 사람을 비하(卑下)시키는 기질이 있었다. 또한 납달리는 야성(野性)에 대한 갈망이 있었고, 규제를 싫어했으며 법과 질서를 경멸했다.

한편, 갓과 아셀은 한 어머니의 형제로서 갓은 불량배 같은 기질이 있었으며 아셀은 사치, 풍족함 및 쾌락을 즐겼다. 이런 형들이라면 이들이 세겜으로 가서 양을 칠 때도 어떤 행동을 했으리라고는 짐작이 간다. 미루어 짐작하건대 이들은 세겜 땅에서 '할례'라는 명목으로 청년들을 비겁하게 죽이고 나서도, 뉘우치기는커녕 계속적으로 죄악된 행동을 지속했음이 행간에 흐르고 있다. 요셉은 이런 형들의 불의한 행동을 아버지 야곱에게 말했음이 틀림없다. 때문에 요셉은 형들을 고자질 한 것이 아니라 사실을 알렸을 뿐임을 알 수 있다.

그러나 야곱의 아들들은 자신들이 저지른 만행(蠻行)에 대해서는 회개, 자복(自服)하기는커녕 요셉이 받는 사랑에 대해 인간적 시기, 질투가 치밀어 마침내 그 수위(水位)가 머리끝까지 올라가 있었다. 이는 마치 보잘것없는 시골 출신, 나사렛 예수가 나와서 "내가 하나님의 아들이다""나는 너희를 구원하기 위해 하나님이 보내신 메시야이니라"라고 말씀했을 때 당시 사두개인, 바리새인, 서기관들이 예수를 향해 보여주었던 태도와 상통한다.

37장 후반부로 갈수록 우리는 야곱의 여러 아들들이 얼마나 악랄한 죄악을, 아무 거리낌 없이 저지르는지… 그 모습을 보면서, 말로 표현할 수 없는 끔찍한 모습에 가슴이 서늘해져 옴을 느낀다. 악은 발동하기 시작하면 멈출 줄을 모른다. 요셉을 향한 시기(猜忌)와 증오(憎惡)는 마침내 집단 세력이 되어 거침없이 진행되고 있다. 한편 하나님이 계시로 주신 꿈을 안고 그 꿈을 기대하며 살아가려고 애쓰는 요셉은 속수무책(束手無策)으로 애굽으로 끌려가고 만다. 의인의 무능함이 행간에 점점이 묻어있다. 이제 이런 요셉을 하나님께서는 어디까지 훈련시켜 가실지….

또 다른 구절이 눈에 들어온다. "…그가 입은 채색옷을 벗기고 그를 잡아 구덩이에 던지니…"(창37:23~24) 요셉은 형들의 미움을 사 죽임을 당할 뻔 하다가 그나마 죽음은 면하고 우물 속에 던져진다. 형들이 그의 채색옷을 벗기고 우물 속에 넣었다면 아마도 요셉은 거의 알몸 상태로 거기에 있었을 것이다. 십자가에 달리신 예수님도 로마 병정들이 예수님의 홍포(紅袍)를 제비 뽑아 나누어 가졌을 때, 그 분 역시 옷이 다 찢겨져 거의 벗은 몸이 되었다. 이런 수모를 겪고 요셉은 약대 상인들에게 팔려 애굽으로 끌려간다. 그가 얼마 동안 노예 시장에 있었는지는 모르지만, 어쩌면 쇠사슬에 묶여 이리저리 끌려 다니며 때로 채찍에 맞기도 했을 것이다. 예수님께서도 잔인무도(殘忍無道)한 로마 군병들의 채찍에 맞으시며 골고다 언덕을 오르셨다. 바로 이 모습이 본문을 묵상하며 오버랩 되는 것은 무슨 이유일까?

이처럼 본문은 하나님께서 예수님의 십자가 고난을, 나로 하여금 실감나게 느끼도록 해 주기 위해서 한 사람 곧, 요셉을 들어 그의 고난을 비춰주시는 것 같다. 그러기에 요셉 사건은 한 낱 이야기가 아니다. 주님께서 내게 그리스도의 십자가 잔영(殘影)을 보여주는 살아있는 말씀인 것이다.

Chapter **44**

네가 나보다
옳도다

창세기 38장 (창 38:1~30)

유다는 왜 자기 형제들로부터 떠나서 가나안쪽으로 깊숙이 들어 갔는가?

문제의 발단은 유다가 야곱 가문의 신앙공동체를 떠나면서부터 시작된다. 이는 룻기 1장의 엘리멜렉이 베들레헴에 있을 때 풍족한 가운데 살면서도 이웃에게 물질을 나누어 주기 싫어 가족을 데리고 이스라엘의 신앙공동체를 떠나 모압지방으로 간 것과 유사하다.(룻 기 1:21 참조)

1절의 '그 후에'란 요셉이 형들을 찾아 도단 땅에 이르렀을 때, 형 들이 요셉을 죽이려고 하다가 대신 그를 잡아 구덩이에 던졌던 그 일 이후란 뜻이다. 그때 마침 이스마엘 상인들이 낙타에 유향과 몰약을 싣고 애굽으로 내려가는 것을 보고는 유다가 말을 한다. "우리가 우리 동생을 죽이고 그의 피를 덮어둔들 무엇이 유익할까?"(창세기 37:26)

즉 "굳이 우리 손으로 죽일 필요가 있겠는가 그는 우리 혈육인데…. 그러니 이스마엘 상인들에게 팔아버리는 것이 낫지 않겠는가?"(창세기 37:27)

자기들이 죽이면 살인죄로 몰릴 것이므로 유다는 그나마 자비를 베푸는 양, 위와 같은 말을 한 것이다. 구태여 자기들 손으로 죽여, 손에 피를 묻힐 필요가 없다는 말이다.

이 말은 마태복음 27:24에서 빌라도가 아무 성과도 없이 도리어 민란이 나려는 것을 보고, 물을 가져다가 무리 앞에서 손을 씻으며 "이 사람의 피에 대하여 나는 무죄하니 너희가 당하라"는 말과 일맥상통하지 않는가? 이로 보건대 유다는 '위선자'라고 말할 수 있다. 실제로는 요셉을 죽음에 이르게 해 놓고도 책임은 피하겠다는 속셈이다.

이렇게 해서 요셉을 낙타 상인에게 팔아버린 후 요셉의 채색옷에 숫염소를 죽인 그 피를 발라서 요셉이 죽은 것처럼 가장한다. 이들이 아버지에게 돌아와 틀림없이 요셉이 짐승에 물려 죽은 것 같다고 하면서 피 묻은 옷을 내밀었을 때 아버지는 정말 요셉이 죽은 줄 알고 통곡한다. 다른 모든 자녀가 아버지를 위로하되 야곱은 죽고 싶다고 말하면서 터져 나오는 울음을 그치지 못한다.

세겜에서의 할례사건 및 요셉의 우물사건과 같은 이런 일련의 살인행위 및 살인에 가까운 작당(作黨)을 벌이고 나서 아마도 유다는 더 이상 이들과 함께 지내고 싶지 않았던 것 같다. 그리하여 형제들과의 공동체 생활을 청산(淸算)하고 떠난 듯하다.

2절, 유다는 가나안 지역으로 점점 들어가서 거기서 가나안 사람 수아의 딸과 동침한다. 그는 형제들과 아버지에게 알리지도 않고 가나안 여인과 결혼하여 자녀 세 명(엘, 오난, 셀라)을 낳는다. 엘과 오난은 별로 나이 차이가 없지만 셀라는 꽤 한참 있다가 낳은 것 같다. 따라서 유다는 상당기간(대략 10년 이상) 그곳 가나안에서 머물러 산 것 같다.

창세기 29:35을 보면 유다는 레아가 낳은 네 번째 아들이다. 유다는 그 이름이 '찬송함'이다. 즉 레아가 하나님을 진실로 만나고 나서 낳은 아들이다. 그리하여 "이제는 내가 여호와를 찬송하리로다" 하고 그의 이름을 '유다'로 지은 것이다. 그런 아들이 세월이 흘러 그는 점차 하나님 편으로 나아가는 대신 세상 쪽으로 흘러가고 있다. 이만큼 지금 야곱교회의 사람들은 타락의 길로 내리닫고 있다.

6절에 보면, 유다는 장자 '엘'을 위하여 자신이 배필을 맺어준다. 그녀가 바로 다말이다. 말하자면 시아버지 될 사람이 다말을 자기 아들과 결혼시킨 것이다.

7절, 그런데 어찌된 사연인지는 모르지만 장자 '엘'이 여호와 보시기에 악을 행하여 그는 죽게 된다.

8절, 이를 보고 시아버지 유다는 가문의 씨를 얻기 위해 둘째 아들 '오난'에게 형사취수제도(兄事娶嫂制度)를 도입해 형수에게 들어가 씨를 잇도록 하게 한다. 이때 오난은 형식적으로는 아버지 말에 따르지만 실질적으로는 이를 거부했다.(9절) 아마도 그렇게 해서 형수(兄嫂)가 임신하여 아이를 낳게 되면, 자기가 장자권을 빼앗길 것 같은 계산하에 이를 거부한 것 같다. 이런 사실은 오난과 다말만 알지 그 누가 알겠는가, 유다까지도 이 사실을 몰랐을 것이다, 하지만 하나님은 아셨다. 결국 하나님은 오난을 죽게 하셨다. 유다는 영문도 모르는 채 오난을 잃게 된다. 유다의 입장에서는 얼마나 놀라고 두려웠겠는가? 큰 아들, 작은 아들을 다 잃어버렸으니…

그러면 하나님 눈에는 오난의 이런 행위(Onanism)가 얼마나 악했기에 오난을 그대로 죽게 하셨을까?

아마도 이와 같은 행위는 생명의 씨를 이으시려는 하나님 계획을 오난이 교묘히 거부했기에 하나님께서는 그를 살려 둘 이유가 없다고 생각하신 것 같다. 그리고 다말 편에서 생각해보면 이것처럼 수치스럽고 부끄러운 일은 없을 것이다. 이 마음을 헤아려 보신 것 같다. 다말은 너무 창피해서 죽고 싶은 심정이었을 것이다. 그래서 하나님은 다말을 대신하여 그를 죽이신 것이 아닐까?

11절에서 유다는 '셀라'까지 죽게 될까 봐 내심 겁이 났다. 그리하여 다말에게 친정집에 가서 셋째 아들 셀라가 장성(長成)할 때까지 기다리라고 말한다.

12절에서 그 일 후, 시간이 흘러 얼마 후에 유다의 아내가 죽는다. 이렇게 되어 유다는 두 아들과 아내까지 잃게 되었다. 룻기의 엘리멜렉이 모압 땅으로 갔을 때 나오미가 남편과 두 아들을 잃게 되는 것과 이야기가 맞아 들어간다.

이는 유다가 신앙공동체를 떠난 이후 일어난 사건들이다. 마찬가지로 룻기의 엘리멜렉도 베들레헴 주변에 사는 가난한 이웃에게 물질을 나누어 주길 꺼려서 그 고장을 떠난 후에 일어난 일들이다.(룻기 1:21 참조)

그리하여 유다는 친구 히라와 함께 딤나로 올라가서 자기 양털 깎는 자를 만난다. '딤나'는 삼손이 처음 블레셋으로 내려가 여인을 만났던 곳이다.(삿 14:1) 삼손은 그의 부모에게 그곳에서 만난 여인과 결혼하고 싶다고까지 말하던 고장이다. 이처럼 '딤나'는 이방여인 특히 블레셋 여인들이 남자를 유혹하던 곳으로 추측된다.

이 사실을 전해 듣고 다말은 마침내 패륜적(悖倫的) 행위를 저지르기로 결심한다. 유다 가문의 '씨'를 받고자, 상상을 초월한 행위를 결심한 다말!

하나님 나라에 입성하기 위한 그녀의 열성과 집념이 하나님 보시기에는 가상(嘉尙)하게 보였던 것일까? 그녀가 결국 유다의 씨를 받아 임신했을 때 하나님은 그녀의 아들, 곧 베레스를 다윗 계보에 서게 하시고 다윗의 혈통이 시작되게 하셨다. 훗날, 그리스도까지 이어지는 길고 긴 족보, 그리스도 계보가 여기로부터 시작된다.

유다는 며느리 다말에게 씨를 넘겨준다. 그러나 그녀가 다말일 줄은 꿈에도 몰랐다. 이때 다말은 그 댓가로 염소대신 유다의 지팡이, 도장 및 띠를 요구한다.

세상에 이런 거래(去來)도 있는가? 하지만 성경은 세세하게 이 사실을 밝힌다. 왜 꼭 유다의 도장, 지팡이, 띠 이어야 하는가? 지금 다말은 염소(돈)가 문제가 아니다. 중요한 것은 유다의 소지품으로 그녀가 임신한 아이가 분명한 '유다의 씨'라는 증표를 가져야 하기 때문이다. 다말에겐 이 사실만큼 중요한 일은 없다. 만약 이와 같은 증표를 갖지 못한다면 다말의 이런 패륜적(悖倫的) 행위는 어느 것으로도 용납될 수 없기 때문이다. 다말은 오직 유다 가문의 씨를 받는 것이 전부였기에 그녀는 이 모든 수모(受侮), 나아가 죽음까지도 각오(覺悟)한 것이다. 만약 이 사실이 사실로 드러나지 않으면 다말은 간음죄로 몰려 죽게 될 수도 있다.

그 '씨'가 무엇이길래 다말은 이런 행동을 감행(敢行)하는가. 다말은 죽음을 각오하고서라도 유다 가문에 들고 싶었다. 그 이유란, 다말은 이미 어떤 사실에 대해서 듣고 마음속에 믿음이 싹텄으며 그 믿음을 지키겠다는 열망이 그녀 마음속에 있었기 때문이다. 다말은 유다의 맏아들 엘과 결혼했다. 그런데 이 유다 가정의 제사장 격인 위치는 유다이다. 그는 가정의 예배를 주도했고, 그때마다 유다는 아브라함과, 할아버지 이삭과, 그리고 아버지 야곱 이야기를 구전(口傳)으로 늘 들려주었을 것이다.

비록 지금은 유다가 형제들을 떠나 가나안에 들어와 살지만 그 후손의 씨 문제, 즉 창세기 15장에서 아브라함에게 약속하신 자녀와 땅의 축복 및 여자의 후손을 통해 오실 메시야에 대한 말씀을 다말은 믿게 된다. 그 결과, 유다 가문의 씨를 맏며느리인 자신이 이어가

야겠다는 결단이 믿음 안에서 형성되었으리라. 마치 룻이 시어머니인 나오미의 여호와 하나님을 경외하는 삶의 자세를 보고 시어머니의 하나님이 자신의 하나님이 되길 갈망해, 죽음이 아니면 시어머니와 떨어질 리가 없다고 고백하며 나오미를 따라 베들레헴까지 따라온 것과 같다고 할 수 있다.

그러므로 여기서 우리는 "믿음은 들음에서 나고, 들음은 그리스도의 말씀으로 말미암느니라"(롬 10:17)라는 로마서 말씀을 떠올리게 된다.

즉 다말은 유다를 통해 들은 여호와 하나님에 대해 그 분을 온전히 믿기로 결심했던 것이다. 그렇지 않고는 그 용기가 어디서 나왔겠는가. 결국 다말은 이 행위 끝에 임신을 하게 된다. 석 달 후쯤 누군가에 의해 자신의 임신 사실이 밝혀져 유다 귀에 들어간다. 그 당시는 제사장 가문의 계열에서 이렇게 간음한 사실이 드러나면 그 여인은 불에 태워 죽이는 관습이 있었다. 그리하여 마침내 다말은 유다 앞에 끌려나가 불사름을 당하게 될 형편이었다.

이때 다말은 사람을 시켜, 가지고 있던 담보물(擔保物)을 유다 앞에 내어놓는다. "이 물건 임자로 말미암아 내가 임신하게 되었노라"(창 38:25) 이 순간 유다의 간음이 온 천하에 드러나고 만다. 유다는 아무런 변명을 할 수가 없었다.

유다는 부끄럽고 창피했지만 이 사실을 부인(否認)하지 않았다. 만일 이때 "무엄하도다. 네가 내 것을 훔쳐다가 이런 근거도 없는 짓을 하려고 하느냐?" "나는 그런 일을 한 일이 없다."라고 딱 잡아 떼었더라면…어찌 되었을까? 그러면 다말도, 뱃속 태아도 다 죽었을 것이다. 그러면 하나님이 유다를 그냥 두었을까? 아마 유다도 죽임을 당케 되었을 것이다.

그러나 바로 이 결정적인 순간에 유다는 그 현장에서 "그것들을 알아보고 이르되 그는 나보다 옳도다. 내가 그를 내 아들 셀라에게 주지 아니하였음이로다"(창 38:26)라고 자백한다. 마치 다윗의 잘못(우리야의 아내 밧세바를 범함)을 나단이 지적했을 때 다윗이 받아들였던 것처럼… 그리하여 유다도 살고 다말도, 태아도 다 살게 되었다. 유다 자신의 잘못에 대한 진실한 고백은 모두를 살렸다.

왜 다말은 굳이 유다의 지팡이, 도장, 끈을 담보물(擔保物)로 달라고 했을까?

유다의 도장, 끈, 지팡이를 다말이 담보물로 갖고 있는 한, 유다와 다말은 끊어질래야 끊어질 수가 없다. 이미 그것으로 두 사람은 묶여버렸기 때문이다. 그러므로 만약 다말을 불에 태워 죽였더라면 유다도 함께 죽어야 한다. 왜냐하면 그 끈으로, 도장으로 묶여있기 때문이다. 이것들은 두 사람 행위의 증표(證票)가 되기 때문에 '아니라'고 거부할래야 거부할 수 없기 때문이다. 그리고 그 증표가 있을 때라야만 그녀가 낳은 '베레스'는 유다 가문의 씨로서 인정받게 되며, 그녀가 하나님 나라 백성 되기를 그토록 갈망(渴望)했던 그 소원이 이루어지는 토대가 되기 때문이다. 이로써 다말은 완전한 유다 가문의 일원이 될 수 있게 되었으며, 예수의 족보에 편입될 수 있는 영광스러운 여인이 될 수 있게 된 것이다.

마찬가지 이유로 오늘 예수와 우리를 연결시킬 수 있는 길은 오직 십자가 밖에 없다. '십자가'는 바로 다말과 유다 사이를 묶는 끈과 도장과 같은 것이다. 나와 예수가 하나로 묶일 수 있는 것은 다름아닌 '십자가'이다. 그곳에서 흘린 피의 댓가가 나와 예수를 묶어준다. 다시 말해 내가 하나님 자녀가 된 것은 십자가의 피의 역할 때문에 그 분과 내가 묶여져서 비로소 내가 살아난 것이다.

유다의 지팡이, 띠, 도장이 그의 음란의 증표가 되었던 것처럼, 그리스도의 십자가 역시 예수께서 가장 수치스럽게 처형 당하신 치욕의 상징이다. 그러나 하나님께서는 그 수치스러운 십자가로 우리를 구원하셨다. 유다의 지팡이, 끈, 도장이 다말을 살려낸 증표가 된 것처럼, 십자가는 하나님이 예수를 통해 보여주신 증표이다. 이 증표는 우리가 영원히 살 수 있는 증표이며 불의 심판을 통과할 수 있는 증표이다.

● ○ ○ 묵상

하나님의 은혜는 인간의 가장 부끄러운 본성이 드러날 때, 바로 그곳에 크게 임한다.

하나님께서 시아버지 유다와 며느리 다말 이야기를 통해 인간의 가장 숨겨진 부분을 드러내신 것은, 바로 이런 상태에서 구원역사는 이루어지며 우리는 그 곳까지 찾아오시기를 마다하지 않으시는 그 분의 긍휼하심에 할 말을 잊게 된다.

예수님은 어쩌면 세상적으로 말하면 사생아(私生兒)일 수 있다. 성령으로 잉태되어 세상에 태어났다고 했을 때, 이 사실을 인정하지 않는 사람에겐 그는 사생아일 수 밖에 없다. 그리하여 그는 자라면서 고향사람들 중 일부 사람들이 그의 출생에 대해 비아냥거리고 수군댈 때 그런 소리를 들을 수도 있었다. 그러나 이 부끄러운 사생아(세상적으로 말해서)는 하나님의 아들이었고, 그는 기름부음을 받으신 분이었다. 하나님께서는 이 사생아를 통해서 온 세상을 구원하시기를 기뻐하셨다.

같은 맥락에서 비추어 볼 때 하나님께서는 '다말' 이라는 여인에게 찾아오셔서 불에 타 죽을뻔한 그녀를 살려 내시고 그녀가 낳은 아들 베레스를 예수 그리스도의 계보에 넣으셨다. 즉, 구원의 씨를 그녀의 소원대로 그녀를 통해 이으셨다. 이처럼 하나님께서는 인간의 가장 부끄러운 죄악 가운데에 찾아오시고, 그 자리를 통하여 구원하여 주시길 기뻐하신다.

다말은 죽음을 불사하고 유다 가문에 들어오고 싶어했다. 이 말은 궁극적으로 그리스도의 족보, 그리스도의 구원의 반열에 들고 싶다는 얘기다. 오늘날 우리가 예수 그리스도 안에 들어와 있다는 사실이 이토록 중요하다고 느끼고 있는가.

그리스도의 백성, 주님의 백성이 된다는 사실이 얼마나 가치있고 소중한 일인지 생각해 보았는가? 진정으로 하나님 나라를 소유하려고 하는 사람은 어떠한 모멸감(侮蔑感)도 참아내는 것을 우리는 다말을 통해 보게 된다.

다말은 셀라가 장성할 때까지 친정에서 긴 세월을 기다렸다. 남편 '엘'이 죽고 또 시동생 오난까지 말하기 곤란한 행동으로 죽고 말았는데, 그녀는 무엇 때문에 그토록 긴 시간, 셀라가 클 때를 기다리고 있었을까? 아무도 알아주지 않고 손가락질 당할 수도 있었을 텐데… 왜 그녀는 기다렸을까? 그것은 오직 유다 가문의 씨를 받아, 자신이 유다 지파 계열의 자녀를 낳아서 키우는 일만이 영원한 복을 받을 수 있는 길임을 알았기 때문이다.

하마터면 유다는 다말이 아닌 다른 창녀를 건드려 사생아를 낳을 뻔했다. 그런데 그 상대가 다말이었기에 그녀를 통해 아들 베레스를 얻었다. 이때 유다가 자신의 타락이 발각됐을 때 이를 부인(否認)했더라면 다말도, 뱃속아기도 다 죽게 되고 어쩌면 하나님은 유다도 죽였을 것이다.

그러나 사실이 발각되었을 때 유다는 "네가 나보다 옳도다"(창 38:26)라고 말한다. 이 말은 "내가 너보다 더 큰 죄를 지었구나"하는 뜻으로 자기 죄를 인정하고 고백하는 말이다. 그렇게 함으로써 모두가 살 수 있었다. 그렇다고 유다와 다말의 죄가 없어졌을까?

이 두 사람은 "우리를 죄에서 건져 주시옵소서"라고 처절하게 간구했을 것이다.

그러려면 구원의 씨가 곧 여자의 후손으로 이어져야 하며 "이삭을 통하여 날 자라야 네 씨라 칭하리라"(창 15:4)하신 말씀대로 그 씨가 나와야 한다. 그 씨는 결국 베레스를 거쳐 다윗까지 이어지며 예수 그리스도의 탄생을 기다릴 수 밖에 없다. 이런 의미에서 다말은 마리아의 예표이다.

다말은 씨를 받기 위해 창녀가 되어야 했고, 사생아를 낳았다는 비난을 받아야 했고, 베레스를 키우면서 수군대는 모든 수모(受侮)를 감당해야 했다. 그러나 이제 옛사람 다말은 죽고 그녀는 예수 그리스도 안에서 다시 사는 생을 사는 것이다.

마리아 역시 처녀가 잉태하여 아이를 낳았기에 그녀 또한 수군거림, 모욕 등을 감수해야 했다. 이런 점이 다말과 마리아는 많이 유사하다. 진리를 지키는 삶은 결코 쉬운 일이 아니다. 이 길은 세상이 알 수 없는 고난의 길이요, 침묵의 길이요, 아픔의 길이다. 그러나 그 끝은 영광의 길이다.

누가 이를 감당할 수 있나? 오직 성령을 뜨겁게 받아 주님 안에서만 모든 가치를 찾고자 하는 사람에게 가능하다. 유다는 스스로를 자신이 고상하다고 생각했을지 모르지만 결국 자신은 창녀의 남편이요, 쌍둥이 사생아의 아버지라는 것을 부인(否認)할 수 없게 되었다. 아니 쌍둥이 세라와 베레스가 커가는 모습을 계속 보면서 유다는 더 이상은 교만할 수가 없었다.

우리는 누구나 우리 안에 본질적으로 이런 음란하고 더러운 요소를 갖고 있다. 그럼에도 불구하고 이 모두를 인정하고 빈 마음으로 하나님께 나아올 때 비로소 구원의 빛을 받게 된다. 그러므로 모든 위선(僞善)의 탈을 벗고, 있는 모습 그대로 주님 앞에 나아오는 것이 중요하다.

끝으로, 왜 37장에서 요셉 사건이 시작되다가 38장은 전혀 다른 유다와 다말 사건이 나오고 다시 39장에서 요셉 사건으로 이어지는 것일까?

38장에서 유다 사건을 다루는 이유는, 스토리 텔링(Story telling) 연결상 이 38장이 꼭 필요하기 때문이다. 38장에서 유다의 진정한 회개의 모습이 보이지 않았다면 앞으로 이어질 요셉 사건에서 요셉이 형들을 심문(審問)하고 나서, 아버지를 다시 애굽으로 모셔오는데 있어 결정적 역할을 했던 '유다'에 대해 그의 심층적 변화가 어디서부터 왔는지 알 수가 없게 된다. 그러므로 38장에서 완전히 새 사람으로 거듭난 유다가 있기에 앞으로 요셉을 통해 실현하실, 하나님 나라 모습은 그 형태를 이루어 나갈 수 있게 되는 것이다. 따라서 39장으로 들어가기 전, 유다 사건은 반드시 필요한 부분이다.

그러면 유다의 회개와 그의 성화과정을 살펴보기로 한다.

유다는 38장에서 자신이 얼마나 큰 죄인인가를, 다말 사건을 통하여 깨닫는다. 유다는 이 때를 기점(起點)으로 자신의 죄를 공개적으로 고백하고, 부끄럽고, 수치스러운 자신의 행동을 자백하며, 하나님의 구원의 손길을 갈망한다. 자신으로서는 도저히 해결할 수 없는 죄의 문제를 놓고 자신을 구원해 줄 씨를 보내주시길 간절히 간구하게 된다. 그럴 때 하나님께서는 다말이 낳은 쌍둥이 두 아들 중 둘째인 베레스를 통해 구원자 예수의 조상인 다윗 계열의 조상을 이으신다.

이런 사건이 있은 후, 드디어 유다는 어머니 레아가 지어준 이름인 '여호와를 찬송하리로다' 바로 그 이름에 걸맞은 역할을 맡게 된다. 그리하여 유다 지파의 조상이 되고 훗날 이로부터 예수의 족보가 이어지며 그는 다시 형제 안에 들어와 신앙 공동체의 일원이 된다. 얼마 후 흉년이 들어 형제들이 모두 애굽으로 식량을 구하러 갈 때 맏이 역할로서의 사명(使命)을 감당한다. 그러므로 유다로서는 이 사건이 자신을 새사람, 온전한 하나님의 사람으로 만들어 가는 첫 번째 관문(關門)이라 할 수 있다.

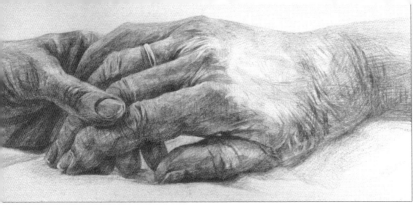

족장역사

B. 요셉의 생애

No. 45–52

Chapter **45**

요셉의 삶을
되짚어 본다

창세기 39장 (창 39:1~23)

　요셉은 형들의 미움을 사, 죽임을 당할 뻔 하다가 그나마 죽임을 모면(謀免)하고 우물 속에 던져진다. 이때 형들이 그의 채색옷을 벗기고 우물 속에 넣었다면 아마도 그는 거의 알몸 상태로 거기에 있었을 것이다. 십자가에 달리신 예수님도 로마병정들이 예수님의 홍포를 제비 뽑아 나누어 가졌을 때, 그 분 역시 옷이 다 찢겨져 거의 벗은 몸이 되어 있지 않았던가.

　이런 수모를 겪고 요셉은 약대 상인들에게 팔려 애굽으로 끌려가게 된다. 그가 얼마 동안 노예시장에 있었는지는 모르지만 어쩌면 쇠사슬에 묶여 이리저리 끌려 다니며 때로 채찍에 맞기도 했을 것이다. 예수님께서도 잔인 무도한 로마군병들의 채찍에 맞으시며 골고

다 언덕을 오르시던 모습이 이 장면에서 오버랩 되는 것은 이상한 일이 아닌 것 같다. 그러기에 요셉은 여러모로 장차 오실 예수님의 예표(豫表)로 일컬어진다.

그러면, 무엇 때문에 요셉은 그런 고난을 당해야 했을까?

후에 요셉은 45장 5절에서 이에 대해 다음과 같이 말한다. "당신들이 나를 이곳에 팔았다고 해서 근심하지 마소서. 한탄하지 마소서. 하나님이 생명을 구원하시려고 나를 당신들보다 먼저 보내셨나이다." 예수님도 심한 고통을 겪고 십자가에 달리셨다. 그 분은 아무 죄가 없는데도 십자가 형틀에서 피를 흘리며 죽으신 것이다. 왜 그리 하셨을까? 나의 죄를 대신 사해 주시기 위해서이다.

이처럼 오늘 본문은 하나님께서 예수님의 십자가 고난을 나로 하여금 실감나게 느끼도록 하기 위해 한 사람 곧 요셉을 들어 보여주신 것 같다. 그러기에 요셉 사건은 한낱 이야기가 아니다. 주님께서 내게 주시는 살아있는 말씀인 것이다.

39장은 이어서 다음과 같은 장면을 보여준다.

"하나님께서 요셉과 함께 하심으로…." 이런 구절이 세 번이나 나온다. 그 구절을 찾아보면 4절에서 "보디발 경호대장이 요셉을 가정 총무로 삼고 그의 소유를 다 요셉 손에 위탁했다." 이어서 5절에서도 "요셉이 보디발의 집과 소유물을 주관한 때부터 여호와의 복이 그의 집과 밭에 있는 모든 소유에 미친지라." 그뿐인가, 22절에서도 "요셉에게 간수장이 옥중죄수를 다 요셉의 손에 맡겨, 요셉이 그 제반 사무를 처리했을뿐더러 간수장은 요셉 손에 맡긴 것을 무엇이든지 살펴보지 아니하고 다 그에게 완전히 맡겼더라."로 나와있다. 이 사실은 분명 요셉 주변에서 일어나고 있는 '모든 일'을 하나님께서 지켜보고 계셨다는 얘기다.

보디발의 아내는 요셉을 끊임없이 유혹했다. 10절에 보면 "여인이 날마다 요셉에게 청하였다."라고 나온다. 그러면 왜 요셉은 이렇게 계속 유혹을 받고 있었을까? 그것은 그 당시 요셉이 살고 있었던 집 구조를 보면 알 수 있다. 요셉이 총무 일을 보기 위해 집무실로 갈 때 내실(안방)을 거쳐야만 갈 수 있도록 되어 있었다. 그러므로 요셉은 그녀의 유혹을 느끼면서도 매일 그곳을 통과해 갈 수 밖에 없었다.

이때 보디발 아내가 요셉을 유혹하는 장면을 상상해 본다. 때론 현란한 모습으로, 때론 교태스런 자태로 찾아 들었을 것이다. 아마도 뱀이 하와를 유혹했을 때도 이러했을 것 같다. 그 순간 요셉은 자신에게 잠재되어 있던 죄의 욕망이 발동하는 것을 느꼈을 것이다. 자신도 모르게 욕망이 끓어오르는 것을 알았을 것이라는 얘기다.

여기서 우리는 한 가지 사실을 발견한다.

그것은 인간은 어느 누구도 죄에서 자유할 수 없다는 사실이다. 그러기에 바울은 로마서에서 "의인은 없나니 하나도 없으며"(롬 3:10)라고 말하지 않았던가. 또한 죄의 유혹의 강렬함과 집요(執拗)함도 발견할 수 있다.

"그 여인이 그의 옷을 잡고 이르되 나와 동침하자. 그러나 요셉이 자기의 옷을 그 여인의 손에 버려두고 밖으로 나가매"(12절)라고 나온다. 이처럼 죄가 다가가는 모습은 우리의 상상을 넘어선다. 하지만 요셉은 여기서 건짐을 받았다. 돌이켜보면 이것 또한 하나님의 붙드심이요, 은혜였다. 그만큼 요셉은 하나님과 굵은 소통(疏通)의 줄을 잇고 있었다. 그러기에 보디발 아내의 매혹적(魅惑的)이고 끈질긴 접근에서 자신을 지킬 수 있었다고 본다.

창세기 4장 7절에도 하나님은 가인에게 말씀하신다.
"네가 선을 행하면 어찌 낯을 들지 못하겠느냐. 선을 행하지 아니하면 죄 가운데 엎드려 있느니라. 죄가 너를 원하나 너는 죄를 다스릴지니라."
본문 39장에서도 요셉 앞에는 죄가 엎드려 있었다. 그러나 요셉은 그 죄를 다스려야 했다. 죄가 이끄는 대로 가지 말고, 자신에게서 발동하는 욕망의 수레를 멈추고 정지시켜야 했다. 다행히 말씀에 의지하여 요셉은 의지적으로 그 죄를 다스렸다. 그리하여 그는 하나님 앞에 득죄(得罪)하지 않았다. 하나님은 이런 요셉의 모습을 내려다보고 계셨던 것이다. 그런데 이일 후 요셉의 운명은 또다시 추락하게 된다. 그는 감옥으로 내려갈 수 밖에 없는 신세가 되었다. 이 어찌된 일인가. 결국 요셉은 간음죄 누명(陋名)을 쓰고, 감옥으로 보내지고 말았던 것이다.

이 장면에서 우리는 다시금 요셉의 삶을 되짚어 본다.
'왜 요셉은 이토록 억울하게 고통만을 계속 당해야 하는가? 그리고 언제까지 이런 고통에 시달려야만 하는가? 하나님은 무슨 뜻이 계셔서 요셉을 이렇게 힘들게 하실까?

그는 가나안에 있을 때 우물 속에 던져진 일이 있다. 그런데 이번에는 감옥 속에 던져졌다. 땅 속 깊은 감옥으로 떨어져 버린 신세가 되었다. 이 감옥은 왕의 명령을 거역한 소위 정치범, 사상범들을 수용하는 감옥이다. 따라서 왕의 허락 없이는 영영 못 나오는 곳이고 결국 한 평생 그곳에 갇혀, 죽어야만 끝난다. 그렇다면 요셉 입장에서 보면, 그 감옥은 인간적으로는 도저히 풀려 날 수 없는 절망의 장소였다. 보디발 경호대장이 내어 보내주지 않는 한 전혀 살아 나올 수 없는 감옥이었다. 따라서 요셉은 이미 사회적으로 죽은 것과 마찬가지다.

그렇다면, 하나님의 손길은 어디로 간 것인가? 끝난 것인가? 아니다. 이때도 하나님은 요셉을 위해 일하시고 계셨다. 그 증표는 바로 간수장이 요셉에게 은혜를 베푸는 데서 나타난다. 얼마의 시간이 지났는지는 모르지만 간수장은 요셉에게 옥중죄수를 다 관리하게 했다. 그 결과 죄수들과 소통이 가능하게 되었다. 결국 술 맡은 관원장 및 떡 맡은 관원장과 이렇게 해서 교제가 가능케 된 것이다. 두 관원장의 고민을 들어주다가 마침내 꿈 해몽을 하게 된 것 아닌가.

오늘 믿는 우리 삶 속에서도 때로 어떤 만남이 이루어지고, 누군가가 기억나고, 이런저런 사건이 일어나는 것을 보면 나는 미처 몰랐었으나 그 모두는 하나님의 간섭하심 가운데 이루어지는 일들이다. 이는 하나님 안에서는 어떤 것도 우연(偶然)이란 없다는 것을 말해준다. 필연(必然)이 있을 뿐이다.

감옥 속에서 요셉은 무슨 생각을 했을까?

아마도 하나님이 지난날 주셨던 꿈 내용을 생각하고 이모저모 꿈에 대해 탐색해 보면서 지냈을 것이다. 그것은 요셉이 도저히 잊을 수 없고 잊혀지지 않는 꿈이기 때문이다. 그 꿈은 계시적 성격을 띠고 있어서 요셉의 앞길을 인도하는 등불과도 같은 말씀이었다. 그리하여 술 맡은 관원장과 떡 맡은 관원장의 꿈을 해석해 주는 자리까지 간다. 이처럼 요셉은 감옥 속에서 꿈과 함께 하나님의 말씀을 붙잡고 하나님과 동행하는 꿈의 사람으로 성숙되어 가고 있었다.

오늘 나의 삶의 감옥이 있다면 그곳은 어디인가?

오늘 내가 감옥에 갇혀 있다면 어쩌면 그곳은 하나님이 나를 키워가는 영적 요람일 수 있다. 그 감옥을 거쳐 나온 후에라야 나를 향한 하나님의 계획은 이루어 질 것이다. 언젠가 때가 이르면 그분은 나를 이끌어 내실 것이다. 이 사실을 진실로 믿는다면 나의 소망은 인내를 낳고 오늘을 사는 나에게는 브니엘의 서광이 비쳐질 것이다.

아멘!

Chapter **46**

요셉의 꿈과
하나님의 비전

창세기 40장 (창 40:1~23)

창세기 40장 3절을 보면 소위 정치범이나 사상범을 가두는 감옥이 보디발의 집 안에 있다는 것을 알 수 있다. 거기다 보디발은 자기손으로 요셉을 그 감옥에 넣었으니 그를 감옥 밖으로 내 보낼 생각은 전혀 없어 보인다. 따라서 요셉은 그 곳에서 종신형(終身刑)을 살고 생을 마감하게 되어있다. 아무리 그가 무죄하고, 그곳에 갇힐 이유가 없다 하더라도 요셉으로서는 어쩔 도리가 없다. 이처럼 인간의생각으로 보면 요셉은 전혀 풀려날 방법이 보이지를 않는다.

그러나 하나님 입장에서는 그렇지 않으셨다. 하나님께서는 요셉을 감옥 밖으로 내 보낼 당신만의 방법을 가지고 계셨다. 하나님은요셉을 그 감옥에 넣으시곤 아무도 모르게 일하시고 계셨다.

드디어 하나님의 방법이 나타나기 시작한다. 그것은 바로 이 감옥 안으로 술 맡은 관원장과 떡 맡은 관원장이 들어오는 사건이다. 이 사건은 이제 요셉이 세상 밖으로 나갈 수 있는 시발점(始發點)이 되는 셈이다.

이들이 들어와 얼마간의 시일이 지났을 때 요셉에게는 보디발의 명령과 함께 두 관원장을 보살필 임무가 주어진다. 그리하여 요셉은 늘 이들을 주시(注視)해 보며 돌봐주기 시작했다. 그러는 사이에 두 사람과 요셉은 인간적으로 마음을 터 놓고 말할 수 있는 분위기가 마련된다.

그런데 어느 날 요셉이 보니 이들의 안색이 전과 달리 수심(愁心)에 가득 찼다. '왜 그럴까?' 요셉은 생각했다. 그것은 저들이 전혀 생각지도 않게, 선명하게 기억되는 꿈을 꾸었기 때문이었다. 그것도 두 관원장이 동시에 꾼 꿈이었으며, 그 꿈의 구성이나 흐름이 아주 유사했기 때문이었다.

요셉은 이들에게 꿈 내용을 말해 보라고 한다. 두 관원장을 향한 요셉의 사소한 배려는 장차 요셉의 앞날을 바꾸는 엄청난 계기가 된다. 요셉은 무슨 자신감이 있길래 이들의 꿈을 해석해 주겠다고 감히 말할 수 있었을까? 그것은 긴 시간 동안 그가 꾸었던 꿈, 곧 먼 가나안 땅 고향에서 놀랍게 꾼 꿈, 그 꿈에 대해 생각하고, 해석하고, 구체적으로 적용해 보는 훈련을 쌓아왔기 때문이다.

다시 말해, 그와 같은 자신감은 요셉이 꿈을 안고 하나님과 자신의 환경을 연결해 보며 끊임없이 닦아온 지혜의 산물이다. 꿈과 함께 말씀에 완전 헌신한 결과이다. 이제 그 자신감과 지혜는 바로의 꿈을 해석하는 데서 백 퍼센트 드러난다. 바로의 꿈 해석은 그야말로 성령이 함께하신 요셉을 통한 하나님의 과녁을 뚫는 적중(的中)된 해석이었다.

●○○ 묵 상

앞 부분에서도 밝혔듯이 40장 3절에 보면, "그들을 친위대장의 집 안에 있는 옥에 가두니 곧 요셉이 갇힌 곳이라" 본문 말씀을 묵상하는데 이 구절이 갑자기 눈에 들어왔다. 지금까지는 이 구절을 무심히 지나쳐 왔다. 요셉이 갇힌 감옥은 보디발의 집 밖, 아마도 바로왕이 사는 궁전 옆 어디쯤에 있는 줄 알았다.

그런데 오늘 새삼 이 감옥이 보디발의 집 안에 있다고 생각을 하니 보디발이 더욱 더 바로 왕의 실세(實勢)라는 생각과 함께, 요셉은 정말 감옥에서 영영 못 나올 것이라는 생각이 들었다. 보디발은 오늘날로 치면 청와대 경호실장 혹은 국가정보원 원장쯤으로 막강한 정치권력을 쥐고 있는 사람으로 연상되었다.

그러니 히브리 노예 청년의 목숨 하나쯤은 얼마든지 보디발이 자기 수하에 두고 좌지우지 할 수 있었을 것이다. 뿐만 아니라, 요셉이 이 감옥에서 종신형을 살게 된들, 누구 하나 관심조차 두지 않을 것이며 그는 평생을 그 곳에서 살다가 죽을 수 밖에 없는 운명에 처한다.

그러나 이와 같은 추측은 어디까지나 인간의 생각이었다. 하나님은 이때에도 계속 일하고 계셨다. 그것은 다름 아닌, 바로가 이 감옥에 두 관원장, 곧 술 맡은 관원장과 떡 맡은 관원장을 집어 넣도록 명령했다는 사실로 알 수 있게 된다.

따라서 40장에서 첫 번째로 하나님의 간섭하심은 바로와 연관된 두 관원장의 감옥(監獄)투옥(投獄) 사건이다. 그래서 친위대장의 명령에 따라 요셉은 이 두 사람을 섬기게 되었으며 여러 날 저들을 수종(隨從)들게 된다. 그런데 어느 날 두 관원장은 동시적으로 꿈을 꾸었다. 그런데 그 꿈이 계속 기억날 뿐만 아니라 저들은 그 꿈을 도무지 해석할 수가 없었다. 요셉은 근심에 쌓인 이들의 표정을 보다가 이들에게 말을 건넨다. "꿈의 해석은 하나님께 있지 않습니까?" "그러니 청하건대 내게 그 꿈 이야기를 해 보시오."(창 40:8)

게다가 이들이 꿈을 꾼 후 더욱 초조했던 이유는, 곧이어 3일 후면 바로의 생일이 돌아온다는 사실을 저들은 알고 있었기 때문이다. 지금까지의 전례(前例)로 봐서는 바로의 생일이면 온 나라의 죄수들 중에 특별사면(特別赦免) 조치(措置)가 떨어져, 누군가는 풀려 나오든가, 형량(刑量)이 감면되는 일이 있었다. 때문에, 이들은 어떤 조치가 내려질지 궁금해 하면서 초조와 불안에 떨고 있었다.

바로 이 순간, 요셉은 이들의 꿈을 정확하게 해석해 주었다. 그리하여 요셉 말대로 술 맡은 관원장은 복귀되고, 떡 맡은 관원장은 3일이 지나 사형을 당했다. 요셉의 꿈 해몽(解夢)은 적중했다.

여기서 우리가 생각해 볼 부분은 요셉은 어떻게 떡 맡은 관원장에게 "당신은 3일 후면 죽게 됩니다"라는 말을 본인 앞에서 할 수 있었을까? 라는 점이다. 그러나 요셉은 하나님께서 자신에게 계시의 영을 주셔서 알게 해 주셨기 때문에 사실 그대로 말 할 수밖에 없었다.

이 사실로도 요셉은 하나님의 사람이었고, 그가 하는 모든 일은 하나님의 말씀에 따라 진행됨으로, 따라서 그는 하나님 말씀의 도구요, 통로이다.

40장 23절을 살펴보면, "술 맡은 관원장이 요셉을 기억하지 못하고 그를 잊었더라"는 기사가 있다. 이 말씀 또한 얼른 이해가 가지 않는다. 술 맡은 관원장은 2년 전, 요셉의 꿈 해몽대로, 세상 밖으로 나와 햇빛을 보지 않았던가. 그런데 어떻게 자신의 미래를 예견(豫見)해 준 장본인을, 그렇게 까맣게 잊을 수 있단 말인가? 하지만 그는 그때의 기억을 잊고 있었다고 성경은 말하고 있다.

이 사실은 하나님께서는 우리 인간의 기억의 문을 열기도 하시고, 때로 닫기도 하시는 분이라는 것이다. 즉 그 분은 우리의 기억 세포를 당신 뜻대로 주장하시는 분임을 알 수 있다.

그러면 하나님은 무엇 때문에 2년씩이나 술 맡은 관원장의 기억 문을 닫으셨다가 다시 여셨을까? 그것은 그 때라야, 즉 술 맡은 관원장이 감옥을 나가고 2년이 지나야 하나님께서 계획하신 일이 이루어 질 수 있기 때문이었다.

하나님은 그때를 맞추시기 위해 2년이라는 시간이 경과되도록 한 것이다. 즉 요셉이 세상 밖으로 나와 한 사람의 관리로서 일하기 위해서는 30세가 넘어야 했다. 그 당시 애굽이나 이스라엘에서는 관직에서 일하려면 최소한 30세가 넘어야 했다.

이 사실을 모르는 요셉은 술 맡은 관원장이 왕에게 진언(進言)해서 자기는 조만간 풀려날지도 모른다고 생각했을 것이다. 그러나 요셉의 기대는 어이없게 무너져 버렸다. 2년이 넘도록 아무런 기별이 없었다. 한 가닥 희망을 걸고 살았던 요셉에게는 이 기간이 얼마나 길고 답답했을까?

결국, 요셉에게는 이 시간이야 말로 인간에 대한 모든 기대와 미련을 내려놓는 시간이었다. 그는 오직 하나님만 의지할 수 밖에 없었다.

그런데 어느 날 드디어 하나님의 시간대(時間帶)는 다시금 시작되었다. 하나님은 술 맡은 관원장의 기억 문을 다시 여셨다. 바로의 꿈 해몽이라는 중차대한 일이 생겼기 때문이다. 그래서 술 맡은 관원장으로 하여금 바로 왕의 꿈 해몽을 위해 요셉 일을 떠오르게 하셨다. 마침내 요셉은 왕의 꿈 해몽을 위해 부름 받아서 어두운 감옥 문을 차고, 세상 밖으로 나오게 된다. 그렇다면, 유추(類推)해 보았을 때, 요셉이 두 관원장의 꿈을 해석해 준 것은 얼마 후 바로의 꿈을 해석하기 위한 일종의 모의시험이었다.

요셉이 감옥에 있을 때 두 사람의 꿈을 해석해 준 것이 3일 지나 맞아떨어졌듯이, 바로의 꿈 역시 요셉이 해석해 준 대로 7년이 지나 애굽에 흉년이 찾아왔을 때 그대로 적중(的中)했다. 만약 바로의 꿈을 잘못 해석해서 한치의 오차라도 있었다면 애굽의 수백만 명이 굶어 죽을 수도 있었다. 때문에, 하나님은 미리 요셉이 감옥에서 꿈을 제대로 해석하도록 지혜를 주셨고 꿈 해몽에 있어 자신감을 심어주셨던 것이다.

이처럼 하나님께서는 요셉을 작은 일부터 차근차근 훈련시키고, 준비시켜 마침내 애굽의 총리 자리까지 앉히신 것이다. 이런 사실을 볼 때 하나님의 일이 이루어지는 과정은 무작정, 대책 없이, 단숨에 이루어지는 것이 아님을 알 수 있다.

요셉은 두 관원장의 꿈을 해석할 때도 "…해석은 하나님께 있지 아니하니이까 청하건대 내게 이르소서"(창 40:8)라고 말했다. 이어서 바로 왕이 꾼 꿈을 해석하라고 명령을 받았을 때도 "…바로에게 대답하여 이르되, 내가 아니라 하나님께서 바로에게 편안한 대답을 하시리이다."(창 41:16)라고 말하는 것을 보면, 요셉은 꿈 해몽에서 계속적으로 하나님과의 어떤 소통이 있었음을 알 수 있다.

그것은 37장에서 요셉이 꾼 두 가지 꿈은 어떤 계시성이 있음을 요셉은 알았다는 얘기다. 여기서 중요한 것은 그는 그 때로부터 '하나님이 주신 꿈이니 언젠가는 이루어지겠지' 라고 막연히 기다리지 않았다. 그는 보디발의 집에 있으면서도, 또한 감옥에 있을 때에도 부단히 그가 꾼 그 꿈을 해석해 보려고 노력했고 연구하면서 그 꿈을 자신의 삶에 적용하는 훈련을 지속했다는 얘기다.

요셉의 꿈이 오늘 우리 앞에는 말씀으로 놓여있다.

오늘 우리도 말씀을 늘 읽고, 묵상하고 삶에 적용해 보는 훈련이 필요하다. 그러할 때 하나님께서는 구체적으로 우리 삶에 찾아오신다. 때문에 인격으로 찾아오시는 그 분의 음성을 듣는 것이 무엇보다 우선시되어야 한다.

우리는 하나님께서 '요셉'이라는 한 인물을 세우사 그를 '노예'로서, 또한 '죄수'로서 살게 하시며 그 과정에서 지속적으로 그를 돌보시고, 지키시는 모습을 발견하게 된다.

하나님은 요셉의 배후에서 눈에 보이지 않게 일하신다. 하나님이 일하시는 것을 우리는 요셉이 겪는 사건 속에서 만날 뿐이다. 시편 기자는 121편에서 "하나님은 졸지도 않고 주무시지도 않고 우리를 지키시는 분"이라고 고백하고 있다.(시 121:4)

139편에서는 "내가 바다 끝에 거하더라도 하늘 끝에 거하더라도 그 분은 나를 지키시는 분이다"라고 말하고 있다. 우리는 이 고백을 요셉이 겪는 삶의 고난 속에서 인정하게 된다.(시 139:8~9)

얼마나 자상하며 주도면밀(周到綿密)하신 하나님이신가…

그 분은 부모가 자식을 사랑하듯, 아니 그 사랑의 천 배, 만 배 이상 우리를 사랑하신다.

Chapter **47**

하나님의 때,
카이로스

창세기 41장 (창 41:1~36)

창세기 41장은 바로의 꿈 이야기로 시작된다.

술 맡은 관원장이 복직(復職)된 후 만 2년이 지났을 때 어느 날 갑자기 바로 왕은 색다른 꿈을 꾸게 된다. 전에는 한 번도 그와 같은 꿈을 꾼 적이 없는 이상한 꿈을 꾸고 난 후 그 꿈을 해석하기 위해 여러 방면으로 알아본다. 그러나 점술가도, 꿈 해몽가 누구도 바로 왕의 꿈을 해석해 주질 못했다. 이런 현상은 참으로 보기 드문 일이었다. 온 나라는 바로의 꿈 해몽 문제로 술렁이기 시작했다.

이때 술 맡은 관원장은 불현듯 지난 날 자신이 감옥에 있을 때 자기의 꿈을 해몽해 주었던 히브리 청년 한 사람을 기억해 낸다. 그는 바로 요셉이었다. 술 맡은 관원장은 자기가 그 동안 요셉의 부탁을 들어주지 못한 점에 대해 왕 앞에서, 자신이 죄를 지었다고 말한다.

여기서 죄를 지었다고 하는 말은 요셉이 억울하게 감옥에 들어온 사연과 감옥 밖으로 내어 보내 주기를 부탁 받았던 그 약속을 자신이 지키지 않고 그것을 2년이나 잊어 버린 것이 마음에 걸려 그것이 죄 라는 생각이 들었던 것이다.

좀 더 들어가 보면, 술 맡은 관원장으로서는 사실 바로 왕 앞에서 요셉 얘기를 한번도 꺼내 보지 않았던 이유는 굳이 요셉 얘기를 왕 앞에서 할 필요가 없다고 생각했을 수도 있다. 그리하여 요셉과의 만남을 숨기고 싶어서 그만 잊어버리고 만 것이 죄로 여겨졌던 것이다. 그러나 요셉의 꿈 해몽 때문에 자기가 감옥 밖으로 풀려나오게 된 것을 이제 와서는 숨길 수 없는 상황이 벌어진 것이다. 왕 앞에 말을 안하고 있다가는 어떤 문책(問責)을 받을지도 모른다는 절박한 마음이 들었던 것 같다.

그러나 술 맡은 관원장은 잊어버렸지만 하나님은 요셉의 형편을 기억하고 계시다가 때를 맞추어 술 맡은 관원장의 기억(記憶)의 문을 다시 여셨다. 술 맡은 관원장은 마침내 왕 앞에 나아가 요셉 이야기를 꺼냈다. 내용을 다 듣고 난 왕은 요셉을 왕궁으로 불러들이라고 명령한다.

그리하여 요셉은 급히 옥에서 나오게 되고(14절) 수염을 깎고, 죄수 복을 벗고, 새 옷으로 갈아 입고는 바로 왕 앞에 서게 된다. 바로 이 순간이야 말로, 요셉에게 있어서는 어둠에서 빛으로, 죽음에서 생명으로 이어지는 순간이다. 노예(奴隷)신분에서 자유인(自由人)의 신분으로 옮겨지는 찰나(刹那)이다.

그 동안 모든 사회적 관계에서 차단되었던 요셉이 마침내 죄수복을 벗고 인간 요셉의 자리로 되돌아오는 순간이다. 그냥 풀려나도 감사할 터인데 꿈 해몽을 위해 애굽 전역을 호령하는 바로 왕 앞에 감히 설 줄 누군들 알았겠는가.

시위대장 보디발이 요셉을 감옥에 넣었기 때문에 요셉은 인간적인 측면에서 보면 도저히 살아서 그 감옥문을 나올 수 없는 처지다. 이미 요셉은 죽은 목숨이나 다름없다. 감옥에서 살다 그곳에서 죽게 된들 누구 하나 관심을 갖겠는가.

그러나 그것은 인간적인 생각일 뿐 하나님은 그렇게 생각하지 않으셨다. 때가 이르면 하나님께서는 그를 감옥 밖으로 빼낼 생각을 하고 계셨다. 그러기 위해 그 분이 개입하셔서 술 맡은 관원장과 떡 맡은 관원장이 감옥으로 들어오는 일이 생긴 것이고, 바로 왕에게는 어느 누구도 풀 수 없는 독특한 꿈을 그로 하여금 꾸게 하신 것이다. 더 나아가 그 꿈을 술객들도 풀지 못하도록 하여 그들 입을 막아버린 것이다. 만약, 이들이 바로의 꿈을 미리 해석해 버린다면 하나님의 계획엔 차질(蹉跌)이 생기기 때문에 이 또한 하나님께서 간섭하셔서 저들의 꿈 해석을 막으신 것이다.

이처럼 하나님께서는 사람이 미처 의식하지 못하는 사이에 은밀히 요셉의 삶에 간섭하시사 그가 감옥으로부터 나올 수 있도록 작업을 진행하고 계셨던 것이다. 이것이 보이지 않게 역사하시는 하나님의 손길인 것이다.

최근 역사신학자들은 놀라운 연구 결과를 발표해놓고 있다.

요셉 그 당시 애굽에서 남자가 관직에 나아갈 수 있는 나이가 30세였다는 사실(事實)을 밝혀낸 것이다. 그 같은 역사적(歷史的) 사실(史實)은 성서의 기록과 일치하는 것이다. "요셉이 바로 왕 앞에 설 때에 삼십 세라."(창 41:46a)

그렇다. 우리들 경험이나 판단으로 감옥은 죄를 지은 사람이 형벌을 치르는 곳이다. 그러나 하나님의 차원에서 볼 때 세상의 감옥만큼 안전한 장소가 어디 있겠는가? 그러니까 하나님께서는 요셉을 감옥에 가두어 놓고 그의 인생을 매장(埋葬)시킨 것이 아니라 가장 안전한 장소에 두시고 지켜 보호, 인도하셨던 것이다. 그리고 그를 합법적으로 애굽의 총리대신으로 기용(起用)하기 위해서 나이가 30세가 될 때까지 기다리게 하신 것이다. 그러기에 기다림은 곧 믿음이요, 축복이라고 할 수 있는 것이다. 이처럼 하나님은 원대한 인간 구원을 이루시기 위해서 한 사람, 하나님의 사람을 택하시고, 훈련시키시고 하나님의 때를 기다리게 하시는 것이다. 이와 같은 '하나님의 때'를 성경은 카이로스(kairos)라고 하는데 '일반적 시간'인 크로노스(kronos)와 대조를 이룬다.

그렇다면 오늘 우리 삶 속에서 예기치 않게 닥치는 사건들을 놓고 '우연'이라고 말할 수 있을까? 그 사건은 이미 하나님께서 내 삶에 개입하고 계시다는 증거이다. 그러므로 당장은 납득할 수 없더라도 사건 발생 자체가 내게는 축복의 전조(前兆)임을 알 필요가 있다. 이와 같이 하나님은 자녀인 우리에게는 결국 좋은 것을 주시는 하나님임을 믿어야 한다.

하나님은 바로에게 꿈 한번 이상하게 꾸게 하셔서도 그를 번민(煩悶)토록 만드시는 그런 분이시다. 하나님에게는 '바로'가 결코 대단한 존재가 아니다. 그것을 우리는 출애굽기에서 바로가 10가지 재앙을 통해 그대로 하나님 앞에 굴복하는 모습을 보면 알 수 있다.

개구리 재앙, 파리 재앙, 이 재앙을 보면 하잘것없는 미물에 속하는 개구리, 파리, 이를 통해서도 하나님은 얼마든지 '바로'를 항복시킬 수 있는 분이다. 이처럼 놀라운 분이 우리가 믿는 하나님이시다.

마침내 이 하나님께서 바로 앞에 요셉을 세우사 그의 꿈을 해석하도록 하신다. 요셉은 의연(毅然)하게 바로 앞에 나아가 그의 꿈을 놀랍게 해몽한다. 그리곤 이 꿈의 해석은 하나님이 하시는 일이고 요셉 자신은 하나님의 전달자에 불과하다는 사실을 분명하게 밝힌다. 요셉의 꿈 해석을 들으며 바로는 점점 놀라움을 금치 못한다.

요셉은 바로에게 단순히 꿈 해몽만 해 주는 것이 아니라 그 꿈을 실현할 방법까지 구체적으로 가르쳐 준다. 꿈 해석대로 했을 때 애굽사람 모두가 흉년에 망하지 않고 살아남을 수 있다는 것이다. 33절에 보면 요셉은 바로에게 이제부터는 애굽 땅을 바로 왕께서 직접 다스릴 것이 아니라, 명철(明哲)하고 지혜 있는 사람을 택하여 다스리게 하라고까지 알려 준다. 이 부분을 보면 요셉이 자기의 잣대로 꿈의 해석을 바로에게 알려주는 것이 아니라 하나님께서 가르쳐 주셔서 전달하고 있다는 것을 분명히 알 수 있다.

그 이유는 지금 그 앞이 누구 앞이라고 감히 애굽 땅을 왕 말고 다른 사람을 시켜 다스리게 하라고 말할 수 있단 말인가! 그런데 더욱 놀라운 것은 바로는 이 말을 듣고도 어떻게 요셉에게 화를 내지 않았을까? 왕 자신의 실권을 다른 사람에게 넘겨주라는 뜻으로 해석할 수도 있는데….

이 부분을 볼 때 하나님께서는 지금 바로 마음을 움직이고 계신 것을 볼 수 있다.

이 꿈 사건의 가장 깊은 뜻은 하나님께서 요셉을 들어 쓰사 죄악으로 멸망할 수 밖에 없는 애굽 백성을 살리기 위함이요. 더 구체적으로는 당신의 백성, 이스라엘을 구원하시려는 데 있다.

요셉은 꿈 해몽에 있어 어떤 도구도 쓰지 않고 어떤 환상에 도취(陶醉)되지도 않았다. 그리고 꿈 전체를 지엽적으로 분석하여 알레고리식으로 꿰어 맞추지도 않았다. 하나님의 계시를 받아 해석함으로써 꿈을 직접적으로 설명하고 적용시켰다. 이것이 요셉 꿈 해석의 특징이다.

지금까지 살펴본 바에 의하면 하나님은 요셉을 통한 구원 역사를 진행하시기 위해 요셉 주변 인물 모두를 동원(動員)하시는 것을 볼 수 있다. 경호대장 보디발, 그의 아내, 술 맡은 관원장, 간수장, 또한 애굽의 점술가들 모두를 무대 인물로 세우셨다. 연출가 되신 하나님께서 커다란 구원 작업을 이루어 나가시기 위해 이들을 등장시키신 것이다. 요셉도 이에 예외는 아니다. 그도 역시 하나님의 일을 이루어 드리기 위해 쓰임 받은 도구일 뿐이다. 결국 영광을 받으실 분은 감독되신 하나님 한 분뿐이다.

오늘날도 마찬가지다. 하나님 앞에서 내가 어떤 역할을 맡게 되든 그 역할에 순종하여 감사하며 나아갈 때 그 다음 모든 일들은 그분이 책임지신다. 왜냐하면 그 일을 맡기신 분이 그 분 자신이기 때문이다.

요셉의 생애를 더듬어 볼 때, 요셉은 아버지 야곱의 말씀에 순종하여 세겜 지방에 가 있는 형들을 찾아간다. 그러나 형들의 미움을 사서 우물에 빠뜨려진다. 그 결과 애굽 바로왕의 친위대장 보디발의 집에 노예로 팔려간다. 그러나 그곳에서 요셉은 최선을 다하여 보디발에게 충성했을 때, 그 집 가정총무가 된다. 그러나 다시금 억울하게 옥살이를 하게 된다. 그렇지만 요셉의 충성은 또 다시 간수장의 눈에 띠게 되고 급기야 감옥 총무 직임을 맡는다. 이 모든 과정을 보면 요셉의 삶의 지표(指標)는 성실과 충성, 그리고 그 마음속에 하나님을 경외하며, 하나님 뜻대로 살고자 하는 삶이 그의 전 생애를 이끌고 간다.

'나는 지금 그 분 앞에 어떤 모습으로 나아가고 있는가?....'

Chapter **48**

구원에 이르는
열정

창세기 42장 (창 42:1~38) 및 43장 (창 43:1~34)

야곱과 그의 아들들은 기근으로 인해 먹을 것이 없게 되어 하는
수 없이 애굽 땅으로 곡식을 구하러 내려간다. 이들에게 애굽은 정
말 가기 싫은 곳이다. 그 이유는 그곳 사람들은 외국인을 그리 좋아
하지 않을뿐더러 오히려 배척할 정도였다. 게다가 그들 형제들은
20년 전 요셉을 약대 상인들에게 팔아 넘겼을 때, 분명히 요셉은 애
굽으로 팔려갔을 것으로 미루어, 애굽하면 저들의 죄가 생각나서 내
심 꺼리는 것이다. 그러나 어떻게 하랴! 안 내려가면 곡식을 구할 수
없고 결국 죽게 될 수밖에 없는데… 그래서 이들은 하는 수 없이 가
기 싫은 애굽을 향해 떠날 수 밖에 없었다.

이제 이들에게는 '출애굽' 이 아니라 '입애굽' 이 시작되는 격이다.

이렇게 내려갈 수 밖에 없는 상황, 이 상황은 결국 누가 만든 것인가? 그것은 바로 여호와 하나님이 만드신 환경이다. 왜? 종국엔 이스라엘을 구원하고 나아가 죄악으로 깊어진 애굽인들이지만 그들도 구원해 내려는 하나님의 의지가 발동했기 때문이다. 아니, 온 인류를 구원해 내시고자 하는 하나님의 원대한 구원 역사의 비밀이 깃들어 있기 때문이다.

하나님은 기근, 호우, 전쟁, 전염병, 지진 등 자연재해를 당신의 히든카드(Hidden Card)로 갖고 계시다가 아주 드물게 이 방법을 쓰지 않으면 도저히 안될 때, 그 때 이 카드를 내미신다. 이것은 하나님의 비상대책(非常對策)이다.

당시 애굽은 죄악으로 물들어 그 상태가 점점 극도의 상황으로 치달아 가고 있었다. 그래서 하나님은 결국 애굽지역 뿐 아니라 지상 온 지역에 기근을 내리사 백성이 다 굶어 죽게 될 형편을 만드셨다. 그리하여 가나안 땅에도 기근이 찾아와 산과 들, 짐승이 모두 죽어갈 판이라 사람들이 먹을 양식을 구할 수가 없게 된다. 그래서 야곱의 아들들은 하는 수 없이 애굽 쪽으로 내려가게 된다. 그리하여 이들은 애굽 총리 앞에 서게 되고, 총리는 형들을 알아보지만 형들은 총리가 설마 '요셉' 이라는 사실을 전혀 알 수 없었던 것이다.

마침내 이들은 애굽 총리 앞에 나아가 무릎을 꿇는다. 이들이 요셉 앞에 무릎 꿇는 모습은 바로 창세기 37장 7절과 연결된다. 요셉은 형들을 만나는 순간, 그가 젊어서 꾸었던 꿈 생각을 떠올린다. 그 때가 17세 이었으니까 지금 요셉 나이는 어언 37세 가량 되었다. 앳 띤 소년 요셉은 어느새 중년의 모습, 거기다 위엄을 갖춘 총리(總理) 의 위상(位相)을 갖추고 있으니 누가 그를 요셉으로 알아볼 수 있겠 는가.

9절에서 요셉은 형들에 대하여 지난 날 꾼 꿈을 생각하고 이렇게 말한다.

"너희는 정탐꾼들이라. 이 나라의 틈을 엿보려고 왔느니라."

왜 요셉은 형들을 정탐꾼이라고 단정해 버리는 것일까? '꿈' 과 '정탐꾼' 어딘가 좀 연결이 되지 않는 것 같다. 그리하여 우리는 이 대목에서 요셉이 이들을 골탕 먹이려고 음모를 꾸미고 있다고 생각 할 수 있다. 과연 그럴까?....

그렇지 않다. 이것은 꿈과 연결하여 요셉이 이들을 '정탐꾼' 이라 는 구실을 붙여 심문을 하기 위함이다. 심문을 하려면 일단 이들로 하여금 억울한 입장에 서게 해야 무엇인가 털어놓을 것이 아니겠는 가. 다른 한편 요셉의 마음속에는 형들을 어찌하든지 이 곳에 붙잡 아 놓고 그 동안의 전후좌우 사정을 알아낸 후, 형들을 다시 불러 들 이기 위한 계산이 있었던 것이다.

요셉이 만약 형들을 만나는 순간 바로 자신이 요셉이라고 밝히면 이들은 혼비백산(魂飛魄散)하여 도망갈지도 모르며, 저들이 곡식만 사 가지고 간다면 다시는 안 올지도 모른다는 생각이 들었을 것이 다. 그렇게 될 경우 그 옛날 그가 꾼 꿈의 내용은 도저히 이룰 수가 없는 것이 되고 만다. 그 꿈은 단지 형들이 곡식을 사러 오는 것으로 끝나는 것이 아니라, 형들이 회개하여 온전히 화해를 이룰 뿐만 아니라 형들이 구원받도록 하는데 있어 그 책임을 요셉에게 계시해준 꿈이다.

그러므로 그 귀중한 임무를 완수하기 위해서는 우선은 형들의 지금까지의 상황을 알아 볼 필요가 있는 것이다. 다시 말해, 형들을 돕고자 하는 요셉의 사랑의 마음이 전제가 되어 이런 '정탐꾼'이라는 구실을 붙여 붙잡아 두고자 하는 것이다.

그리하여 요셉은 이들을 계속 정탐꾼으로 몰아가고 있지만 그 사이사이의 내용을 보면 요셉이 얼마나 형들을 배려하고 생각하는지가 드러난다.

18절에서 "나는 하나님을 경외하오니…."라고 말해 형들에게 안심을 준다. 19절에서는 "너희 형제 중 하나만 옥에 갇히게 하고 너희는 곡식을 가지고 가서 너희 집안의 굶주림을 구하고…."라고 나온다. 이는 가나안에 있는 형들의 가족이 굶을까 봐 걱정하고 있는 요셉의 모습을 보여준다. 20절에서는 "너희의 진실함이 드러나면 너희가 죽지 아니하리라." 요셉은 저들을 죽일 생각이 추호도 없다. 다만 형들의 진실함을 확인하고 싶은 것 뿐이다.

21절부터 23절에서 그들은 요셉이 못 듣는 줄 알고 저들끼리 가나안의 언어로 투덜댄다. 지난날 요셉을 괴롭혀서 오늘날 자신들이 이 꼴을 당하고 있으며 그 때의 죄값을 받고 있다고 말한다.

이 소리를 듣고 있던 요셉은 그 옛날, 형들을 향해 우물 속에 빠진 자신을 구해달라고 애걸하던 모습이 떠오르는가 하면, 지금 이 순간 그들이 같은 괴로움을 당하고 있는 모습을 보면서 북받치는 울음을 참을 수가 없었다. 그는 몰래 다른 방으로 가서 흐느껴 울고는 다시 나온다.

결국, 이들을 감옥에 넣고 삼 일이 지났을때 요셉은 시므온 한 사람만 남겨놓고 다른 형들을 풀어준다. 그리곤 각각의 그릇에 곡식을 가득 채우고 양식을 사기 위해 저들이 가지고 온 돈도 다시 자루 속에 넣어 돌려 보낸다. 이런 사실을 까맣게 모르는 이들은 그대로 자루를 메고 가나안으로 돌아가고 있다.

그러면 왜 요셉은 무엇 때문에 이들의 자루에 돈까지 넣어 돌려 보내는 것인가?

그것은 요셉이 이들을 음모자로 몰아세우기 위함이 아니라 순전히 형들을 불쌍히 여겨, 고향으로 돌아가면 곡식뿐만 아니라 돈도 필요할 것이므로 그 돈을 받지 않고 돌려준 것이다. 그만큼 요셉은 형들에게 사랑을 베풀고 싶은 것이다. 그곳 가나안에는 요셉의 아버지 야곱이 있지 않은가! 이런 요셉의 속 마음을 그들은 전혀 알 리가 없을뿐더러 오히려 애굽 총리를 자기들의 적이라고까지 생각했다.

그러면 형들은 왜 자루에 돈이 들어있는 것을 안 순간 두려워했을까? 그리고 분명 애굽 총리의 계책이라고까지 생각했을까?

이들은 지금 애굽총리의 호의를 100% 순수하게 받아들일 수가 없다. 왜냐하면 며칠 전 애굽총리가 자기들을 정탐꾼으로 몰아 세운

적이 있기 때문이다. 표면적으로는 그럴 수도 있다. 그러나 여기엔 요셉의 깊은 애정이 흐르고 있는 것을 우리는 알아야 한다. 요셉은 이러저러한 사건들을 만들어, 형들과 아버지를 어떻게 하든 이곳 애굽으로 데려 올 계획을 갖고 있기 때문에 오히려 속 마음을 다 드러낼 수 없는 요셉은 답답하기만 하다. 하지만 아직은 형들의 진실된 모습을 확인하기 전이라 그는 자기의 정체를 선뜻 드러낼 수가 없었다.

이제는 요셉이 자루에 넣어 준 돈이 문제가 되기 시작했다. 왜일까?

형들은 얼마 후 시므온만 빼고 가나안 땅, 아버지 야곱이 있는 곳으로 돌아왔다. 그리곤 아버지 야곱에게 애굽에서 있었던 일을 자세히 아뢴다. 지금까지의 사정을 다 들은 야곱은 36절에서 왜 베냐민까지 보내야 하는 그런 상황이 벌어지게 되었느냐고 자식들을 원망한다.

이때 르우벤은 아버지 야곱에게 자기 아들들을 인질로 내세워 약속대로 베냐민을 데려오지 못하면 그 아들들을 죽이라고 말한다. 이것은 말도 안 되는 소리다. 어떻게 할아버지가 되어서 손자를 죽일 수 있단 말인가. 그리하여 38절에서 그는 베냐민을 절대로 보낼 수 없다고 고집을 편다. 이는 지옥으로 자기를 보내는 것과 같은 일 이라고 까지 경고(警告)한다. 자식들은 진퇴양난(進退兩難)에 빠진다. 아버지 쪽을 들 수도 없고, 애굽 총리 쪽을 들 수도 없고…. 참으로 난감(難堪)한 상황에 처한다.

43장에 와서 드디어 실마리가 풀리기 시작한다. 얼마 동안 야곱은 곡식이 떨어져 갈 때까지 아무런 조치를 취하지 않는다. 그런데 기근이 점점 더 심해지고, 가지고 온 곡식도 얼마 남지 않아서 급기야 모두 굶어 죽을 판국이 된다. 때 맞추어 '유다'가 등장한다. 43장 3절부터 5절에 유다가 출현한다. 아버지 야곱은 자식들에게 다시 애굽에 가서 양식을 조금만 사오라고 명한다. 이 때 유다가 아버지 야곱에게 나아가 말을 한다.

"그 사람이 엄히 경고하기를 '너희 아우와 같이 오지 않으면 너희가 내 얼굴을 보지 못하리라.' 말하자면 안 만나 주겠다는 것입니다." 따라서 "곡식 얻어 올 생각은 아예 꿈도 꾸지 말라는 것입니다. 아버지!" "그러니 베냐민을 같이 데리고 가야만 양식을 얻어올 수 있습니다." "아버지가 베냐민을 보내지 않으시면 우리도 내려가지 않겠습니다." 라고 유다는 아버지에게 간곡히 권유(勸誘)한다. 이에 아버지 이스라엘은 "왜 베냐민이 있다고 말했느냐"고 하면서 또 다시 아들들에게 노를 발한다. 이때 유다는 다시 차근차근 그 연유를 말한다.(7절)

그 골자는 베냐민을 데리고 가야만 아버지 야곱과 아들들 모두가 산다는 것이다. 결국엔 9절에서 유다는 자신이 베냐민을 위해 '담보(擔保)'가 될 것을 선언한다.

아버지 이스라엘은 그제야 베냐민을 보낼 것을 수락한다. 그리고 떠나기 앞서 예물을 준비시키고, 가지고 왔던 돈에 갑절을 더 해서 총리에게 갖다 주라고 말한다. 아버지 이스라엘은 마침내 베냐민을 포기한다. 이어서 그는 "전능하신 하나님께서 은혜를 베푸사 총리로 하여금 아들 모두를 무사히 돌려보내게 해 달라"고 간절히 기도하고 저들을 보낸다. "내가 자식을 잃게 되면 잃으리라."(14절)

● ○ ○ 묵상

여기까지 오는데 있어 요셉의 아버지와 형들과 요셉 사이에 얼마나 많은 갈등과, 번민과, 의심과 두려움의 감정적 충돌이 있었는가!

이 부분은 바로 우리가 하나님 앞에 온전히 구원 받은 자로 서 가는 과정이 결코 평탄하지 만은 않다는 사실을 말해주고 있다. 하나님의 보이지 않는 끈질긴 인내와 이끄심 없이는 우리는 구원의 반열에 제대로 설 수 없다.

요셉이 형들을 만나 소리 없이 기울이는 애정 어린 열심이 보이지 않는가? 바로 이 마음이 하늘 아버지께서 우리에게 갖고 계시는 열정이요, 사랑이요, 간섭하심이다. 다시 말해, 하나님 아버지의 그 사랑의 깊이를 본문을 통해 보여주고자 함이 요셉 사건의 진수(眞髓)이다.

지금까지 살펴보건대 요셉은 얼마든지 형들을 보자마자 그 동안 쌓였던 원통함을 표출 할 수도 있었을 것이다. 나아가 그의 권력으로 보나, 지위나 위치로 보아, 어떤 방법으로든 앙갚음을 할 수 있는데도 불구하고 그는 그렇게 하지 않았다. 오히려 그는 형들이 가나안 기근을 피해 아버지와 함께 애굽으로 돌아와 그곳에서 살기를 바래 여러 모양으로 지혜를 짜낸다. 점차 형들의 마음을 움직여 그들을 회개하는 쪽으로 이끌고 있다. 그런데 이와는 대조적으로 형들은 요셉의 호의를 도리어 두려움을 갖고, 의심하고 받아들이지 못하고 있다. 이 모습 또한 우리의 모습이라 하겠다.

　하나님은 오늘도 예배를 통해, 설교를 통해, 말씀 묵상을 통해, 우리의 삶의 경험들을 통해 끊임없이, 찾아와 주시고 호의를 베푸시려고 하시지만, 우리는 그 조건 없는 사랑을 쉽게 받아들이지 못한다. '왜 그럴까?'

　그것은 우리 안에 들어있는 죄성(罪性)과 인간관계에서 받은 상처, 분노 및 인생의 회의(懷疑), 절망(絕望) 등을 경험하면서 온전히 치유 받지 못한 상태로 살아가기 때문으로 본다. 그리하여 그 분의 진정한 사랑 앞에 그 사랑을 배척하고 의심하게 되는 것 같다.

　야곱은 20년 가까이 요셉이 짐승에 물려 찢겨 죽었다는 소식을 듣고부터는 거의 실의에 빠져 헤어나오지를 못한다. 그리하여 베냐민에게 모든 애정을 쏟고 살면서 그것이 도를 넘어 하나의 집착(執着)증세(症勢)로까지 간다. 그런 야곱의 모습이 애굽에서 돌아온 아들들과의 대화에서 나타나지 않는가. 이런 과정에서 야곱의 신앙은 완전히 바닥까지 내려가 있는 것을 볼 수 있다. 그래서 아들과의 대화가 상당히 거칠고 원망과 분노가 쌓인 것을 느낄 수 있다.

　그러나 43장 3절에서 유다가 등장하여 아버지 이스라엘에게 현실을 인정하도록 설득시키고, 아버지의 분노를 분노로 대처하지 않고 차근차근 논리적으로 설명했을 때, 성령은 야곱의 시들어 가는 신앙에 불을 붙여주어 믿음에 용기를 넣어준다. 유다가 아버지 앞에서, 만일 어떤 위급한 상황이 벌어지면 유다 자신이 담보가 되어 그 일을 처리하겠다고 의연히 말했을 때, 이 말은 아버지 야곱에게 신뢰를 주었다. 이 때로부터 야곱의 믿음은 살아나기 시작했다. "내가 자식을 잃게 되면 잃으리라." 마침내 야곱은 자기 집착에서 벗어난다. 그럼으로써 야곱도 살아나고 아들들도, 베냐민도, 시므온도 모두 살아난다. 하나님만을 오로지 믿고 그 분께 맡겼을 때 이 모든 것들이 더하여졌다.

유다는 이 일로 형제들을 다 살리고 아버지 야곱도 살린다. 야곱은 붙잡혀 있던 시므온과 베냐민 그리고 요셉과도 멋진 해후(邂逅)를 하게 된다. 훗날 유다 지파가 이스라엘 왕의 홀을 잡게 된다. 이 근원적 뿌리를 우리는 본문의 유다의 행동을 통해 발견할 수 있다. 결국 유다 지파는 이스라엘 12지파 중 장자 지파가 된다.

여기서 유다는 참 목자(牧者)상(象)을 보여준다. 참 목자는 양을 위하여 목숨을 버릴 수도 있다.

유다가 바로 이 일을 해낸다. 참 지도자란 모름지기 이와 같은 희생정신을 몸소 실천하고 보여주는 자이다. 진정한 지도자가 아쉬운 이 시대에 유다의 모습은 우리 모두에게 귀감(龜鑑)이 되어주고 있다.

Chapter **49**

마지막 시험,
은잔 사건

창세기 44장 (창 44:1~34)

창세기 44장의 전체적인 개요를 살펴보면, 요셉의 형제들이 애굽으로부터 다시 고향 가나안을 향하여 출발할 때는 일이 참 잘된 것처럼 보인다. 시므온도 풀려났고 베냐민도 안전했다. 그런데 요셉의 청지기가 쫓아오면서부터 그들은 악몽 속으로 다시금 빠져들어갔다.

도둑으로 몰린 그들은 몇 가지 점에서 더 큰 벌을 받아야 할 처지가 되었다. 왜냐하면 우선은 자루에 곡식이 가득히 들어있었다. 거기다 총리가 잃어버린 물건은 마침 그가 종교적인 일에 쓰던 잔으로서 늘 점치는데 사용했기 때문이다.

뒤돌아보면 이십여 년 전 그들은 요셉을 팔아 넘긴 바 있다. 그런데 이번엔 또 다른 형제 베냐민을 애굽총리에게 팔아 넘길 수 있는 기회를 맞은 셈이다. 그 이유란 베냐민을 애굽에 그대로 둔 채 자기들끼리 가나안으로 갈 수도 있는 기회이기 때문이다. 그러나 이번 상황에 이르러서는 그들은 더 이상 베냐민을 버려두고 갈 생각을 하지 않았거니와 베냐민 때문에 다 함께 죄를 뒤집어 쓰게 되었는데도 조금도 원망하지 않았다. 오히려 그들이 보인 반응은 애굽으로 되돌아가서 베냐민과 함께 종살이를 하겠다는 것이었다.(13, 16절)

16절의 "하나님께서 종들의 죄를 적발(摘發)하셨으니"라는 말에는 그 죄에 공동책임이 있다는 것 이상의 뜻이 들어있다. 다시 말해 이 말 속에는 예전에 요셉에게 저지른 죄에 대한 양심의 가책(呵責)이 깔려 있는 것이었다.

이 이야기의 절정을 이루는 요셉과의 세 번째 만남에서 대변인 역할을 하던 사람은 유다였다. 그는 좀처럼 마음을 풀지 않는 요셉에게 간청했다. 베냐민을 데리고 가지 않으면 아버지 야곱을 죽이는 것과 다름없다고…(30, 31절)

우리는 이 장면을 통해 유다의 몇 가지 중요한 모습을 본다.

첫째, 유다는 야곱에게 연민(憐憫)의 정을 느낀다. 이것은 앞장에서 요셉을 팔아 넘길 때와는 전혀 다르게 그에게서 찾아볼 수 없었던 모습이다.

둘째, 옛날에는 아버지가 요셉을 편애할 때 증오심을 가졌지만 이제는 아버지와 베냐민의 특별한 친밀한 관계를 이해하게 되었다.

셋째, 자기를 희생할 각오까지 비치면서 아버지 앞에서 베냐민을

안전히 지키겠다고 맹세하고는 그 맹세를 책임지려 하고 있다.(32,
33절)

유다의 이러한 모습에서 우리는 정죄 받은 세상을 구하기 위해서
스스로를 대신 내어주신 유다 지파에서 나신 구주 예수 그리스도를
생각하게 된다.

우리는 이상으로 44장 전체적인 간추린 내용을 살펴봤다.

다음으로는 44장을 읽어 내려가며 몇 가지 질문 사항을 갖고 그
것에 대해 조명해 보고자 한다.

형들을 향한 요셉의 작전을 살펴보면 먼저는 베냐민을 도둑으로
몬다. 요셉은 베냐민을 통해 모의시험(模擬試驗)을 하고 있는 것이
다. 형들이 만약 베냐민을 버리고 도망친다면 그들은 조금도 변하지
않은 것이 증명되는 셈이다. 그런 의미에서 요셉이 형들의 마음에
압박감을 주기 위해 사용한 거짓말 탐지기는 바로 은잔이었다.

왜 하필이면 요셉은 자신의 은잔을 미끼로 삼았을까?

은잔은 돈으로 따질 수 없는 귀한 물건이었다. 따라서 요셉의 입
장에서 보면 형들이 그것을 훔쳤다고 가정할 경우 그것은 요셉 자신
의 인격을 훼손하는 것과 같다고 생각했다. 또한 은잔은 일종의 거
짓말 탐지기와 같은 역할을 할 수 있었기 때문이다.

"너희가 어디로 도망가도 이 은잔이 다 알리게 되어있다. 만약 이
자리에서도 너희가 거짓말을 하면 이 은잔이 다 밝혀 낼 줄 알거라."
하면서 그들의 양심을 윽박지르기에는 이 은잔이 적합했기 때문이

다.

요셉의 형들은 적어도 도둑질 문제에는 자신이 있었다. 그런데 각자 자루를 풀어 확인해 보니 유감스럽게도 베냐민의 자루에서 문제의 은잔이 발견되었다.

요셉이 이 사실을 추궁했을 때 유다는 무엇이라 대답했나? 도대체 무엇이 어떻게 잘못되었는지는 알 수 없지만, 베냐민은 그 은잔을 훔치지 않았다고 고백한다. 그럼에도 불구하고 은잔이 베냐민의 자루에서 나온 것을 보았을 때 그들은 하나님께서 과거 요셉에게 저지른 일로 인해서 자신들을 심판하신다고 생각했다. '하나님이 함께 하신다면 일이 이렇게 어렵게 꼬일 수가 없지. 하나님께서 분명 우리에게 어떤 뜻을 보이시려는 의도가 있지…' 라고 생각했다.

그들은 이어서 같은 마음으로, 이런 생각까지 하게 된다. 만일 이번에도 자신들의 양심을 속이고 베냐민을 노예로 보낸다면 영원히 고통을 면할 수 없으리라는 것을 알아차렸다. 따라서 저들은 베냐민의 일을 통해서 과거의 죄를 갚아버릴 것을 결단한다. 하나님께서 자신들을 죄인으로 적발하셨으니 이 죄를 감당하자고 결론을 내린다.

이때, 요셉은 무서운 시험거리를 또 내놓는다. 어쩌면 이것은 이들로서는 마지막 중대한 시험일 수 있다. 요셉은 형들 모두가 전부 종이 될 필요가 없다고 말한다.(창 44:17) 은잔이 발각된 그 사람만 종으로 남고 모두 저들의 아버지에게로 도로 올라가라고 말한다.

그렇지만 어떻게 그 만을 두고 간단 말인가?

한편, "베냐민만 제비에 뽑혔으니 '운명'이라고 생각하고 그를 애굽 땅에 두고, 일단은 가나안에 가서 고향식구들을 살려야 하는 것 아닌가?" 이처럼 이들은 양자택일(兩者擇一)의 기로에 서서 어찌할 줄을 몰랐다. 이것은 참으로 심각한 유혹이다.

그러나 이들은 각오를 다진다. 설사 전부 다 굶어 죽는 한이 있어도 베냐민과 함께 남기로 한다. 살고 죽는 것은 하나님께 있으므로 그 분께 맡기겠다고 결심한다. 우리보다 의로운 베냐민을 버릴 수는 없다는 것이다. 요셉을 버릴 때처럼 같은 잘못을 반복할 수는 없다는 것이 저들의 결론이었다.

여기서 우리는 다음과 같은 질문을 하게 된다. 요셉이 형들을 무조건 받아들이지 않고 이런 식으로 시험한 것은 과연 하나님의 뜻에 적합한 일일까?

성경은 요셉의 이와 같은 행동을 옳은 일로 판단하고 있다. 그 첫 번째 이유는 "하나님의 백성을 분열시키는 것은 죄"라고 보고 있기 때문이다. 형들과 20년 만에 만났음에도 불구하고 이들을 하나되지 못하게 한 것은 오직 '죄' 때문이다. 그러므로 그들이 그 죄를 기억하고 괴로워하며 다시는 그런 일이 일어나지 않도록 철저하게 회개하지 않는 이상, 진정으로 하나되는 연합은 있을 수 없다고 보았기 때문에 하나님은 요셉의 그와 같은 행동을 인정해 주었다.

마침내 유다와 그 형제들은 자기들이 하나님 앞에 '죄인'이라는 것을 고백한다. 물론 은잔으로 해서 베냐민에게 숨은 죄가 있을지 모르지만, 그럼에도 불구하고 그들은 베냐민을 버리지 않았다. 자기들은 베냐민보다 더 무서운 죄를 지은 자들임을 알았기 때문이다.

둘째, 요셉이 형들에게 자기 자신의 신분을 노출시킨다는 것은 다시 그들의 공동체 안으로 들어간다는 것을 의미한다. 그런데 그들의 중심을 확인하기 전까지는 그렇게 할 수가 없었다. 사실 요셉은 자신이 억울하게 노예로 팔려온 후 자기 형들이나 가족이 어떻게 변했는가 하는 점은 아주 중요한 사항이었다. 더 나아가 이 은잔 사건의 주인공인 베냐민을 통해 요셉은 자신이 없어진 후 아버지 집이 어떻게 바뀌었는가를 알아볼 수 있는 것으로, 이 은잔 사건이야 말로 더할 나위 없는 적절한 계기(契機)가 될 수 있다고 보았다.

창세기 44장 19~24절을 보면 유다의 변론이 나온다. 여기서 유다의 변론을 들으면 참으로 감동이 생긴다. 그 이유는 무엇일까?

유다는 지금 자신의 모든 것을 내려 놓고, 다른 사람을 책임지는 변론을 하고 있다. 이 힘은 38장으로 거슬러 올라가게 된다. 유다는 자신이 원한 것은 아니었지만, 어쨌든 며느리 다말과의 사건에서 자신의 진정한 모습, 실존(實存)을 보게 되었다. 그는 가나안 사람들 틈에서 비참하게 타락하는 생활을 하는 가운데 자신의 죄성을 철저히 보게 된다. 그때로부터 유다는 새 사람으로 바뀌었다. 이제 그의 마음속엔 하나님이 주시는 빛이 있었다.

유다의 변론 요지는 다음과 같다. 유다는 아래와 같은 내용을 가지고 총리를 설득시키려 했다. 어떤 이유로든 베냐민이 집으로 돌아가지 못한다면 자기 집 전체가 파멸하고 말 것이라는 것과 이 은잔 사건은 결코 베냐민 한 사람의 문제가 아니라 자기 집안 전체의 파멸과 직결된다는 것이다. 이어서 베냐민이 이곳까지 오게 된 것은 유다 자신과 베냐민의 모든 것을 담보(擔保)했기 때문이라는 것이다. 즉 이 아이, 곧 베냐민에게 일어나는 모든 일의 책임은 자신에게 있으므로 자신이 이 아이 대신 노예로 잡혀야 한다는 것이 그의 주장이었다.

유다의 긴 변론을 성경은 왜 이렇게 자세하게 기록하고 있는가?

그것은 일단 요셉의 실종 이후 그의 가족들이 어떻게 변했는가를 알리기 위함이다. 더 나아가 문제는 이 의로운 죽음이 그 가족 안에 어떤 변화를 가져 왔느냐 하는 점이다. 단순한 시기심으로 살인음모를 했고 결국에는 노예로 판다는 것은 두말할 여지도 없이 커다란 죄악 된 행동이다. 그러므로 다시는 이런 일이 일어나게 해서는 안 된다는 공감대가 저들 안에 형성되었는가 하는 점을 보여주기 위함이다.

다른 아들들은 요셉을 죽이는 일을 간단한 문제로 생각했다. 그러나 아버지 야곱은 달랐다. 그가 그 소식을 듣고 울며 절망하는 모습을 아들들은 처음 보았다. 비로소 그들은 자기들이 얼마나 엄청난 짓을 저질렀는지 알게 되었다.

● ○ ○ 묵 상

은잔 사건으로 유다의 변론이 나왔고, 이 변론을 통해 우리에게 들려지는 메시지는 어떤 것인가?

유다는 결과를 생각하지 않았다. 다만 결과는 하나님께 맡기고,

있는 그대로의 사실을 말했을 뿐이다. 그러나 그것이 단단하던 애굽 총리의 마음을 쪼개어 그로 하여금 통곡하게 했고 자신의 정체를 드러내게 했다. 그를 통곡하게 만든 것은 유다의 단순한 증거였다. 그러므로 우리 또한 우리의 정직하고, 열정적인 기도, 그것이면 된다.

유다의 표현대로 아비의 생명은 베냐민의 생명과 결탁되어 있었다. 우리는 이것을 야곱의 '집착(執着)'이라고만 보아서는 안 된다. 베냐민은 야곱 가정에서 가장 약하고, 소외된 자이다. 베냐민은 어머니도 잃고, 형도 잃고 아버지는 이미 늙었다. 그는 그 집에서 가장 약한 자였다.

야곱은 이 베냐민을 자기 생명처럼 여겼다. 따라서 아들들은 생각했다. '베냐민이 죽으면 아버지도 죽고, 그러면 가족 모두가 다 죽는 것이다.'라는 공감대(共感帶)가 요셉의 죽음 이후에 그 가족 안에 퍼지기 시작했던 것이다. 요셉이 지금까지 자신의 신분을 감추고 형들에게 확인하고자 한 것이 바로 이 부분이다. 요셉은 자신이 생각하고 기대했던 것이 마침내 이루어지는 것을 보게 되었다. 즉 형들이, 다시는 요셉처럼 억울한 희생이 생겨서는 안 된다는 것을 깊이 깨닫고, 약한 자를 중시하는 인식을 갖게 되었다면, 그들은 이제 제대로 하나님의 백성의 모습을 회복하고 있다고 보아도 된다는 사실이다.

요셉 사건은 분명 예수 그리스도 십자가 사건의 모형이라 할 수 있다. 예수 그리스도가 십자가에 죽으신 것은 엄청난 사건이다. 의로운 자가 세상에 죽임을 당했다는 것은 결코 그대로 넘어갈 수 없는 문제이다. 그리스도께서 우리의 죄 때문에 의로운 희생을 당하셨다는 것을 진정 깨닫는다면 우리의 태도에 어떤 변화가 일어나야 하는 것 아닌가!

예수의 죽음이 너무 원통한, 그야말로 말도 안 되는 죽음이라면 우리는 약한 자, 무지한 자, 그리고 소외된 자와 우리 자신을 결속(結束)시켜야 할 것이다. 그리하여 내가 희생해서라도 그 사람을 지키려고 할 때 주님은 나를 찾아오실 것이며, 그 영광을 보여주실 것이다.

44장 전체의 글은 그 짜임이 아주 치밀하게 구성되어 있다. 요셉이 형들을 시험하는 장면에서 여러 아들들의 심리상태가 군데군데 잘 묘사되어 있다. 마치 탐정소설을 읽듯이, 수사극을 보듯이 손에 땀을 쥐게 한다. 뒤집기 식으로 글 구성이 짜여져 있어 읽는 이로 하여금 긴장과 스릴을 느끼게 한다. 따라서 창세기 44장은 이야기가 갖고 있는 뛰어난 문학성이 엿보인다.

44장에서 가장 핵심적인 부분은 은잔 사건이 펼쳐지고 마감되는 과정에서 인간 속에 내재되어 있는 죄성이 노출(露出)되면서 그 죄성이 어떻게 바뀌어 변화되어 가는가를 보여주는데 있다.

우리는 어떤 사건들을 만나지 않으면 자기 속에 숨겨진 죄성이 발견되지 않는다. 그런 의미에서 본문의 내용과 문장 구성은 탁월(卓越)한 심리소설에 버금간다고 할 수 있겠다.

결국 은잔사건이 마감될 즈음 인간은 스스로 자신이 어떤 존재인가를 깨닫게 된다. 그리하여 야곱의 여러 아들들은 점차 하나님의 사람으로 변모(變貌)되어 간다. 우리 또한 지금 그 과정을 밟고 있지 않는가?...

Chapter 50 🍃

구원의 긴박성

창세기 45장 (창 45:1~28)

● ● ●

    유다의 진실한 고백, 즉 베냐민 대신 유다 자신이 인질로 남겠다는 제언(提言)과 왜 꼭 자신이 그래야만 되는지를 상세히 고백했을 때 요셉은 그제야 모든 진실을 알아차리곤 대성통곡한다. 그의 울음소리가 얼마나 컸던지 바로 궁까지 들렸다고 한다.

    그 동안 요셉은 애굽의 총리로서 영화(榮華)를 누리고 살았지만 그의 마음 속에는 늘 어두운 그림자가 있었다. 그것은 가나안에 있는 그의 형제들과 아버지에 대한 궁금증이었다. 그런데 마침내 형 유다로부터 자기 몸까지 희생해서라도 동생 베냐민을 구하겠다는 눈물 어린 고백을 듣는 순간, 그는 형들과의 20여 년 동안 막혔던 담이 한 순간에 무너져 내리는 것만 같았다.

    그 길고도 긴 세월이 헛되지 않아 드디어 오늘과 같은 날이 왔을 때 요셉은 그야말로 바로 궁까지 들릴 정도로 통곡의 울음을 토해내며 지난 세월의 응어리를 풀어내고 있었다. 마치 우리네 남북한 이산가족의 상봉(相逢) 때처럼….

그는 생각했다. '이처럼 감격의 순간을 맞이할 수 있게 됨은 바로 하나님께서 자기와 함께 하셨기 때문임을!' 그리고 하나님의 거대한 구원역사가 어떻게 자신을 통해 이루어졌나를 확실히 확인할 수 있었다. 우리 역시 하나님께서 '그때 왜 그렇게 하셨는지를…' 많은 세월이 흐른 뒤에야 깨닫게 되지 않았던가.

이제 요셉은 일단 형들의 두려워하는 마음을 진정시킨 후 그들 앞에서 하나님의 뜻을 선포하는 설교자로 선다. 그는 하나님이 말씀하시고자 하시는 구원의 메시지를 간곡히 형들에게 들려주고 있다.(3~11절) 즉 요셉은 형들과 극적 화해를 한 후, 형들과 아버지와 가족 전부를 애굽으로 내려오도록 권유하는데 전력한다. 왜냐하면 그는 앞으로 가나안엔 분명 심한 가뭄이 찾아와 밭의 곡식이 온통 타 들어 갈 것이고 사람과 짐승이 다 죽게 될 것을 알고 있었기 때문이다. 그런데 요셉의 형들은 그 사실을 제대로 모르고 있었다. 저들은 앞으로 닥칠 심각한 기근에 대해 알고 있는 것이 거의 없었다. 다만 형들의 구원을 위해 애 타고 있는 것은 요셉뿐이었다.

이와 같은 요셉의 태도 속에서 우리는 무엇을 깨닫게 되는가?
그것은 바로 '구원'이라는 문제가 얼마나 우리에게 절박하고도 시급한 과제(課題)인가를 알아야 한다는 사실이다. 솔직히 말해 우리는 이 땅에 살면서 구원의 절박성(切迫性)에 대해 별로 심각하게 생각하고 있지 않는 것 같다. 그래서 구약성경에서는 이와 같은 구체적인 요셉 사건을 펼쳐 보이며 우리로 하여금 구원의 긴박성(緊迫性)을 깨닫도록 초청하고 있는 것이다.

요셉이 형들에게 애타는 심정으로 "어서 속히 애굽으로 내려오셔야 합니다. 아버지도, 온 가족도 모두 다 함께 내려오도록 하십시오. 그렇게 하지 않을 경우 점점 기근은 심해져 올 텐데…. 그땐 늦습니다. 모두가 멸망하고 말 것입니다."

그렇다! 가나안으로부터 애굽으로 내려오기만 하면 살 수 있다. 오늘 우리도 예수를 영접하고 주님 안으로 들어오기만 하면 산다. 그렇지 않으면 죽는다. 죽으면 죽음으로 끝나지 않고 무서운 심판이 기다리고 있다.(히 9:27)

이와 같은 사실을 우리가 진정으로 받아들인다면 어찌 전하지 않고, 잠잠히 침묵하고 있을 수 있겠는가.

따라서 창세기 45장 4~13절까지는 요셉의 구원설교가 길게 이어지고 있다. 그러므로 요셉은 형들에게 최대의 호의(好意)를 베푼다. 즉 애굽의 좋은 땅을 주고 아버지 야곱을 모셔오도록 수레까지 내어준다. 또한 가나안으로 형들이 올라갈 때 옷도 한 벌씩 주고 특별히 베냐민에게는 은 삼백과 옷 다섯 벌을 들려 보낸다.

이는, 오늘 우리가 주님을 영접할 때 구원의 감격을 맛볼 뿐 아니라, 주 안에서 살아가면서 풍족한 선물도 더하여 받는 것과 같은 의미이다.

또 다시 요셉의 형들은 곡식을 가지고 가나안으로 들어갔다. 그리고 이들은 아버지 야곱에게 꿈에도 그리던 아들 요셉이 살아있다는 소식을 전한다. 야곱은 너무 놀란 나머지 기절하고 만다. 얼마 후 정신이 들었을 때 그는 자신을 태워 갈 수레를 보고서야 비로소 요셉이 살아있다는 말을 믿게 된다.

그는 주저 앉아 있던 무릎을 일으켜 세운다. 오매불망(寤寐不忘) 그리던 사랑하는 아들 요셉을 만나기 위해, 야곱은 설레는 마음을 진정하고, 애굽을 향해 발을 내딛는다. 그는 두 손으로 수레의 손잡이를 꼭 쥐고는, 마음속으로 외친다. "그가 지금까지 살아있으니 내가 죽기 전에 그를 보리라"(창 45:28)

우리도 야곱이 요셉을 만나볼 채비를 차리는 것처럼 언젠가 이 땅을 떠나는 날, 주님을 만나보리라는 소망을 품고, 오늘의 순례의 여정을 계속해야 하지 않겠는가….

창세기 37장부터 요셉 이야기는 시작된다. 그런데 여기서 꼭 빼놓을 수 없는 장이 있다. 그것은 38장의 '유다와 다말' 사건이다. 이 곳에는, 우리가 유다에 대해 깊이 살펴 볼 부분이 숨겨져 있다.

만약 38장에서 '유다와 다말' 사건이 다루어지지 않았다면 창세기 43장부터 45장까지 이어지는 유다 이야기에서 유다가 어떻게 그와 같은 행동을 할 수 있었는지에 대해 잘 모를 수 있다.

43장에서 유다는 아버지를 안심시키기 위하여 유사시 자신이 베냐민 대신 인질(人質)로 잡힐 것을 아버지에게 약속한다. 결국 이 고백 때문에 모든 일이 풀리기 시작한다. 유다의 이와 같은 진정성(眞情性)을 보고 야곱은 그렇게도 아끼던 베냐민을 내어준다.

또한 44장에서도 '은잔'이 없어졌을 때 그것을 훔친 장본인이 베냐민으로 드러난다. 물론 이것은 요셉의 계획된 작전이었지만 표면적으로는 베냐민이 도둑으로 지명된다. 이 때 유다는, 총리 앞에 나아가 그 동안의 모든 과정을 이야기하곤(16~34절) 종국에 이 문제를 풀어가려면 자신이 희생해야 되겠다는 각오로, 다음과 같이 말한다.

"이제 주의 종으로 그 아이를 대신하여 머물러 있어 내 주의 종이 되게 하시고 그 아이는 그의 형제들과 함께 올려 보내소서"(33절) 즉 자기가 요셉의 종이 되겠다는 것이다. 우리는 이와 같은 일련의 사건을 보면서 유다의 담력(膽力)과 결단과 믿음을 보게 된다.

그러하면 무엇이 유다로 하여금 이런 각오를 하게 했을까?

그것은 38장에서 그 답을 찾을 수 있다. 여기 38장에서 자연인 유다는 완전히 죽는다. 왜냐하면 며느리 다말의 임신 사실이 드러나 그녀가 화형 당해야 하는 현장에서 진정 화형 당해야 했던 장본인은 바로 유다 자신이었음이 드러났기 때문이다. 그때 유다는 "네가 나보다 옳도다."(26절) 이 한마디로 자신의 모든 죄를 자백하고 하나님 앞에 무릎을 꿇는다. 옛 유다는 그 순간 죽은 것이다. 그리곤 다시 태어나 주 안에서 새 피조물이 되었다.

그 후 그의 삶은 구원받은 감격을 안고 모든 희생적 삶을 기꺼이 감수(甘受)하게 된다. 이런 유다를 보시고 하나님께서는 열두 지파 중 유다 지파를 통하여 당신의 메시야를 보내시기로 마음먹으신 것 아니겠는지….

Chapter 51

야곱이 바로에게 축복하다

창세기 46장 및 47장 (창 46:1~47:12)

야곱은 가족과 모든 소유를 이끌고 브엘세바에 이르러 하나님께 희생제사를 드린다. 왜 그들은 브엘세바에서 하나님께 제사를 드렸을까?

야곱은 디나 사건으로 인하여 세겜을 떠날 수 밖에 없었다. 야곱은 하나님의 지시로 벧엘에 올라가게 된다.(창 35:1) 그 곳에서 얼마 동안 살다가 다시 베들레헴으로 옮겨간다. 아마도 야곱은 35장 8절에서 드보라의 죽음으로 그녀를 벧엘에 있는 상수리 나무 밑에 장사하고는 회한(悔恨)에 북받치는 슬픔을 쏟아내고(알론바굿) 그 곳을 떠난 것이 아닌가 생각된다.

베들레헴으로 가는 도중 라헬이 베냐민을 낳다가 숨을 거둔다. 야곱은 죽은 그녀를 에브랏(=베들레헴) 길에 장사 지내고, 그 곳에 묘비를 세운다. 그리고는 다시 길을 떠나 기럇아르바(=헤브론)에 이른다. 이처럼 야곱은 지금까지 가나안 땅을 지키며 살아왔다. 야곱은 어찌하든 가나안에 살면서 조상의 믿음을 이어 받으며 살아야 한다고 생각했다. 왜냐하면, 야곱의 집은 조상의 대를 이어 내려오는 구약교회였기 때문에 교회를 지킬 의무가 있었다고 보았기 때문이다.

그런데 어느 날 죽은 줄만 알았던 요셉이 살아 있었으며 그것도 애굽의 총리라는 사실을 알게 되었다. 뿐만 아니라, 애굽으로 자신이 내려오도록 수레까지 보냈다. 이 사실을 목격하고, 야곱은 고민하기 시작했다. '과연 이 가나안을 떠나, 애굽으로 내려가는 것이 하나님의 뜻인가?' 야곱은 하나님께 여쭤보아야 했다. 그래서 가나안과 애굽의 경계지역인 브엘세바에서 애굽으로 내려가기 전, 제사를 드린 것이다. 이 곳을 넘어서면 이제는 애굽 땅이 되는 것이다.

제사를 드린 그날 밤, 하나님은 야곱에게 나타나셨다. 그리고는 46장 3~4절에서 말씀하셨다. "나는 하나님이라, 네 아버지의 하나님이니 애굽으로 내려가기를 두려워하지 말라… 내가 너와 함께 애굽으로 내려가겠고, 반드시 너를 인도하여 다시 올라올 것이며, 요셉이 그의 손으로 네 눈을 감기리라."고 말씀하셨다.

마침내 용기를 갖고 야곱은 온 권속 70명을 이끌고 애굽으로 내려간다.

46장 8~27절까지는 야곱 가족들의 계보가 나온다. 이 족보를 잘 보면, 야곱의 네 부인(이중 둘은 첩이다)이 낳은 자식들 이름과 손자들의 이름이 쭉 나온다. 그런데 이스마엘과 아브라함의 후처 그두라가 낳은 자식들 이름은 보이지를 않는다.

우리는 이 족보에서 알 수 있듯이, 이스라엘 계보에 드는 것은 혈통으로만 되는 것이 아니라 입양(入養)에 의해서도 된다는 사실을 알 수 있다. 따라서 야곱의 첩이 낳은 자식들도 결국 입양에 의해 정식 자녀로 족보에 오른 것이다. 이와 같은 현상은 오늘날 이방인들도 믿음에 의해 하나님의 백성이 될 수 있다는 사실을 말해주고 있다.

창세기 46장 28절부터 47장 12절까지는 야곱이 요셉을 만나는 극적인 장면이 나온다. 그리고 이어서 그는 바로 왕을 만나게 된다.

먼저 이 단원에서 우리가 생각해 볼 부분이 있다. 만일 요셉이 없었다면 이들이 바로를 만날 수 있었을까? 그러므로 요셉의 중재(仲裁) 역할은, 이들 형제들과 바로왕의 만남을 절대적으로 가능케 한 요소가 된다. 즉, 요셉이 있음으로 해서 모든 만남과 축복이 가능했고, 그가 없었다면 모든 것은 불가능했다. 이 말씀은 우리의 절대적 구원과 모든 축복은 먼저 나와 예수님과의 만남이 있을 때라야만 가능하다는 얘기다. 곧, 나와 하나님과의 관계는 예수님께서 나의 중보자가 되어 주실 때만이 가능하다는 것이다. 우리는 본문에서 무엇보다 이 사실을 우선적으로 깨달아야 한다.

다음, 요셉은 무엇 때문에 형들이 바로를 만나기 전, 바로가 물을 때 그들의 직업은 목축업이며 꼭 그렇게 대답해야 한다고 일렀을까? 그리고 아버지 야곱도 요셉을 만나기 전, 왜 미리 유다를 시켜 고센 땅에 머물겠다고 알렸을까?

요셉은 이미 바로가 형들을 만났을 때 무엇을 물을 것인가 알고 있었다. 그만큼 그는 미래를 내다보는 뛰어난 통찰력을 가지고 있었다. 그래서 미리 형들을 준비시킨 것이다. 만약 이런 대비작전 없이, 곧바로 바로를 만나게 되면 어떤 일이 벌어질 것인지 요셉은 알고 있었다. 또한 열두 아들이 한꺼번에 다 바로 궁에 들어가는 것도 막았다. 다만 다섯 명만 들어가도록 했다. 만약 열두 명이 다같이 들어가 저들이 가나안에서 어떤 일을 했는가, 질문을 받았을 때 "우리는 제사장 겸 선지자적 역할을 감당했었나이다"라고 대답한다면 바로는 분명코 이들을 애굽 땅에서도 제사장 직분을 줄 가능성이 컸다. 왜냐하면, 바로는 그 동안 요셉이 하는 일을 잘 보아왔고, 그를 신임(信任)하고 있었기 때문에 그들의 형들도 요셉처럼 선지자적 직분을 잘 감당할 것으로 믿었기 때문이다. 그렇게 되면 요셉의 형들은 애굽 땅에 완전히 정착할 수 밖에 없는 처지가 된다. 결과적으로 시간이 지날수록 점점 그들은 애굽에 동화(同化)될 수 밖에 없게 된다.

요셉은 이런 상황이 있어서는 안 된다고 생각해 미리 막은 것이다. 요셉은 자신도 국무총리를 하다가, 때가 되면 형들과 함께 가나안으로 가서, 거기서 하나님을 섬길 계획을 갖고 있었다. 그 길만이, 조상 대대로 지켜온, 하나님 섬김의 믿음을 유지하는 길이라는 것을 알고 있었기 때문이다. 그러므로 애초부터 야곱과 요셉은 가족들이 애굽 사람들과 섞이지 못하도록 조치를 취했다. 애굽에 사는 것은 기근이 끝날 때까지만 잠정적으로 머무르는 것이다. 아무리 애굽이 살기에 편하고 좋다고 해도 저들의 생각은 가나안으로 반드시 가야 한다는 것이다.

한편 애굽인에게 '목축업'은 천민 계급으로 인식되어 왔다. 따라서 소를 키우고 다루는 천민 계급의 사람들은 사원에도 못 들어가고, 다른 계급(일곱 계급으로 분류됨)과 결혼도 할 수 없다.

바로 왕은 요셉 형제들이 목축업을 하고 있다는 사실을 안 후에는 왕의 짐승을 잘 관리해 줄 것만 부탁하고 다른 요구는 하지 않았다.

그리하여 야곱 권속들은 고센 지방에 따로 분리되어 살게 되었다. 고센 지방은 나일강 동쪽 팔레스타인 지역과 가까운 애굽 국경 지대에 위치해 있었다. 그러므로 가나안 쪽으로 이동하기가 유리했다. 또한 목초지가 많아 우양(牛羊)을 기르기에도 적합했다.

●○○ 묵상

야곱은 마침내 아들 요셉의 주선으로 바로를 만난다. 바로가 그의 나이를 물었을 때, 그는 조상의 나그네 길의 연조에는 못 미치나, 130년의 험악한 세월을 보내었다고 답한다.(47:9)

이 구절에서 강조되는 말은 '나그네'이다. 이 땅에서 나그네의 삶은 임시적이다. 저들에게는 가야 할 본향(本鄉)이 있다. 그러기에 매일매일의 삶은 본향을 향해 떠나는 준비기간이다. 그러므로 그 삶은 되도록 단순할수록, 가벼울수록 좋다. 이런 삶을 살아갈 수 있는 비결은 모든 부분에서 욕심을 버리는 일이다.

46~47장에 걸쳐 하나님께서는 그런 진리를 우리에게 가르쳐 주시기 위해, 야곱의 생애를 비춰주고 있는 것이다. 하나님께서는 야곱으로 하여금 여러 사건을 만나게 하신 후, 결국에는 그 모든 것을 내려놓을 수 밖에 없도록 하신다. 그리하여 점점 그는 쥐었던 것들을 하나하나 손에서 내려놓는다. 그가 끝까지 내려놓지 못했던 라헬과의 사랑도 끊게 된다. 라헬이 베냐민을 낳다가 죽게 되자 자신이 그녀의 시신을 베들레헴 길가에 묻음으로 해서, 라헬을 향한 집착(執着)의 끈도 내려 놓는다. 이제 야곱은 이 세상에서 그를 얽매어 놓을 아무 것도 가지지 않는다.

마침내 야곱은 세상에서 가치 있다고 생각한 모든 것들을 미련 없이 내려놓는다. 그의 기질과 욕심으로 인해 생겨난 그 많은 것들과 조용히 이별을 고한다. 그리고는 다시 못 볼 줄 알았던 요셉을 만나면서 흔들렸던 신앙을 되찾고, 하나님 앞에 거룩한 자로 선다. 바로 그 자리가 오늘 바로 왕 앞에 서 있는 자리가 아닌가. 하나님이 아니고서야 누가 그를, 이 곳에, 이렇게 세울 수 있단 말인가.

우리 또한 예수를 통하지 않고는 어떻게 존귀(尊貴)하신 그 분 앞에 감히 설 수 있단 말인가. 예수님의 중보역할, 바로 그 분의 피흘림으로 인한 사함이 있었기에 오늘 나는 겸허히 주님 앞에 설 수 있는 자가 되었다. 이제 무슨 말을 더 할 수 있겠는가?

〈새 학기를 맞던 날〉

입춘이 지난 지 꽤 오래인 것 같은데 겨울 날씨의 쌀쌀함은 끝날 줄을 모른다.

봄은 왔으나 아직 봄은 아닌가(春來不似春).

오늘, 봄 학기 첫 날을 맞이 했는데 유난히 흔들어 대는 겨울 끝자락 바람 때문에 손이 시릴 정도였다.

한 달을 훨씬 넘긴 방학을 마치고 다시 거북이 빌딩 엘리베이터를 탔다.

문을 열고 들어서는 순간 주님께서 "이제 오느냐?" 물으시는 것 같았다.

"너희가 없는 동안 내가 이곳을 계속 지키고 있었단다. 와 줘서 고맙다."

이런 음성이 들리는 것만 같아 주님께 자꾸 죄송한 마음이 들었다.

책상 위에는 한 달 사이에 사붓이 먼지가 쌓였다. 사람이 드나든 일도 없는데 창 틈 사이로 소리 없이 먼지가 들어왔나 보다.

제일 미안했던 것은 딸이 사다 주어 키우고 있는 고무나무가 그 동안 물을 먹지 못해 몇 개의 잎이 누렇게 시들어 떨어져 버렸다. 나무도 물을 먹어야 살 수 있듯이 우리도 매일매일 말씀을 먹어야 사는 것을! 식물과 인간이 다른 것이 있다면 이런 상황이 벌어 졌을 때 인간은 무엇인가 생각한다는 점일 것이다.

"주님! 이제 오늘을 기점으로 이번 봄학기를 무사히 은혜롭게 마치게 해 주세요.
이곳에 오고 있는 회원 한 사람 한 사람 끝까지 건강하게 말씀 공부 잘 할 수 있게 해주세요.
그리하여 알고 익힌 것 어느 모로나 쓰임 받는 귀한 그릇되게 해 주세요…. 예수님 이름으로 기도 드립니다."

조용히 읊조리는 나의 기도소리에 주님도 귀 기울여 들어주시고 내 등 뒤에서 나의 등을 두드려 주시며 힘 주시는 것 같았다.

성령님이 로고스 교육선교회 작은 공간을 마음껏 축복해 주시는 것만 같았다.

Chapter **52**

요셉을 통한
구원활동의 대미

창세기 47장 (창 47:13~26)

이 대목은 애굽과 가나안 전역에 기근이 심해져 사방에 먹을 것이 없는 것으로 시작된다.

마침내 사람들은 돈을 들고, 요셉에게 나와 곡식을 사가기 시작한다. 그러나 얼마 못 가 돈이 다 떨어지니까 이제는 각자의 집에서 기르는 가축을 끌고 와 먹을 양식을 교환해 간다. 좀 더 시간이 지나니까 그들은 가지고 있는 전답(田畓)을 저당 잡히고, 양식을 얻어가는가 하면 결국엔 몸까지 팔아 먹을 양식을 구할 수 밖에 없게 되었다.

'이런 지경에 이르기까지 이들 백성들은 얼마나 굶주림에 시달렸으며 정신적으로도 괴로움을 당했을까?'

그런가 하면 이 상황을 계속 보고 있는 요셉 또한 마음이 편할 리가 없다. 그도 고민하기 시작한다. 먹을 것이 없어, 가지고 있는 것들을 모두 들고 나와, 제발 살게만 해 달라고 매달리는 뭇 백성을 바라보면서 얼마나 안타까웠을까? 그러나 요셉 또한 무상(無償)으로 무조건 곡물을 내어줄 순 없었다. 어떻게 하든지 닥치고 있는 이 흉년의 때를 견뎌야 하기 때문이다.

우리는 여기서 생각해 보지 않을 수 없다.
사람이 살아가는데 제 아무리 돈이 많고 짐승이나 전답 등 재물이 많은들, 먹을 양식이 없는데 그것들이 무슨 소용이 있는가. 그러므로 육의 생명이 살아남으려면 반드시 있어야 할 것은 우선적으로 먹고 살 양식이다.

그렇다면 우리의 영혼 문제는 어떠한가?
육이 살아남기 위해서는 먹을 양식이 필요하다면 영이 소생(蘇生)하기 위해서는 무엇이 필요할까? 그것은 오직 '구원'일 뿐이다. 그러므로 이 구원문제가 해결 안되면 육신적으로는 살아 움직이지만 실은 죽은 것과 마찬가지다.
오늘 본문은 바로 이 점을 우리에게 보여주려는 것이다. 곡식이 떨어졌을 때 가지고 있는 돈, 가축, 토지, 나중에는 몸까지 노예로 잡히고서라도 곡식을 얻기 위해 안간힘을 쓰듯이 우리의 영혼 문제도 실은 그토록 절박하다는 얘기다. 아니 그 이상이라는 것이다.

그러면 우리가 어떻게 하여야 구원에 이를 수 있을까? 다시 말해 하나님께서 주시는 '구원'이라는 선물을 얻는데 있어 우리는 어떠해야 하는가를 본문은 묻고 있다.

우선적으로 우리가 내려 놓아야 할 것들 중 대표적인 것이 '돈'이다.

돈은 무엇이든지 내가 갖고 싶은 것을 어느 정도는 가능케 한다. 하지만 '돈'은 영혼구원에 이르는 데는 절대적 요소가 될 수 없다. 돈은 우리가 이 땅에 사는 동안 우리의 삶을 다소 풍족하게 해줄 수는 있어도 그 이상은 될 수가 없다. 가축, 토지 등으로 대변되는 물질 역시 '구원' 자체와는 아무런 상관이 없다. 우리 삶의 수단일 뿐이기 때문이다. 내 몸, 이것까지도 진정한 영혼 구원과는 궁극적으로 연관이 되지 않는다. 몸은 이 땅에서 존재할 때만 그 가치의 필요성이 있기 때문이다.

그러므로 하나님은 영혼구원의 절박성을 보여주시기 위해 요셉을 등장시키고, 급기야 그를 애굽 총리의 자리에 앉게 하셨던 것이다.

이 총리 자리는 요셉으로 하여금 구원역사를 능동적으로 실천해가도록 하기 위해 필요한 자리이다. 그는 바로로부터 모든 국가 통치권한을 위임 받는다. 요셉은 이제부터 애굽 총리로써 모든 일을 주도적(主導的)으로 실천해 나간다. 이때 하나님께서는 그에게 지혜를 주시고, 능력을 주시사 이 일을 효과적으로 진행토록 이끄신다. 그것의 구체적 예가 오늘 본문 요셉의 경제정책인 것이다. 이 식량정책을 통해 모든 권력이 요셉에게 집중된다. 왜냐하면 그를 통하지 않고는 누구도 식량을 얻을 수 없기 때문이다. 이 상황은 오늘 우리의 구원문제와도 연결된다. 우리 또한 어느 누구도 예수 그리스도를 통하지 않고는 구원에 이를 수 없다. 모든 권세가 그의 손 안에 있기 때문이다.

하나님은 애굽 백성을 살리기 위해 요셉을 중심으로 모든 사람이 요셉 쪽으로 찾아 들게 하시고, 그의 손을 통해 양식을 얻도록 하여 살게 하셨듯이 오늘도 하나님은 우리로 하여금 예수 안에 들어오게 하여 우리의 죄 된 본성을 보게 하시고 죄인 된 사실을 인정하기를 바라신다. 그리하여 자신은 진정 아무것도 내세울 것 없는 비천(卑賤)한 존재이며 죄인일 수 밖에 없음을 깨닫게 하신다. 그리할 때 비로소 영혼의 건짐을 받을 수 있도록 하신다. 이것을 상징적으로 보여주는 사건이 오늘 요셉의 경제정책인 것이다.

이제 무서운 흉년이 지나 점차 애굽 백성이 살아 나게 된다.
밭에 뿌린 씨가 싹이 나고 농사를 지을 수 있게 되었다. 굶어 죽을 것 같은 기아(飢餓)에서 벗어나 백성들에게 서광(曙光)이 비치기 시작한다. 그리하여 곡식 수확량의 5분의 1은 세금을 내고, 남은 5분의 4는 농사를 지은 본인들이 가질 수 있었으니 이들에게는 다시금 풍성한 소유가 있게 되고 생의 기쁨이 찾아 들게 되었다.

만약 요셉이 이끄는 구원활동이 여기에 이렇게 소개되지 않았다면 우리는 요셉을 통해 '구원'이 어떻게 애굽 백성에게 구체적으로 이루어졌는가를 눈으로 볼 수가 없다.

이 본문이 있기 때문에 우리는 애굽에 나타난 하나님 나라 실현을 확인할 수 있다. 모든 백성이 기아에서 벗어나 풍성한 곡식을 얻어 기뻐하는 모습이 곧 하나님 나라 예표(豫表)가 아닌가! 그러므로 본문 47장 13~26절은 요셉을 통해 보여주시는 창세기의 '하나님 구원 계획의 대미(大尾)'를 장식하는 격이다.

다시 말해 이 부분이 기록되지 않았다면 요셉을 통해 이루시고자 계획하신 하나님의 뜻이 어떻게 현실적으로 진행되고 마감되는가를 알 수가 없을 뻔 했다.

그러나 이 부분을 통해 우리는 확실한 하나님의 구원 계획과 과정을 볼 수 있게 된다. 이렇게 하나님은 한 번 말씀하신 것은 반드시 이루어내시는 신실한 분이다. 요셉 또한 하나님 명령에 순종하여 그분 뜻을 철저히 이행했다. 이로써 겨자씨 한 알이 훗날 큰 나무가 되어 새들이 깃들이는 것처럼 하나님은 '구원'의 장엄한 서곡(序曲)을 요셉이라는 한 인물을 통해 마침내 이루어 내셨다.

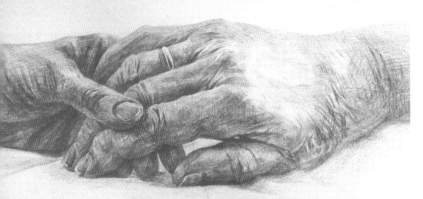

족장 역사

E. 이스라엘 민족 형성의
태동

No. 53-55

Chapter 53

종착점을 향하여

창세기 48장 (창 48:1~22)

창세기 48장에서는 야곱이 거의 늙어 생의 마지막이 가까워옴을 알리고 있다. 이때 야곱이 꼭 이행해야 하는 과제가 남아있었는데 그것은 요셉의 두 아들인 에브라임과 므낫세에 관한 것이다.

요셉은 본의 아니게 17세에 애굽으로 팔려와 어언 20여 년이 흐른 뒤 37세쯤에 형들을 극적으로 만났고, 아버지 야곱이 애굽에 내려온 후 또 다시 17년쯤 지났으므로 지금 요셉 나이는 55세 가량 되었다.

그 동안 요셉은 '아스낫'이라는 제사장 딸과 결혼하여 므낫세와 에브라임 두 아들을 낳았다. 본문을 보면 므낫세와 에브라임은 야곱이 애굽에 내려오기 전 낳은 아들이므로 어느새 이 아들들은 장성(長成)하여 20세가 가까워온다.

그 동안 어떤 이유에서인지는 몰라도 요셉은 두 아들이 장성할 때까지 자신의 아들들을 야곱 공동체에 들여보내겠다는 의사를 밝히지 않은 것으로 보인다. 그러기에 8절에서 야곱은 요셉의 두 아들을 보았을 때 "이들은 누구냐?"고 묻는다.

5절에 보면 야곱은 벌써부터 요셉의 두 아들 므낫세와 에브라임에게 축복 안수기도를 해주고 그들을 입양(入養)하여 당신의 아들로 삼고 싶었던 것을 볼 수 있다. 그러나 이 아들들은 장성한 뒤 어느 날 할아버지가 병들었다는 소식을 듣고서야 비로소 할아버지 야곱을 방문하게 된다.

그렇다면 야곱은 왜 손자인 에브라임과 므낫세를 자기의 친 아들로 입양하려고 했을까?

야곱은 요셉이 형들에게 쫓겨나서 애굽 땅에서 종살이 했던 것을 신앙적인 타락으로 보지 않고, 일종의 선교(宣敎)로 보았다. 따라서 므낫세와 에브라임 두 아들을 요셉의 선교열매로 인정했던 것이다. 즉 야곱은 이들을 정당한 하나님의 백성으로 보았을 뿐만 아니라 더 귀하게 생각해서 요셉의 아들로 보지 않고 야곱 자신의 아들로 여겨 야곱의 다른 아들들과 동일한 축복과 특권을 누리게 해주고 싶었던 것이다.

이와 같은 야곱의 뜻을 보면 여기엔 전 세계를 향한 하나님의 선교(宣敎)비전이 이미 나타나 있다. 하나님께서는 이방 땅에 사는 하나님의 백성이 이스라엘보다 결코 열등(劣等)하지 않을 뿐만 아니라, 그들과 동일한 축복을 누리게 될 것을 보여주시고 있다. 하나님의 축복이란 단지 혈통적인 이스라엘 안에만 국한된 것이 아님을 암시하고 있다.

야곱은 요셉이 데리고 온 손자들을 만나는 순간, 그들이 요셉의 아들인 것을 확인한 후 저들을 자기 무릎 사이에 세우고, 입 맞추고 껴안아 주었다. 그들이 다시 할아버지 야곱의 품을 나와 그 앞에 섰을 때 야곱은 두 손을 펴 저들에게 축복기도로 안수하여 주었다. 이 때 야곱은 팔을 엇바꾸어 므낫세에게는 왼손을, 에브라엠에게는 오른손을 얹어 기도 해주었다. 이와 같은 절차는 아마도 입양의 특별한 의식(儀式)이었을 것이다. 이제 이들은 이 의식을 통해서, 진정한 이스라엘의 자손으로 받아들여졌다.

그러면 우리가 생각할 때는 '요셉이 낳은 아이는 야곱의 손자이니만큼 이런 입양의식(入養儀式)을 거치지 않아도 당연히 이스라엘에 속하게 되는 것 아닌가?' 라고 생각할 수 있다.

그러나 그렇지 않다. 하나님 나라 백성은 핏줄이나 인정(人情)으로 이루어지지 않는다. 반드시 공동체 안에 있어야 한다. 그런데 이들 손자들은 이방 땅에서 태어났고 그곳에서 자랐기 때문에 그 동안 야곱 공동체와는 상관이 없었다. 그러므로 야곱이 구약교회의 제사장 자격으로 축복하고 받아들이지 않는 한, 그들은 다만 요셉의 아들이고 야곱의 손자 일뿐 하나님의 백성은 될 수 없다. 다시 말해 야곱이 단순한 아버지요, 할아버지의 개인자격으로가 아니라 구약교회의 기름부음 받은 선지자의 자격으로 저들을 안수해줄 때만 므낫세와 에브라임은 하나님의 백성이요, 자녀로 인침받게 되는 것이다.

이때 야곱이 요셉의 두 아들에게 축복한 내용은 재물이나 돈에 관한 것이 아니다. 자신이 한 평생 체험했던 바로 그 하나님이다. 그 하나님의 권능과 사랑이 저들에게 내려지기를 바라는 내용의 축복기도인 것이다.

여기서 우리는 잠깐 야곱 기도의 절차를 살펴 보기로 한다. 야곱의 축복기도 가운데 특징이 있다면 야곱이 요셉을 축복하고 그 다음에 요셉이 두 아들에게 축복한 것이 아니라 야곱 자신이 손자들에게 직접 축복했다. 또한 축복할 때 두 손을 엇바꾸어 얹어서 축복했다. 왜 그랬을까?

여기에는 야곱의 미리 계산된 생각이 내재(內在)되어 있다.

만약 야곱이 요셉을 먼저 축복하고 그 다음에 요셉이 자기 아들들을 축복했다면 이 축복은 야곱이 다른 아들들에게 부여(附與)한 축복과 동일한 축복일 수 밖에 없다. 오히려 요셉 자신이 야곱 공동체를 떠나서 므낫세와 에브라임을 낳았기 때문에 형제들의 동의 없이는 요셉은 두 아들에게 축복을 줄 수 없었을 지도 모른다. 그러므로 야곱은 그와 같은 일이 생길 것을 우려해 곧바로 야곱 자신이 직접 두 아들을 자기 아들로 입양하여 축복함으로써 곧바로 하나님의 자녀로 인정해 버린 것이다. 그리하여 손자들을 아들로 바로 입양시킴으로써 다른 형제들의 동의가 필요 없게끔 만들었을 뿐만 아니라 요셉으로 하여금 갑절의 축복을 받을 수 있도록 한 것이다.

한편, 야곱은 왜 굳이 손을 엇바꾸어 두 아들을 축복했을까?

이와 같은 축복은 이미 야곱과 에서에게 있어서도 하나님이 보여주신 적이 있다. 그것은 무엇보다 하나님은 사람의 외모를 보지 않으신다는 것을 나타내려 했기 때문이다. 아마도 큰 아들 므낫세는 여러 모로 동생보다 훌륭했던 것 같다. 그러므로 요셉은 큰 아들 므낫세가 할아버지로부터 당연히 더 큰 축복을 받을 것으로 생각했다.

그러나 하나님께서는 그렇지 않으셨다. 하나님은 작은 자에게 더 큰 축복을 내려주시기로 작정하셨다. 하나님께서 이렇게 차별해서 축복하는 이유는, 강한 자는 겸손해 지길 원하셨기 때문으로 본다. 후에 야곱의 축복기도대로 에브라임 지파는 이스라엘 안에서 항상 지도자 역할을 했다.

● ○ ○ 묵 상

드디어 야곱은 그의 생이 얼마 남지 않은 것을 알자 그가 가장 사랑했던 요셉을 부른다. 그리곤 요셉의 손을 가져다 자신의 허벅지 아래에 넣고는 자기가 죽은 후 애굽에서 장사 지내지 말고 가나안 조상의 묘에 장사할 것을 간곡히 당부한다.

야곱은 비록 애굽에서 십 수년을 살았지만 그의 마음은 항상 아브라함, 이삭의 묘가 있는 가나안 땅에 가 있었다. 그곳엔 믿음의 조상들의 얼이 숨겨있고 하나님의 약속의 말씀이 여전히 숨쉬고 있음을 알고 있었기 때문이다.

또한 후손들, 특히 12지파를 형성하게 될 자손들이 하나님의 약속의 말씀을 붙잡고 가나안에서 그 말씀이 실현 될 것을 믿음으로 바라보며 살기를 원했다. 그래서 그는 애굽 땅에서의 삶을 늘 나그네 삶이라고 불렀다.

요셉 역시 애굽에서 세상의 권세를 마음껏 누릴 수 있는 위치였지만 그의 마음속에도 야곱이 본향을 그리워하듯 가나안을 향한 끊이지 않는 소망이 자리잡고 있었다. 그리하여 아들들 이름을 히브리식으로 므낫세(잃어버림), 에브라임(창성함)으로 지었던 것이다.

사람은 생의 마지막을 보면 그가 어떤 생각과 가치관을 가지고 살았는가가 드러난다. 야곱의 여정은 비록 파란 만장한 질곡(桎梏)의 연속이었지만 그의 마지막은 아름다운 믿음의 삶으로 막을 내린다.

하나님 앞에 서는 순간이 얼마 남지 않은 그의 얼굴 모습은 그 옛날 얍복 강가에서 만났던 그 하나님, 브니엘을 향하여 갈 때와는 또 다른 모습으로 빛났다. 그는 멀어져가는 세상에 대해 모든 미련을 내려놓고 밝아오는 하늘나라를 응시(凝視)하고 있는 것만 같아 보였다.

야곱은 정말 축복받은 인생이다.

나 또한 나의 마지막 시간을 알 수가 없다.
그러나 점점 가까워 옴은 분명하다.

시간은 지금도 흐르고 있다. 계절이 바뀌고 해가 바뀌듯
지나간 세월을 조용히 반추해 보며,
대낮 따스하게 비치는 창가의 봄 볕을 맞으며,
잠시 시간의 그림자를 밟아보고 있다.

나의 생이 어떻게 저물어가고 있는지를 다시금 음미하면서….

Chapter **54**

12지파의
생성과정

창세기 49장 (창 49:1~33)

창세기 49장은 이스라엘의 족장역사가 끝나고 하나의 민족이 생성되기 전, 민족태동(民族胎動)의 모체(母體)가 되는 12지파가 만들어지는 과정을 소개하고 있다.

이 장을 끝으로 야곱은 숨을 거둔다. 그의 생애는 한마디로 파란만장했지만 그는 12아들에게 고귀한 믿음의 유산을 남겨주고 지는 해처럼 49장에서 생의 마지막 순간을 맞이한다.

야곱은 아들들을 불러놓고 침상에 앉아 공개적으로 각각의 아들들에게 제각기 다른 예언의 말씀을 들려준다. 앞의 48장에서는 요셉의 두 아들, 곧 에브라임과 므낫세에게 각각 축복 안수기도를 해 줌으로써 야곱 공동체의 정식 일원이 되게 했다. 즉 야곱의 두 손자들은 특별의식 절차를 거쳐 야곱의 아들들이 되었다.

49장에 와서 야곱은 맏아들 르우벤을 시작으로 시므온과 레위, 유다, 스블론, 잇사갈, 단, 갓, 아셀, 납달리, 요셉을 거쳐 베냐민을 끝으로 축복선언을 마친다. 그리하여 이들은 모두 훗날 이스라엘의 12지파가 된다.

아버지 야곱은 아들 한 명 한 명에게 그들 분량대로 축복해 준다. 이어서 요셉에게 자신의 시신을 가나안에 있는 막벨라굴에 장사하라고 당부하고 조용히 눈을 감는다. 여기서 마지막 33절은 유난히 인상적이다. "야곱이 아들에게 명하기를 마치고, 그 발을 침상에 모으고 숨을 거두니 그의 백성에게로 돌아 갔더라."

이 때 야곱의 죽는 장면은 아브라함이나 이삭과는 조금 다른 표현이 나온다. 아브라함은 "그의 나이가 높고 늙어서 기운이 다하여 죽어 자기 열조에게로 돌아가매"(25:8) 이삭이 죽을 때도 아브라함과 동일한 표현이다.(35:29) 그런데 야곱에게는 그의 죽는 장면이 좀 더 구체적으로 나와있다. "그 발을 침상에 모으고 숨을 거두니…." (49:33)

왜 다르게 표현했을까? 야곱은 다른 족장들보다 더 많은 고난과 역경의 세월을 보냈다. 그는 누구보다도 살기 위해 치열한 삶을 살았다. 하지만 그도 역시 죽음의 길은 피할 수 없었다. 이 사실을 강조하기 위함이 아닐까?

야곱은 삶의 시련을 겪을 때마다 그의 믿음도 함께 추락했다가 다시 올라오곤 했다. 드디어 생의 말년에 죽은 줄만 알았던 아들 요셉이 살아있다는 소식을 듣고는 그 때로부터 그의 믿음은 소생(蘇生)하기 시작했다. 그 후 그는 애굽에 내려와 본향을 그리며 나그네 삶을 살아왔다. 그 세월이 어언 17년이나 되었다.

그러던 어느 날 그는 하나님의 부르심이 가까워 옴을 직감(直感)한다. 이 때 야곱은 어떤 생각을 했을까? 이 순간이 있기까지 자신을 인도하신 여호와 하나님의 은총을 기억하며 자손들이 언제고 가나안으로 되돌아 가서 하나님이 주신 약속의 말씀을 붙잡고 믿음의 대를 이어가기를 간절히 염원(念願)한 것이 본문에 드러난다.

이런 일련의 야곱의 생애를 더듬어 볼 때 오늘 믿음의 삶을 살아가고 있는 우리네와 야곱의 모습은 너무 흡사(恰似)하다는 생각이 든다.

그러면 야곱은 왜 그토록 험난한 인생여정을 지나왔을까?

하나님께서 일부러 그에게 고통을 계획하셨기에 그렇게 살았을까? 그건 아닌 것 같다. 좋으신 하나님께서 의도적으로 그렇게 하실 리는 없다. 그것은 야곱 쪽에서 문제를 찾아야 한다.

아마도 야곱 속에 내재되어 있는 그의 기질적인 문제와 연관된다고 본다. 야곱은 남달리 야심이 많았다. 거기에다 그는 자기 자신이 주인이 되어 모든 문제를 처리해 가려고 했다. 따라서 어떤 상황이 벌어졌을 때 그는 자기의지로, 자기편익에 따라 결정하고 행동했다.

여기서 우리는 거듭나기 전 야곱의 삶은 어쩌면 우리의 모습을 비춰주고 있다는 생각이 든다. 이는 자기 자신이 주인이고자 하는 인간 모두의 속성을 대변해 주고 있다고 말할 수 있다. 왜냐하면, 인간은 날 때부터 하나님과의 관계가 왜곡되어 태어나기 때문이다. 따라서 인간은 본래적으로 죄 된 본성 곧 시기, 질투, 모함, 빈정거림, 탐욕, 야심 등의 속성을 갖고 있다. 그러므로 본질적으로 자연인은 누구도 야곱과 다르지 않다.

그런데 하나님께서는 그런 야곱을 이름까지 '이스라엘'로 바꾸어 주시며 끝까지 붙잡고 이끌어 가신다. 이는 여호와 하나님의 열심때문이다. 그 열심은 곧 야곱을 향한 하나님의 조건없는 사랑 때문이다.

다음은 12지파의 생성과정을 살펴보기로 한다. 먼저 우리가 알아야 할 것은 야곱의 유언이란 아들들 개개인의 잘 잘못을 따지려는 것이 아니다.

이것은 이스라엘 전체 지파에 해당되는 교훈이다. 특히 경고를 받은 지파는 그 내용을 수치스럽게 여기거나 혹은 부끄러워하고 무시할 것이 아니라 오히려 겸손히 받아들이고 인정할 때 저주의 내용이 축복의 메시지로 바뀐다는 것을 알아야 한다. 그래서 야곱은 이 중요한 마지막 교훈을 모든 아들들을 불러모아 놓은 가운데 공개적으로 이야기하고 있는 것이다.

이들 각각의 예언 내용을 살펴보면 먼저 르우벤은 '물의 끓음'과 같다고 했다.

이 말은 아무도 그를 건드리지 않았는데 혼자 자기 기질을 다 드러내고, 결국에는 모든 자기의 능력과 신뢰를 쏟아버리고 만다는 뜻이다. 실로, 르우벤은 한 번의 실수로 아름다운 능력과 기회를 다 쏟아 버리고 말았다. 그는 이제는 목숨만 부지하는 것으로 만족해야 한다. 맏이라고 해서 다시 똑똑해지려 들거나 다른 사람 위에 군림하려 들면 곤란하다. 이스라엘 안에서 평범하게 살아가는 것, 그것이 르우벤 지파가 살 길이라는 것이다.

시므온과 레위는 '잔해(殘害)하는 기계'라고 했다. 여기서 '잔해하는 기계'란 커다란 가위를 가리킨다. 가위는 양날이 잘 맞아야 물건을 자를 수 있다. 이렇듯 시므온과 레위는 가위의 양날처럼 죄 짓는데 의기투합(意氣投合)하여 뜻이 잘 맞는다는 말이다. 시므온과 레위는 다른 형제들보다 유난히 분노가 컸던 것 같다. 분노가 있는 사람들은 같이 있을 경우 그 분노 때문에 좋은 결과가 나올 수 없다. 그러므로 그들은 서로 갈라져 있어야 한다. 결국 가나안 땅 분배 때 시므온 지파는 인구가 급격히 줄어 적은 양의 땅을 분배 받게 된다. 그것도 나중에는 거의 유다 지파에 편입될 정도로 아주 작아져 버렸다. 그러나 이렇게 작아지는 것이 시므온 지파가 살 길이라는 것이다.

레위 지파 역시 땅을 분배 받지 못한다. 이 레위 지파는 성전을 섬기는 일이 주어짐으로 해서 제사장 직분을 받고 흩어져 살게 된다. 그러므로 이 지파는 같은 지파 사람끼리 모이는 기회가 거의 없게 된다. 이것이 레위 지파가 살 길이다.

야곱이 장자의 축복을 허락한 아들은 유다이다. 유다는 '찬송'이라는 의미가 있다. 야곱이 유다를 축복하면서 사용한 이미지는 '사자'와 '포도주'이다. '사자새끼' 같다는 표현은 일종의 은유적 표현이다. 젊고 힘있는 사자새끼는 미숙하지만 패기(覇氣)가 있다. 따라서 한 번 먹이를 움켜쥐면 빼앗기는 법이 없다. 이 말은 유다 지파가 그만큼 영적인 정복욕이 강하다는 뜻이다. '포도주'로 비유되는 말은 유다 지파가 풍성한 삶을 무한정 누릴 것이라는 뜻을 담고 있다. '홀'과 '치리자의 지팡이'는 왕권을 상징한다. 결국 이스라엘이 나라로써 온전히 성립될 때, 그 나라를 다스리는 자는 유다 지파에서 나올 것이라는 것을 예언하고 있다. 이처럼 유다 지파에게 내려지는 축복의 예언은 오실 그리스도의 축복까지 연결된다.

여기서 우리는 유다가 받은 축복과 요셉이 받은 축복이 어떻게 다른지를 살펴 볼 필요가 있다.

한마디로 유다가 받은 축복은 구원론적인 축복이고, 요셉이 받은 축복은 구원의 열매로 얻어지는 축복이다. 유다가 받은 축복은 하나님의 구원을 실현하는 구속사적 의미의 축복이다. 즉 유다 지파를 통해서 하나님의 구원활동이 이루어진다. 그러므로 이 유다 지파는 구속의 은혜를 찬송하게 된다.

이에 반해, 요셉에게 주신 축복은 구원받은 결과로 인하여 파생되는 많은 열매들을 말한다. 예를 들어 구원받은 이후 얻어지는 영적인 지도력이라든지, 재물관리 능력이라든지, 지혜나 창조적 역량이 뛰어난 경우를 말한다. 요셉에게 내려진 축복의 또 다른 특징은 지속성에 있다. 요셉의 축복은 샘 곁에 심긴 나무로 표현했다. 이 나무의 뿌리는 항상 무성할 수 있다.

요셉이 받은 축복의 말씀가운데 '하늘의 복'과 '원천의 복'이 있는데, 하늘의 복은 때 맞추어 비를 내려주시는 복이고 원천의 복은 샘이 마르지 않는 것을 가리킨다.

'갓' 지파는 처음에는 힘이 없어서 약탈자나 도둑들로부터 억압을 받을 것이나, 후에는 강성해져서 도리어 약탈자의 뒤를 추격하여 용감히 자기를 지키는 지파가 될 것이다.

'아셀'은 그 말 속에 좋은 재물 운을 갖고 있다는 뜻이 들어있다. 따라서 먹을 거리가 많아서 임금의 수라상을 맡을 정도가 된다는 뜻이다. 그러나 왕의 개념은 이스라엘 백성에게는 사울과 다윗 때부터 시작되는 개념이므로 아마도 이들은 왕의 진수를 공궤(供饋)할 정도로 특별한 은혜를 갖게 되는 것을 표현한 것으로 짐작된다.

'납달리'라는 말 속에는 '아름다운 소리를 발하는 자'라는 뜻이 들어있다. 그러므로 훗날 납달리 지파는 기쁜 소리를 전하려는, 아름다운 마음을 가진 자들이 많은 것으로 보인다.

'잇사갈' 지파는 요령을 부리지 않을 뿐만 아니라 우직할 정도로 손해를 감수하며 묵묵히 살아가는 사람들로 구성된다. 이런 잇사갈 지파 사람들에게 하나님께서 특별히 주시는 축복이 있는데 그와 같은 사실을 증명이라도 하듯 잇사갈 지파 사람 중에는 정신병자가 하나도 없다는 사실이 밝혀졌다.

'스불론'은 그 지파 위치가 이스라엘에서 가장 북쪽 경계선 쪽에 있다. 이 지파는 산악지대로부터 북쪽의 바닷가로 옮겨간 바닷가의 종족들이다. 스불론 지파는 정신적인 면에서 이스라엘의 개척자라 말할 수 있다. 왜냐하면 그 당시 상황은 외국 문물을 평가해서 받아들일 것은 받아들이고 거부할 것은 거부할 필요가 있었을 터인데 아마도 이 스불론 지파는 그 일을 감당한 것으로 보인다.

'단'을 중심으로 한 단 지파는 처음에는 사사들처럼 유능하고 지혜로웠지만 그렇게 유능하던 지파가 '길가'의 뱀이 되었고 '첩경(捷徑)'의 독사로 불리우게 되었다. 왜냐하면 단 지파는 영적으로 굉장히 나쁜 영향을 이스라엘에게 주었기 때문이다. 다시 말해, 사람들이 첩경인 줄 알고 그 길에 들어섰는데 결과적으로는 어이없게 독사에 물려 죽은 격이 된 것처럼, 단 지파가 행한 행동은 이스라엘 전체에게 치명적인 악 영향을 주었다. 실제로 단 지파는 편한 길을 택한 결과 지파 자체가 멸망하고 말았다. 그들은 하나님께서 싸우라고 하신 블레셋과 싸우는 대신, 북쪽의 '라이스'라는 곳을 점령해서 그곳 이름을 '단'이라고 짓고 그 곳에서 살았다. 단 지파는 영적 전쟁을 치르기가 싫어서 쉽게 살 수 있는 길을 택했던 것이다. 그 결과, 단 지파는 이스라엘 역사에서 사라지고 말았다.

'베냐민 지파'는 초창기에는 그 별명이 '물어뜯는 이리'라 불릴 만큼 투쟁적이었다. 그리하여 노략질 잘하고 게걸스럽게 먹는 이리 떼에 비유되곤 했다. 이처럼 베냐민 지파는 처음에는 자기 밖에 모르는 미성숙한 모습을 보이다가 후에는 영적으로 철이 들면서 힘보다는 영적인 면에서 성숙해져서 다른 지파에게 영향을 준 것으로 보인다. 한 예로 신약의 빌립보서 3장에서 사울이 바울 되기 전 그는 자신을 소개할 때 5절에서 "나는 팔일 만에 할례를 받고 이스라엘 족속이요 베냐민 지파요…."라고 말하고 있다. 그만큼 거듭나기 전에는 바울 자기도 세상적으로 대단했다는 것이다.

더 나아가 야곱은 어떻게 12아들 가운데 단 한 명도 예외 시키지 않고 모두를 축복해 줄 수 있었을까?

그것은 단순히 자기 아들이기 때문만은 아니다. 야곱이 생각할 때 12아들 모두는 한 하나님의 백성으로서, 같은 신앙고백을 가지고 있었으며 '야곱교회'라는 한 공동체 안에 소속되어 있기 때문에 아들 모두를 축복해 준 것이다. 그런데 야곱이 축복한 12아들은 모두 다르게 축복을 받는다.

왜 야곱은 모든 아들들에게 유다나 요셉같이 되라고 축복하지 않았을까?

만약 이스라엘 12지파에게 동일한 축복이 내려졌다면 시대가 좋을 때는 상관없지만 어려울 때가 닥칠 경우에는 이스라엘 자체가 영적으로 한꺼번에 다같이 무너질 수 있다. 그러므로 이스라엘이 끝까지 존속할 수 있도록 하기 위해서는 야곱은 각 지파에게 서로 다른 다양한 축복을 주는 것이 당연하다. 그러므로 큰 지파뿐 아니라 작은 지파도 중요하며 적극적인 지파 뿐 아니라 소극적인 지파도 중요한 것이다.

Chapter 55 🌿

새시대 도래의
전환점에서

창세기 50장 (창 50:1~26)

창세기 50장에는 큰 두 주제가 나온다.

하나는 야곱의 장례식이고, 다른 하나는 요셉과 형들과의 용서 장면이다. 그리고 끝으로 요셉의 죽음이 나온다.

우선 창세기 50장 앞 부분 야곱의 장례식을 보면 그의 시신은 애굽에서 40일이 걸려 향품으로 처리되었으며 애곡하는 기간이 70일이었다. 이는 나라 임금 장례에 해당하는 '국장(國葬)'급 수준이다. 애굽 왕 바로가 죽었을 때 장례기간을 72일로 잡는 것을 보면 야곱의 장례식이 얼마나 거창하게 치뤄졌는지 짐작이 간다.

이 사실은 하나님께서 야곱의 생애를 바로 왕에 버금가는 왕 같은 수준으로 인정하셨다는 것을 뜻한다. 그렇지 않고는 야곱의 장례기간을 그렇게 70일로 정하여 애곡하게 할 이유를 찾을 수 없다. 왜냐하면 야곱은 세상적으로 볼 때 바로 왕의 수준에 걸맞은, 그와 같은 대우를 받고 산 인물이 아니기 때문이다.

야곱의 생애는 우리가 생각할 때 치열한 고난의 연속이었을 뿐 그는 세상적으로 대단한 권세나 명예를 누린 일이 없다. 하지만 하나님은 그의 고난의 삶을 다 지켜보시며 그의 죽음과 동시에 그를 세상 왕에 준하는 영적 위치로 올려놓으셨다는 것을 장례를 통해 보여주고 싶으셨던 것이다.

이로 보건대 하나님 자녀의 고난은 하나님께 알려진바 된 고난이다. 훗날 하나님은 우리에게도 그 모든 고난의 시간들을 보상해 주실 줄 믿는다.

한편 야곱의 장례식을 요셉의 입장에서 살펴보기로 한다.

요셉은 무엇 때문에 아버지 장례를 이토록 거창하게 치렀을까?

요셉이 애굽 총리였기 때문에 많은 사람들에게 자신의 권세를 과시하고 싶어서였을까? 그런 뜻은 아닌 것 같다. 이 장례식은 한 시대가 끝나고 위대한 새 시대가 도래(到來)하는 중대한 전환점(轉換點)을 보여주는 장례식인 만큼 그 역사적 의미에 상응(相應)하는 행사를 치러야 한다고 생각한 것 같다. 야곱의 장례식이 이렇게 성대하지 않았더라면 적어도 한 시대가 끝났다는 것을 아무도 알아채지 못할 수도 있었을 것이다.

그리하여 야곱의 장례는 70일간의 애곡기간을 거쳐 바로 왕의 허락을 받고는 가나안에 가서 또 한번의 장례를 치르기 위해, 대장정(大長程)의 길에 오른다. 병거와 기병을 앞세우고 그 뒤를 따라 바로의 모든 신하와 바로 궁의 원로들과, 애굽 땅의 모든 원로와, 요셉의 온 집안과 그의 형제들과, 야곱 집의 모든 권속이 다 함께 장엄한 행렬을 짓고 가나안 땅을 향하여 올라갔다.

장례 행렬을 보고 있던 주변 사람들은 얼마나 놀랐을까? 당시 장례행사는 주위 사람들과 더불어 애도의 심정을 같이 했던 시대였다. 그러므로 많은 사람들이 이 행렬을 경이로움을 갖고 바라보았을 것이다. 그런데 이 장례행렬은 해변가를 따라 가지 않고 광야길을 택했다. 그것은 요셉이 야곱의 장례식을 통해 모든 사람에게 평화와 희망을 주기를 원했기 때문이다. 때문에 해변가의 빠른 길이 아니라 광야길을 택해서 행진했다. 즉 블레셋과의 충돌 가능성이 있는 지중해 해변길이 아니라 나라가 없는 광야길로 돌아 요단강을 건넌 것이다. 놀랍게도 이 길은 이스라엘 백성들이 출애굽 해서 가나안 땅에 들어갈 때의 길과 거의 일치한다.

마침내 장례행렬은 요단강 건너편 아닷타작 마당에 도착한다. 그곳에서 요셉은 아버지를 위하여 7일 동안 애곡하면서 가나안식 장례를 치른다. 그 후 야곱의 관은 마므레 앞 막벨라 굴에 안치된다.

왜 굳이 야곱은 죽기 전에 자기 시신을 이 곳에 묻으라고 명령했을까?

막벨라굴엔 이미 그의 조상들의 묘가 안치되어 있었다. 아브라함과 사라, 이삭과 리브가, 그리고 야곱의 부인 레아가 묻힌 그 옆에 이제 야곱이 묻힐 차례이다. 이렇게 조상의 묘가 있는 곳에 야곱이 함께 묻힘으로써 그는 대를 이어 그의 믿음이 후손들에게 전달되기를 바라고 있었다.

이로써 막벨라굴은 소위 아브라함과 이삭과 야곱의 믿음이 전수(傳授)되는 믿음의 가시적 공통분모 역할을 하는 격이 된다. 또한 이 굴은 야곱의 후손들이 조상의 믿음을 이어받아 선조 대에는 완성하지 못한 하나님 나라를 믿음의 눈으로 바라보게 하는 하나의 상징적 의미를 갖게 된다.

이러한 뜻에서 아브라함은 살아 생전 땅 한 평 갖지 않았지만 믿음을 지키고 후손들에게 유전(遺傳)시킨다는 의미로 400세겔이나 되는 큰 돈을 주고 헷사람으로부터 이 땅을 사 들였던 것이다.

그렇다면 오늘 나는 자손들에게 내가 하나님을 믿고 따랐다는 증거를 무엇으로 보여줄 수 있으며, 무엇이 증표가 되어 후손에게 이어질 수 있을까?

그것은 바로 '성경' 이요, '말씀' 인 것이다.

50장의 후반부는 요셉과 형들의 용서문제가 다루어진다. '용서' 란 무엇인가? 그것은 과연 내 쪽에서 일방적으로 용서했다고 해서 해결되는 것인가? 본문 50장 15~21절은 그것이 아님을 보여주고 있다.

형들은 아버지 야곱이 돌아가시자 혹시 요셉이 자기들을 미워하여 앙갚음을 하지 않을까 두려워 떨면서 사람을 요셉에게 보내어 자기들의 죄를 용서해 달라고 요청한다. 이 말을 전해들은 요셉은 어이가 없는 나머지 울어버리고 만다. 그랬더니 형들은 직접 찾아와, 그 앞에 무릎을 꿇고는 요셉의 종이 되겠다는 것이다.

요셉은 이미 형들의 죄를 잊은지 오래다. 아니 이미 저들의 죄를 용서해 주었다고 생각했다. 그런데 형들은 요셉의 진정한 용서를 받아들이지 못한 채, 애굽에 내려온 후 오랜 시간 전전긍긍하며 살아온 것이다. 죄책감에 계속 시달리며 지내온 것이다. 이로 보건대 '용서'란 한쪽에서만 용서했다고 해서 되는 것은 아니다.

이때 요셉은 이 문제를 인간적인 입장에서 풀지 않고 하나님 앞에서 해결하려고 했다. 50장 19절을 보면 "두려워하지 마십시오. 내가 하나님을 대신하기라도 하겠습니까?"

이 말은 다시 말해 "내가 하나님께서 하시는 일에 간섭할 만한 권리라도 가졌다는 말입니까?"라는 의미이다. 원수 갚는 일은 하나님께 속한 일이기 때문에 인간이 손을 대서는 안 되는 것이며 인간에게는 금지된 일이라는 뜻이다. 그래서 20절에서 요셉은 "형님들은 나를 해치려고 하였지만 하나님은 오히려 그것을 선하게 바꾸셔서 오늘과 같이 수많은 사람의 생명을 구원하셨다"고 말한다. 즉 하나님의 계획은, 형들이 고안해 낸 악을 선으로 바꾸셨는데, 거기에는 용서도 또한 들어가 있다는 말이다.

"하나님은 이미 형들의 악을 판단하셨고 그 악한 소행까지도 더 깊은 용서 속에 포함시키셨다"고 요셉은 하나님의 뜻을 알리고 있다.

사람이 누군가를 용서하지 못하고 또한 용서 받지 못하면 아무리 시간이 흘러도 그는 미래를 향해 나아갈 수 없다. 마찬가지로 요셉이 자기를 미워하고 죽이려 했던 형제들에게 계속 원한을 품고 있었다면 그 과거가 족쇄가 되어 비전도, 미래도, 하나님의 약속도, 그에게서 다 사라져 버렸을 것이다. 그러나 요셉은 과감하게 형제들을 용서함으로써 그들과 함께 하나님나라 건설을 향한 대장정에 나설 수 있었다. 이것이 창세기의 결론이다.

끝으로 50장 마지막 말미에는 요셉의 죽는 장면이 나온다. 그리하여 그의 시신 역시 야곱처럼 몸에 향료를 넣고 미이라 형태로 만들어져 관속에 넣어진다. 이 '관'은 원어적으로 '법궤'라는 단어와 동일한 단어이다. 훗날 거의 200년이 지나서 요셉의 관은 가나안 땅 세겜으로 옮겨진다. 그렇다면 요셉은 애굽에서 죽었지만 이스라엘 백성이 애굽 땅을 출발할 때까지 그의 죽음은 출애굽을 기다리고 있었기에 아직 끝나지 않았던 것이다. 이스라엘 백성이 애굽 땅을 떠날 때 그의 관은 하나님의 말씀이 되어 저들이 가나안을 행해 가는 도중 인도자가 되어 주었던 것이다.

이로써 요셉은 결국 오실 예수 그리스도의 예표라고 말할 수 있다.

창세기 50장은 창세기를 마감하는 장인데 이 장에서 보여지는 첫 장면은 야곱의 장례식이다. '야곱'은 아브라함과 이삭에 이어 이스라엘의 족장 역사를 이끌어간 대표적 인물로서 그는 그의 임종 시에 12아들을 통해 새로운 이스라엘 민족형성의 다리를 놓아준다. 따라서 야곱을 끝으로 족장 역사는 더 이상 이어지지 않는다. 대신 '민족'이라는 집단 공동체가 태어날 준비를 하고 있다.

하나님은 이 작업을 요셉을 중심으로 진행해 나가셨다. 그러나 요셉 또한 이 일의 완성을 자기 생전에 보지 못하고 110세에 숨을 거두면서, 자신의 시신을 언젠가는 가나안 땅으로 가지고 가서 그 곳 세겜 땅에 장사 지낼 것을 당부한다.

● ○ ○ **묵 상**

과연 '믿음'으로 산다는 것이 무슨 뜻일까?

이에 대한 답을 우리는 족장들의 삶을 통해 얻게 된다. 믿음이란 결국 하나님 말씀 하나 붙들고 매일매일을 살아내는 삶, 그 자체라고 본다. 따라서 믿음과 삶은 분리될 수 없다. 그래서 믿음은 명사가 아니라 동사이다. 오늘을 사는 실존적 의미가 들어있다. 내 뜻보다는 그 분 뜻을 좇아 가면서….

맥아더 장군은 퇴임사에서 이런 말을 했다. "노병은 죽는 것이 아니라 사라질 뿐이다."

오늘 창세기 끝 부분에서 야곱의 죽음과 요셉의 죽음이 나온다. 이들 족장들은 물리적으로는 죽어서 땅에 묻혔다. 하지만 이들은 죽은 것이 아니고 사라졌을 뿐이다. 하나님은 지금도 저들을 통해서 일하고 계신다. 바로 저들이 가졌던 믿음을 가지고….

그렇다면 나의 믿음 생활이 끝나는 날은 언제인가? 바로 내가 이 땅에서 죽음을 맞이하는 순간일 것이다. 그 때 나 또한 육신적으로는 숨을 거두지만 내 속에 역사했던 믿음은 나의 후손을 통해서 이어질 것이다.

믿음을 지키고 살아간 남편 묘 옆에 내가 묻히게 될 때 '성경말씀'이라는 공통 분모로 나와 자녀들이 묶여져 있는 한 그 믿음은 살아 이어질 것이다. 마치 그 옛날 막벨라굴에 아브라함, 이삭, 야곱이 '믿음'이라는 공통 분모를 갖고 그곳에 묻혔지만 오늘도 저들의 믿음이 살아 역사하듯이….

창세기를 끝내며 나의 믿음의 지평이 조금 넓어진 것 같다. 하나님, 그 분이 더욱 가까이 느껴진다. '영'으로 찾아와 자주 말씀하시는 것 같다.

끝맺는 말

『창세기』 전장(1~50장)을 마감하면서

성경의 첫 번째 책인 『창세기』 50장 전장 공부를 마치고 나니, 이는 마치 성경 전체의 대 서막(序幕)을 올린 기분이다.

『창세기』는 성경 속으로 들어가는 첫 번째 관문이며, 성경 전체를 관통(貫通)하는 대서사시 임을 깨달았다. 이 속에는 '창조'에 관한 것뿐만 아니라 인간의 전 희노애락(喜怒哀樂)의 감정이 숨김 없이, 가감없이 담겨져 있어 흡사, 커다란 보물창고와 같다는 생각이 든다.

『창세기』는 마치 열차 예순여섯 칸을 끌고 가는 기관차 같다고 말할 수 있을 것 같다.

또 다른 표현을 빌리자면 창세기는 '큰 대문'에 비유된다.

그 대문을 열면 우리는 그 안에 무엇이 있는지 알 수 있게 될 뿐더러 마당, 마루, 안방, 건넌방, 사랑채, 부엌 등이 어떻게 배열되어 있는지를 짐작할 수 있게 된다. 이처럼 창세기는 성경전체를 열어주는 '큰 대문'이라 하겠다.

이곳엔 천지창조로부터 우주의 모든 존재물이 어떻게 생겨났으며 누가 그것을 창조했는가가 분명히 나타나 있다. 뿐만 아니라, 그 창조물 가운데 인간이란 존재는 어떤 위치이며 인간을 향한 창조주의 진정한 뜻이 무엇인가도 환히 드러나 있다. 또한 창조자이신 하나님의 인간을 향한 열심과 그 사랑이 과연 어떠한 것인가도 선명하게 보여지고 있다.

마치 타피스트리(Tapestry)의 정교한 작품을 대할 때 그 한 땀, 한 땀을 수놓아 만든 장본인이 누구인지 눈으로 볼 순 없지만 작품 속 작가의 정신을 느낄 수 있듯이, 『창세기』 속에는 창조의 주인이 되는 하나님의 마음과 정성과 집념이 행간행간에 말없이 스며들어 있다. 그래서 우리는 그 속에서 하나님의 숨결을 느낄 수 있고, 또한 만날 수 있는 것이다.

『창세기』는 신비와 경이로움의 '보물창고(寶物倉庫)'이다.

새롭게 알아가는 기쁨

서정만 권사

김선희 목사님의 창세기 해설을 읽으면서 무엇인지는 정확히 모르겠지만 마음이 뻥 뚫리는 것 같고, 그동안 너무 아까운 시간을 허송세월 하면서 살았다는 생각이 들었다. 지금부터라도 성경이 주는 메시지가 무엇인지 잘 알고 싶다는 마음이 들면서, 읽고 또 읽는 가운데 전혀 지루하지 않고 기쁨이 넘쳐났다. 하나님이 우리를 너무 사랑하시므로 어떻게 하든지 우리는 섬기고 배려하며 사랑하는 삶, 감사가 넘치는 삶, 그러면서 겸손한 삶이 근본이 되어야 한다는 마음을 갖게 되었다.

교회에서도 매 주일 좋은 말씀을 듣는다. 그리고 그때는 정말 은혜를 받았다고 느끼지만 곧 잊혀지고 또 세상으로 돌아오므로 쉬지 말고 기도하고 말씀을 읽어야 겠다. 이렇게 은혜를 잊고 세상으로 돌아오는 반복된 삶을 사는 우리들에게, 나는 이런 소그룹의 성경공부야 말로 나를 정화시키고 주님 앞에 한발 다가갈 수 있는 기회를 주는 것이라 믿는다. 믿음이 부족한 것은 물론이고 내 마음을 표현하기에도 부족하다. 그러나 요즘의 나는 두려움이 없어졌고 기도하면서 전에 느껴보지 못한 평강을 느낀다. 내가 염려하고 불평하면서 시간을 보낸다고 무엇이 달라질 수 있단 말인가? 불평과 염려로 얼룩진 내 모습만 초라하게 다른 사람에게 전해질 것이다. 하지만 내가 맛본 평안과 화평으로 나는 그 어느 때보다 느긋해졌고 두려움없이 다 잘 될 것이라는 소망 속에서 매일을 살아간다. 나의 삶이 지루하지 않고 매일 읽어야 할 성경이 있고 묵상하며 기도하는 시간을 갖는다는 것이 그저 뿌듯하고 좋다.

하나님은 아무것도 없는 곳에서 엿새 동안에 천지를 만드셨고 이레 되시는 날 쉬시면서 '만드신 천지가 보기에 좋으셨다' 하셨다. 그리고 만드신 세상을 주관할 사람을 만드셨다. 먼저 아담을 만드시고 돕는 배필로 하와를 주셨고 낙원에서 살게 하셨다. 다 먹어도 되지만 동산 가운데 선악을 알게 하는 열매는 먹으면 안된다고 하셨다. 하지만 뱀의 유혹에 빠져 하와가 먼저 먹고 아담에게 권하면서 둘은 함께 첫 범죄를 짓게 된다. 주님의 음성에 자기들이 벗은 것을 부끄러워 숨으니 이것이 우리의 처음 죄된 모습인 것이다. 그럼에도 불구하고 하나님은 그들을 불쌍히 여기사 가죽옷을 만들어 주셨고, 이 때 아담은 '당신이 주신 여인이 나에게 실과를 주었다' 고 스스로의 잘못을 인정하기 보다는 전가하는 모습, 즉 우리 인간의 악한 본성이 보인다.

이 책 내용 가운데 아담과 하와, 이들에게 첫 아들 가인이 생기고 또 둘째 아들 아벨을 낳으나 하나님 앞에 드린 제사를 아벨 것은 받으시고 가인 것은 열납하지 않으셨다고 성경에 기록되어 있는데, 나는 그 이유를 잘 몰랐었다. 그런데 이 해설을 읽으면서 왜 하나님이 그리 하셨는지 알게 되었다. 가인은 자기 식의 제사를 드렸고 아벨은 하나님을 먼저 생각하는 제사를 드린 이유였다. 질투에 불탄 가인은 동생 아벨을 죽였고 이런 가인을 하나님은 용서하시고 그 이마에 표시를 주셔서 그를 만나는 사람이 그를 죽이지 못하게 하셨다. 나는 이것이 하나님의 끝없는 용서라고 알아왔다. 하지만 이 해설을 읽으면서 용서 뒤에 주신 하나님의 무서운 심판이 있음을 알게 되었다. 한평생 가인은 살인자로서의 인을 머리에 박고 죽을 때까지 고난의 시간을 보냈음을, 사람은 죄를 지으면 반드시 벌을 받아야 한다는 것임을 알게 되었다. 그리고 나도 이제까지는 내 식으로 예수를 믿어왔고 주님이 기뻐하시는 것이 무엇인지 먼저 생각하지 못했음을 알게 되었고 앞으로는 '주님이 기뻐하시고 보시기에 좋았더라' 하는 삶을 살고 싶어진다.

인간의 타락이 끝없음에 분노하신 하나님은 당시 의인인 노아를 통해서 이 세상을 새롭게 재창조하시기로 계획하시고 노아에게 방주를 만들라고 말씀하신다. 120여 년이라는 긴 세월을 순종 하나만으로 방주를 만든 노아를 생각하면 그것이 믿음이구나 하며 고개가 절로 숙여진다. 하나님은 그 가족 그리고 짐승들을 노아의 방주로 옮겨서 새로운 세대를 열으셨다. 그런데 노아의 순종을 보면 도저히 지금 우리의 생각으로는 불가능한 일이다. 이 사건을 통해서 순종이 제사보다 낫다는 뜻이 무엇인지 알 것 같다. 내 생각이 우선이 아니고 오직 하나님의 원하심이 무엇인지 먼저 생각하는 것이라 생각된다.

하나님이 나를 선택해 주셨고 말씀을 듣고 읽고 묵상하게 해주시니 감사할 따름이다. 그러면서 지금도 전에 나처럼 예수 믿기를 거부하는 많은 사람들을 보면 안타깝다. 내가 어떻게 하면 그들에게 이 좋은 소식을 전할 수 있을까, 그리고 왜 우리는 예수를 믿고 천국을 소망하며 이 세상에서 천국을 맛보며 살 수 있는지 전하고 싶다.

귀한 시간을 쪼개면서 성경 해설을 쓰시고 말씀으로 전해주시는 김선희 목사님께 감사드린다. 이 해설을 공부하면서 내가 분명히 변하고 있고 또한 참 예수를 믿는 사람으로 살고 싶은데 말로 표현이 안 된다. 단지 전에 가졌던, 누구에게 보여주고 싶었던 저에서 이제는 하나님 앞에 보여지는 한 사람으로 살아가고 싶다. 오늘도 이런 귀한 해설을 계속 받아볼 수 있기를 바라면서 우리 김선희 목사님이 강건하게 주안에서 평강의 나날을 보내시기를 진심으로 기원드린다.

성경공부를 마치며

조도란 집사

30여 년 넘게 신앙생활을 하면서 수 많은 설교를 들어왔다. 어린 나이임에도 불구하고 그 동안 많이 들었던 설교들 덕에 누구보다도 높게 성경을 보는 눈이 열려있다고 자부했었다.

그런데 김선희 목사님의 성경공부 교재로 공부하면서, 성경을 보는 눈이 더 크게 열렸다고 확신할 수 있게 되었다. 성경은 커다란 이야기 책이다. 그런데 우리는 보통 설교를 통해 단편적인 사건만 보고, 그 사건을 통해 오는 서너 가지 교훈에 만족하며 그것에 감동하며 살아간다. 물론 하나님의 말씀은 살아계시기에 그런 해석이 틀렸다는 것은 아니지만, 전체적으로 볼 수 있는 큰 그림을 보지 못하지 않았나 생각한다.

특히 이 성경공부를 통해 창세기 안에 들어있는 놀라운 이야기들은 우리의 삶 속에서 많은 경우를 교훈하고 있음을 알 수 있게 되었다. 또 이 공부를 통해 들려주는 이야기는 성경을 큰 그림으로 볼 수 있게 해주고, 믿음을 성장시키고, 영적인 눈을 열어주는 계기가 되었음을 고백한다.

성경은 이야기이다. 그러나 성경이 왜 지어졌고, 무엇을 이야기하고 싶으며, 그것을 어떻게, 어떤 사건을 통해서 풀어가고 있는가는 매우 중요하다. 그러나 그동안 어쩌면 우리가 이것들을 많이 놓치고 살지는 않았나 하는 생각을 하게 되었다.

우리는 하나님이 그려 놓으신 그림 안에서 각자 한 퍼즐 조각을 들고 살아간다. 자신의 조각이 어느 부분에 들어있는지, 어디에 맞는 것인지, 어떤 다른 조각 옆에 있어야 하는지를 알려면 큰 그림이 어떤 그림인지를 먼저 알아야 한다. 예전에 나는 목적에 맞는 삶을 열광했던 때가 있었다. 우리를 지으신 목적대로 사는 것은 아주 중요하다. 그렇지만 하나님의 큰 그림을 보는 것, 또한 중요한 것임을 이 공부를 통해 알게 되었음을 고백한다.

하나님이 개인에게 주신 퍼즐 조각을 완성하기 위해, 하나님의 계획하고 계신, 언젠가 다시 오실 예수님의 길을 준비하기 위해 오늘도 나는 믿음의 여정을 떠난다.